전문가가 알려주는
# 주택 임대차 분쟁과 실전 상담

[ 유경호, 김승희 지음 ]

채움과 사람들

전문가가 알려주는
## 주택 임대차 분쟁과 실전 상담

초 판 1쇄 | 2022년 6월 22일

지은이 | 유경호·김승희
펴낸곳 | (주)채움과 사람들

판매처 (주)채움과 사람들 Chaeum and People, Inc.

출판등록 | 2016년 8월 8일 (제 2016-000170호)
주    소 | 서울시 서초구 사평대로 52길 1, 3층(서초동)
전화번호 | 02-534-4112~3
팩스번호 | 02-534-4117

이 책의 저작권은 저자와 출판사에 있습니다.
서면에 의한 저자와 출판사의 허락없이
책의 전부 또는 일부 내용을 사용할 수 없습니다.

ISBN : 979-11-88541-33-1

저자와 협의에 의해 인지는 붙이지 않습니다.
잘못 만들어진 책은 구입처나 본사에서 교환해 드립니다.

## 머리말

우리나라의 경우 통계적으로 50%에 가까운 가구가 임대차로 거주하고 있고, 누구라도 한번쯤은 라이프 스타일 단계 중 임대차를 경험하게 된다. 하다못해 직접 경험이 아닐지라도 가족 중 일원의 일로 간접적으로도 임대차를 경험하게 된다. 이러한 임대차는 대립적인 위치의 계약으로 인해 기본적으로 분쟁이 발생되고 종종 사회문제로 전환된다.

문제는 임대인과 임차인 당사자 간 분쟁이 매일 발생하는 것이 아니라, 2년 단위 또는 일정기간 경과 후에 발생하다 보니 기존에 있었던 분쟁의 기억조차 잊어버려 거주 중 또는 이사할 때마다 반복적으로 분쟁이 발생되는 악순환이 되고 있다.

그러나 이러한 분쟁을 해결함에 있어 소송이 주된 방법이지만, 소송은 많은 비용과 시간이 부담되어 소극적으로 대응할 수밖에 없다.

그렇다고 분쟁해결 방법에 대해 인터넷 탐색과 주변에 물어봐도 시원스럽게 대답해주지 않고 전문적인 법률 용어로 이해하기가 쉽지 않아 포기하는 경우도 많다.

### 임대차에서 분쟁 발생 시 주택임대차 분쟁 조정위원회를 적극 활용해라!

정부는 이러한 사정을 알기에 2017년 5월 30일 대한법률구조공단에 주택임대차 분쟁 조정위원회(이하 '조정위원회')를 설치하고, 2020년 7월 31일 이후에는 LH(한국토지주택공사)와 한국부동산원에도 설치하여 운영하고 있는데, 많은 국민과 조정위원회를 설치한 정부 및 기관, 언론조차도 정확히 분쟁과 조정의 실체를 모른다. 아니면 망상의 실적과 목표를 포장하기 위하여 행정형 조정(ADR)의 본질과 실체를 외면한 것일 수도 있다. 조정의 해결을 갈망하는 사람들에게 방향을 돌리고자 조정을 소송의 개념으로 설명하기도 한다. 이렇게 많은 사람들이 조정 제도를 알지 못하기에 정확한 인지를 위해 분쟁과 조정 실체를 알리고자 이 책을 출간하게 되었다.

조정은 당사자 간 양보와 이해, 공감의 마인드를 가지고 조정위원회의 지원으로 토론과 논의를 통해 당사자 입장과 조정위원들의 의견을 고려한 적절한 합의안을 찾는 자유로운 절차다. 조정은 기본적으로 토론과 논의 등의 대화 방식이다 보니 조정을 통해 사회 전반에 토론과 양보 등 커뮤니티 문화 형성을 기대할 수도 있다.

## 그럼, 주택임대차 분쟁 해결수단으로서 조정이 왜 중요한가?

현재는 교통수단 발달 및 도시화 확장, 아파트 증가, 고령화, 1인 가구 증가, 정보 및 기술 첨단화, 스마트폰 이용 증가 등 주변과의 교류보다는 개인 생활에 집중되는 환경이다. 그러다보니 더욱 이기주의가 높아질 수밖에 없어 누군가와의 토론, 논의 등 대화가 어색해지는 환경이다. 과거의 경우 단독·다가구 중심의 이웃이 존재하거나 대가족 또는 핵가족으로 가족 구성원이 수인 이상 되다보니 공동체 생활에 어느 정도 적응하고 공유공간 사용과 배려, 피해를 어느 정도 감수하는데 익숙하다. 그러나 어느 순간부터 아파트 보편화, 1인 가구 증가, 산업화, 이기주의 팽배, 첨단화된 스마트폰 등 개인생활 편의 증대로 고립적인 환경 속으로 젖어지고 있다. 이에 분쟁이 발생할 경우에 당사자 간 대화를 통한 분쟁해결이 더욱 어려운 현실이다.

조정은 당사자와 조정위원이 토론과 논의, 양보를 기초로 적절한 해결점을 찾는 것이다. 그래서 조정은 증거를 기초로 판결하는 소송과 달리 당사자 간 대화를 통해 해결점을 찾다보니, 만족도가 훨씬 높고 민·형사 등의 사회문제로의 발전을 차단하는 역할을 한다. 이에 필자는 1차적으로 분쟁 해결 시도를 위해 조정을 권한다.

문제점으로는 조정은 기판력(재판적 효력)이 없기 때문에 합의를 하였더라도 조정안의 내용을 받아들일지 못할 경우 다시 재판으로 다툴 수 있지만, 필자가 경험한 조정 사례에서 소송까지 진행되는 경우는 드물었다. 그리고 조정위원회 설치 기관의 확대로 일반인의 접근성이 좋아졌기 때문에 이를 활용하여 국민에게 토론 및 양보 문화를 전파하기 쉽고 정착시킬 수 있는 기회도 많아졌다.

이런 조정절차는 주택임대차 계약에서 임대인과 임차인의 분쟁으로 발생하는 스트레스를 해결하는 정신적 주거환경 개선의 주거복지에도 도움을 준다. 더욱이 조정신청 대부분이 평균 아래 작은 보증금과 월세 규모의 주거 빈곤층으로 이들이 편하게 의지할 수 있는 분쟁해결 방법이 조정이다.

하지만 조정위원회를 설치한 지 5년이 지나고 있지만, 지금까지 주택임대차에서 분쟁이 발생하는 순간부터 조정을 통한 분쟁해결 이후까지 자세하게 해부한 책이 없다. 더구나 5년이 경과하면서 설치 초기 국민이 기대하는 바와 같이 행정형 조정의 본래 취지대로 조정위원회가 제대로 굴러가고 있는지도 국민의 관심사이다.

이미 시중에 나온 대부분의 주택임대차 관련 책은 법률과 경매, 조정의 이론 중심이고 사례를 나열하는 정도에 그쳐 일반인이 이해하기 어려운 법률학 분야로 구성되어 있다. 이렇듯 주택임대차에 많은 분쟁이 발생되고 있음에도 불구하고, 주변에 접할 수 있는 책과 상담은 법률적 해결 절차에 치우쳐 있고, 분쟁 및 조정 실체를 다룬 책은 없다. 이에 일반인이 분쟁해결 방법의 수단으로 조정기관을 찾기도 어렵고 찾아도 해결 수단으로 선택할지의 여부를 판단하기 쉽지 않다. 또한 조정에 관한 인터넷의 의견과 내용은 조정 개념과 거리가 먼 소송 개념으로 설명되어 분쟁 당사자는 더욱 혼란스럽다.

**이 책은 분쟁이 발생한 시점부터 조정절차가 종료되기까지 주택임대차 분쟁조정 단계별로 독자들이 알기 쉽게 기술한 책이다.**

이에 2017년부터 2022년까지 5년 동안 주택임대차 분쟁조정 단계별로 분석한 결과를 기초로 필자가 작성 등재한 논문들을 종합하고 보완하였다.

이 책은 분쟁이 발생해서 조정신청 ⇨ 조정신청을 통한 분쟁유형 분석 ⇨ 조정 진행 중의 조정유형 분석 ⇨ 조정유형 중 조정성립의 영향요인 분석 ⇨ 조정 성립건 중 분쟁 생존기간 분석 ⇨ 상가임대차와의 분쟁해결 차이와 조정성과에 이르기까지 파노라마 형식으로 전 과정을 기술한 것이 특징이다.

[조정을 통한 주택임대차 분쟁의 단계적 분석]

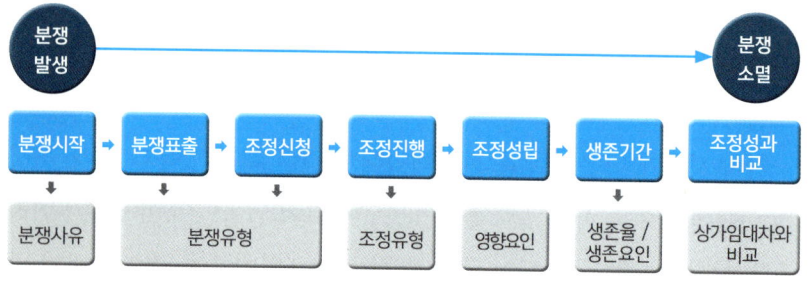

또한, 조정 체계가 정립되지 않은 상황에서 이정표가 될 수 있기 때문에 더욱 의미가 있다고 보여진다. 그동안 필자는 주변사람들로부터 돈 안되는 주택임대차 분쟁조정 분야를 연구한다며 빈축을 사기도 했지만, 누군가는 근거와 실무 경험을 통한 국민 분쟁의 한 분야인 주택임대차 분쟁의 해결 향상을 위해 정확한 방향을 제시해야 할 필요가 있다는 사명감이 필자 마음속에 내재돼 왔던 것 같다. 이에 이 책의 기술은 법률중심보다는 분쟁해결의 조정적 관점에서 작성하였으므로 많이 발생하고 있는 주택임대차 분쟁을 해결하고 싶은 필자의 욕심이 작용되었다. 이 책은 전 국민 모두가 읽을 필요가 있고, 주택임대차 분쟁해결은 아주 중요하다며 적극적으로 감수를 해주신 채움과 사람들의 김동희 대표님에게 감사를 드립니다.

그동안 저를 박사학위 취득 이후에도 끊임없이 학문 연구를 소홀히 하지 않게 하고 오히려 발전시켜 책을 쓰는데 독려해주신 김승희 교수님께 깊이 감사를 드립니다.

2022년 6월 22일

유경호, 김승희 지음

# 목 차

## PART 1 주택임대차보호법 이해와 분쟁 조정 절차

### 01 임대차 계약과 주택임대차보호법 구성 ......... 20
- 주택 임대차 계약의 전반적인 이해 ......... 20
- 주택임대차보호법 구성 및 계약 내용 ......... 21

### 02 주택임대차로 보호 받는 임차인 ......... 22
- 주택임대차보호법의 적용대상 건물 ......... 22
- 임대차 계약 후 대항요건을 갖추고 있어야 한다! ......... 23

### 03 임대차에서 계약해지와 보증금 반환 문제가 왜 발생하나? ......... 24

### 04 주택 임차인은 경매 절차에서 우선변제권으로 보호 받는다! ......... 27
- 주택임차인의 최우선변제권과 그 적용대상 범위 ......... 27
  - (1) 현행 주임법상 소액임차인이면 최우선변제금을 받는 것이 원칙? ......... 28
  - (2) 주택임차인의 소액보증금과 최우선변제금 기간별 지역별 변천사 ......... 29
- 확정일자부 우선변제권의 성립요건과 우선변제권은? ......... 31
  - (1) 확정일자부 우선변제권의 의미와 성립요건 ......... 31
  - (2) 대항력과 확정일자 우선변제 효력발생일시 계산방법 ......... 31

### 05 임차인의 주거기간 보장과 주거비용의 안정 ......... 32
- 임차인의 주거기간 보장 ......... 32
- 주거비용 안정 ......... 34

### 06 임대차 분쟁 발생 시 조정위원회의 5가지 해결 신청 방법 ......... 36
- 임대차 진행 시기별 주택임대차보호법의 분쟁 요소 ......... 39

### 07 민법 구성(계약 내용외) ......... 48
- 계약 해제 ......... 49
- 임대인의 의무(부담) ......... 50
- 임차인의 의무(부담) ......... 51

🏠 계약해지　　　　　　　　　　　　　　　53
　　🏠 동시이행관계　　　　　　　　　　　　　55
　　　〈임대차 진행 시기별 민법의 분쟁 요소〉　　56
　08 주택임대차 분쟁 조정 절차　　　　　　　　58

## PART 2 계약의 성립과 계약에 대한 오해와 그 진실

　01 계약서를 써야만 계약의 효력이 발생한다?　　　　　63
　02 구두계약을 하고 대항요건을 갖추면 대항력이 없다?　64
　03 계약하고 24시간 안에는 언제든지 해제할 수 있다?　　65
　04 계약금을 지급하지 않았다면 계약의 효력이 없는 걸까?　66
　　🏠 서울고등법원 2006나107557의 잘못된 판결　　　66
　　🏠 대법원 2007다73611의 올바른 판결　　　　　　67
　05 계약금 일부만 지급했다면 그 돈만 해약금으로 지급하면 된다?　68
　　〈사례1〉 대법원 2007다73611 판결　　　　　　　68
　　〈사례2〉 서울고등법원 2006나34260 판결　　　　69
　　〈사례3〉 대법원 2014다231378 판단　　　　　　70
　06 가계약을 했을 때 가계약금은 돌려받을 수 있다?　　71
　07 계약 당사자는 언제든지 해약금을 지급하고 계약을 깰 수 있다?　72
　08 다세대주택 현관에 표시된 501호로 전입신고 하면 대항력 있다?　73
　09 전입신고만 하고 거주하지 않아도 대항력이 발생한다?　74
　10 주택소유자가 바뀌면 계약서를 다시 써야 한다?　75

## PART 3 주택 임대차에서 발생하는 분쟁 사유

　01 계약환경 요인에 따른 분쟁　　　　　　　　　　77
　02 계약 해지와 종료 시에 발생하는 분쟁　　　　　　83
　03 임대차 기간동안 유지수선 의무에 따른 분쟁　　　84
　04 기타 임대차 계약의 분쟁사유　　　　　　　　　90

## PART 4 주택 임대차의 분쟁 유형별 특성과 그 대책

**01 분쟁 유형과 분석 방법** — 93
- 주택 임대차 분쟁 분석 목적 — 93
- 분석 범위 — 93
- 변수 설정 — 93
- 주택 임대차 분석 방법 — 94

**02 주택 임대차 분쟁 사례별 분석 결과** — 94
- 주거환경 이동형 — 95
- 주거환경 유지형 — 96
- 분쟁 상존형 — 97
- 주거환경 정비형 — 98

**03 임대차 분쟁 유형별 특성과 그 대책** — 100

## PART 5 임대차의 분쟁 조정 사례 유형별 분석

**01 분쟁 조정 유형과 분석 방법** — 102
- 주택 임대차 분쟁 조정 유형 분석 목적 — 102
- 분석 범위 — 102
- 변수 설정 — 103
- 주택 임대차 분쟁 조정 유형 분석 방법 — 103

**02 주택 임대차 분쟁 조정 유형별 분석 결과** — 103
- 주택 임대차 분쟁 조정 신청 — 103
- 주택 임대차 분쟁 조정 유형 — 107
  - (1) 성립형 특성 — 109
  - (2) 순응형 특성 — 111
  - (3) 경쟁형 특성 — 113
  - (4) 회피형 특성 — 116

**03 주택 임대차 분쟁 조정 유형별 대응 방안** — 119

## PART 6 임대차의 분쟁 조정성립 영향 요인과 분석 방법

**01 분쟁 조정성립 영향 요인과 분석 방법**     123
  🏠 조정성립 영향 요인 분석 목적     123
  🏠 분석 범위     123
  🏠 변수 설정     123
  🏠 분쟁 조정성립 영향 요인 분석 방법     124

**02 조정 신청 현황과 그 성립 영향 요인별 분석**     125
  🏠 분쟁조정 신청 현황     125
  🏠 분쟁 조정성립 영향 요인별 대응 방법     127
  🏠 의사결정 분석     130
     (1) 피신청인 성별     131
     (2) 주택 유형     132
     (3) 조정 신청 시기     134
     (4) 분쟁 사유     136

## PART 7 임대차 조정성립 건 분쟁 생존 추적

**01 분쟁 조정성립 건 분석 개요**     141
  🏠 분쟁 조정성립 건 분석 결과     141
  🏠 분석 범위     141
  🏠 변수 설정     142
  🏠 분쟁 조정성립 건 분석 방법     142

**02 조정성립 건 분쟁 생존 추적 분석 결과**     143
  🏠 기초 통계량 분석     143
  🏠 생존율 분석     144
  🏠 생존기간 영향요인 분석     148

## PART 8 주택과 상가건물 임대차 분쟁해결 비교

### 01 주택과 상가건물 임대차 분쟁해결 비교 분석 · 154
- 임대차 분쟁 분석 목적 · 154
- 분석 범위 · 154
- 변수 설정 · 155
- 임대차 분쟁해결 비교 분석 방법 · 155

### 02 임대차 분쟁해결 비교 분석 결과 · 156
- 주택과 상가건물 임대차 분쟁 신청 차이 · 156
- 분쟁 해결에서 차이점은? · 159
- 분쟁 해결 결정요인 차이점은? · 164

## PART 9 계약갱신요구권 신설 전·후 분쟁 트렌드 변화

### 01 계약갱신요구권 신설에 따른 분쟁 개요 · 170
- 계약갱신요구권 분쟁 분석 목적 · 170
- 분석 범위 · 170
- 변수 설정 · 171
- 계약갱신요구권 분쟁 분석 방법 · 171

### 02 계약갱신요구권 분쟁 트렌드 변화 분석 결과 · 172
- 그룹별 및 분쟁 차이 · 172
- 그룹별 분쟁사건 영향 차이 · 177

## PART 10 주택 임대차 분쟁해결 제도 개선 사항

### 01 주택 임대차 분쟁 조정위원회 운영과 제도 개선 사항 · 185
### 02 분쟁 조정위원회의 법률적 개선 사항 · 189
- 알선 법률규정 신설 · 189
- 다수의 상임조정위원 배치 및 심사관 겸직 허용 · 192
- 심사관 자격 요건 완화 개정 필요 · 193

- 조정부 심의 조정 요건 완화　194
- 조정전치주의 도입 논란　195
- 대면 조정 활성화　196
- '신청인', '피신청인' 용어 사용 개선　197
- 처리기간 개선 필요　198
- 1년 단위 증감 단위 시기 조정 필요　198
- 주택임대차보호법 내 유지수선 관련법 신설　199
- 1인 가구 사망의 분쟁 업무처리 구체화 및 계약해지 검토　199
- 주택임대차보호법 제4조의 기본 임대차기간을 주택공급 준비기간으로 개정　200
- 강제집행 요건 완화 검토　201

### 03 기타 임대차 제도 개선 사항　202
- 이사시기 불일치 기금 조성　202
- 유지수선 전문 사업자 육성　202
- 수평적 지위 환경　203
- 임차인 수선비용 지원과 임대인 수선비용 대출 운용　203
- 주택 요소별 물리적 잔존 가치 통상 기준표 제작　204
- 아파트 장기수선충당금 납부 및 회수시스템 체계 마련　204

## PART 11 임대차 분쟁과 조정 실전 상담 사례

### 01 임차인의 보증금 반환 문제를 조정한 사례　207
- 임차인이 보증금 반환 문제로 신청　207
- 조정위원회의 조정 방향　207
- 조정위원회의 분쟁 조정안　208
- 참고 사항　208

### 02 임대인이 차임 연체를 이유로 조정을 신청한 사례　209
- 임차인의 차임 연체를 이유로 조정 신청　209
- 조정위원회의 조정 방향　210
- 조정위원회의 분쟁 조정안　210
- 참고 사항　210

**03 임대인의 계약 불이행으로 임차인이 조정을 신청한 사례**     211
- 🏠 임대인의 계약조건 불이행으로 임차인이 조정 신청     211
- 🏠 조정위원회의 조정 방향     212
- 🏠 조정위원회의 분쟁 조정안     212
- 🏠 참고 사항     212

**04 임대인은 보증금 증액, 임차인은 묵시적 갱신을 주장한 사례**     213
- 🏠 보증금 증액을 요청했는데, 임차인이 묵시적 갱신 주장으로 조정 신청     213
- 🏠 조정위원회의 조정 방향     213
- 🏠 조정위원회의 분쟁 조정안     214
- 🏠 참고 사항     214

**05 임대인이 월세 증액을 요청 시, 임차인은 묵시적 갱신으로 조정 신청**     215
- 🏠 임대인이 월세 증액을 요청했는데, 임차인은 묵시적 갱신을 주장     215
- 🏠 조정위원회의 조정 방향     215
- 🏠 조정위원회의 분쟁 조정안     216
- 🏠 참고 사항     216

**06 임차인이 곰팡이와 누수 등을 신속하게 수선 받고자 조정 신청**     217
- 🏠 임차인이 곰팡이와 누수 등을 수선 받고자 조정 신청한 사례     217
- 🏠 조정위원회의 조정 방향     217
- 🏠 조정위원회의 분쟁 조정안     218
- 🏠 참고 사항     218

**07 임대의 허위 실거주로 임차인이 손해배상을 청구한 1사례**     219
- 🏠 강원도에서 허위 실거주로 임차인이 손해배상을 조정 신청한 사례     219
- 🏠 조정위원회의 조정 방향     219
- 🏠 조정위원회의 분쟁 조정안     220
- 🏠 참고 사항     220

**08 임대인의 허위 실거주로 임차인이 손해배상을 청구한 2사례**     221
- 🏠 서울에서 허위 실거주로 임차인이 손해배상을 조정 신청한 사례     221
- 🏠 조정위원회의 조정 방향     222
- 🏠 조정위원회의 분쟁 조정안     222
- 🏠 참고 사항     222

**09 임차인이 집을 수선하고 곰팡이가 발생해서 계약이 해지된 경우**     223
- 🏠 임차인이 집을 수선 후 곰팡이가 발생해서 조정을 신청한 경우     223

🏠 조정위원회의 조정 방향　　　　　　　　　　　223
　🏠 조정위원회의 분쟁 조정안　　　　　　　　　　224
　🏠 참고 사항　　　　　　　　　　　　　　　　　224
**10 임차인이 피해 사실을 제때 알리지 않아 손해가 발생한 사례　225**
　🏠 임대인이 임차인에게 마루교체 비용 등 원상회복 비용 청구　225
　🏠 조정위원회의 조정 방향　　　　　　　　　　　226
　🏠 조정위원회의 분쟁 조정안　　　　　　　　　　226
　🏠 참고 사항　　　　　　　　　　　　　　　　　227

## PART 12　Q&A로 풀어보는 임대차 상담 심화 편

**01 1년 계약하고, 묵시적 갱신이 되면 2년을 주장할 수 있다?　229**
**02 원인불명의 화재로 임차물이 소실되어도 임차인은 손해배상 책임이 있다?　230**
　🏠 임차인에게 손해배상 책임이 있는 경우와 없는 경우　230
　🏠 건물소유자인 임대인에게 손해배상 책임이 있는 경우　231
**03 임차주택의 하자는 임대인과 임차인 중 누가 수선해야 되나?　232**
　🏠 임차주택을 임대인이 수선해야 하는 경우　232
　🏠 임차인의 통상수선의무에 해당하는 것은?　233
　🏠 하자를 모르고 입주한 경우도 임대인에게 수선의무를 물을 수 있나?　234
**04 주택 매수 후 누수 등의 하자를 알았다면 매도인의 하자담보 책임은?　234**
　🏠 매도인의 하자담보 책임　234
　🏠 매도인의 하자담보 책임의 질의 응답　235
　🏠 노후화된 건물로 매도인의 하자담보책임이 예상될 때 계약서 작성 방법　237
**05 상가에서 10년이 지나면 권리금의 회수기회가 상실된다?　237**
　🏠 주무부서인 법무부의 유권해석　238
　🏠 5년을 초과해도 권리금 회수기회를 보호해야 한다는 판결　238
　🏠 계약갱신요구권 10년을 초과해도 권리금 회수기회를 보호해야 한다!　239
**06 임대차 3법 시대, 임대인이 현명하게 대응하는 방법　240**
**07 Q&A로 풀어보는 임차인이 현명하게 대응하는 방법　243**

## 부록 1: 대한법률구조공단 조정 신청 서류

01 대한법률구조공단 주택임대차 분쟁조정 신청서 서식과 절차 안내 … 248
02 대표자 선정서와 해임서 서식 … 253
   🏠 대표자 선정서 서식 … 253
   🏠 대표자 해임서 서식 … 254
03 위임장과 제척 및 기피 신청서 서식 … 255
   🏠 위임장 서식 … 255
   🏠 제척 및 기피 신청서 서식 … 256
04 조정대리허가신청과 위임장 서식 … 257
05 조정서 송달 증명원 … 258
06 조정 신청 취하서 … 259

## 부록 2: 서울특별시 조정 신청 서류

01 주택 임대차 분쟁조정 신청서 … 261
02 조정 대리 허가 신청 및 위임장 … 264

## 부록 3: 주택임대차보호법 전문 (법률) (제17363호)

주택임대차보호법(약칭: 주택임대차법) … 266

## 부록 4: 민법_임대차 제7절 (법률) (제17905호)

민법_임대차 제7절 (법률) (제17905호) … 288

# PART 1

# 주택임대차 보호법 이해와 분쟁 조정 절차

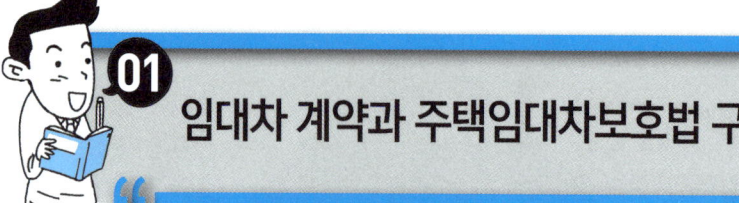

## 🏠 주택 임대차 계약의 전반적인 이해

　주택 임대차는 주택을 빌리고 보증금 또는 월세 등의 대가를 지불하는 계약의 형태로, 우리나라는 50%에 가까운 사람들이 임대차로 거주하고 있다. 여기서 보통 건물을 빌려주는 사람을 집주인이라 칭하는 임대인이고, 건물을 빌리는 사람을 세입자 또는 임차인으로 칭하는데, 많은 사람들이 임대인과 임차인 용어를 혼동하고 있다. 주택 임대차는 건물 종류 및 허가 여부에 상관없이 지붕과 벽, 기둥이 있어 주거생활을 할 수 있으면 임대차로 약정할 수 있다.

　보통 임대차 계약은 임대인과 임차인이 일반적으로 공인중개사가 제시하는 계약서를 이용하여 약정하고, 계약서에 없는 내용은 각자가 협의한 내용대로 약정한다. 계약은 크게 보증금, 계약금, 중도금, 잔금, 계약기간, 계약 해지 및 종료, 원상회복, 중개보수, 중개대상물 확인·설명서 교부 등으로 약정하고, 별도로 당사자가 중요시하거나 분쟁을 대비한 내용은 특약으로 명시한다. 약정 내용은 주택임대차보호법과 민법에 따르는 것이 보통인데, 보증금과 월세, 계약기간과 같은 주계약은 주택임대차보호법에 따라 작성한다.

　이렇게 당사자 간 임대차 계약서를 작성하지만 계약서에 서명만하고 대부분은 분쟁 발생 시 근거로 이용하는 계약서의 중요성을 인지 못하고 장롱에 방치하는 경우가 다반사다. 계약서의 종류는 대부분 공인중개사

협회에서 지정한 양식을 사용하는데, 민간 임대차계약서, 공공 임대차계약서, 법무부가 발행한 표준 임대차계약서 등 다양하게 존재하고 있다. 보통 최초 계약은 공인중개사가 제시하는 계약서를 이용하고, 재계약 이후에는 당사자끼리 구두로 약정하는 경우도 많다.

  문제는 대부분 주택의 물리적인 부분은 계약 내용으로 약정하지 않거나 놓치는 경우가 많다.

  주택의 하자 또는 노후화로 인한 수선, 사용 과실 여부, 원상회복 범위, 반려동물 양육 등 다양한 문제가 있지만, 이를 주택임대차보호법에서는 정하지 않았다. 그리고 주택임대차보호법의 기초인 민법에서도 구체적이지 않고 몇 개 안되는 조항으로 구성되어 있다.

  보통 계약은 2년 단위로 체결되어 계약종료 후 많은 분쟁이 발생하지만, 우리나라는 4계절이 있어 계절별로 주택을 관리해야하는 문제로 많은 분쟁이 발생한다. 더구나 2020년 7월 31일 계약갱신 요구권의 규정이 신설되어 거주기간의 연장으로 더욱 수선분쟁은 복잡하게 되었다. 하지만 이는 계약 내용에는 없고 당사자끼리 해결해야 하는데 비용 문제가 발생되어 서로 꺼리는 경우가 흔하다.

  자, 그럼 이제부터 분쟁의 관점에서 주택임대차와 관련 법률규정인 주택임대차보호법과 민법을 알아보자!

## 🏠 주택임대차보호법 구성 및 계약 내용

  주택임대차보호법은 당사자간 합의보다 우선하는 강행규정으로 보호대상, 보증금 보호, 주거기간 보장과 주거비용 안정, 분쟁해결 등 5가지 분야로 구성되어 서민주거 안정을 목적으로 제정된 법률규정이다. 이 법은 임차인을 위한 보호법으로 임차인에게 불리한 약정은 효력이 없다. 하지만, 임차인과 임대인 간의 분쟁은 법률규정을 무시하고 개인의 이익을 앞세워 갈등과 분쟁이 발생되고 있다.

## 02 주택임대차로 보호 받는 임차인

### 🏠 주택임대차보호법의 적용대상 건물

　주택임대차는 건물 형식을 떠나 주택 사용의 목적을 가지고 임대인과 임차인이 계약을 하는 경우에 이 법의 적용(주거로 사용하고 있는 건물이 주택으로 등기가 되었든, 미등기든, 무허가 건물이든, 비주거용 건물의 일부를 주거용 건물로 이용하는 경우 모두) 대상이다.

## 🏠 임대차 계약 후 대항요건을 갖추고 있어야 한다!

　임대차 계약 후에 대항요건인 주민등록과 주택인도(입주)를 갖추면 다음날 오전 0시에 대항력이 발생해서 주임법으로 보호 받을 수 있다. 이렇게 대항력이 발생하고 나서 소유자가 바뀌어도 새로운 소유자에게 대항력이 있어서 임대차 기간동안 주택을 사용·수익할 수 있고, 종료 시에 주택인도와 동시에 보증금 반환을 청구할 권리를 갖게 된다. 그러나 법원경매나 압류재산 공매 절차가 진행되는 경우에는 흔히 우리들이 이야기하는 말소기준권리(등기부에 가장 먼저 등기된 근저당권, 가압류, 압류, 담보가등기, 전세권등기, 강제경매개시결정기입등기)보다 먼저 대항요건을 갖춘 경우만 대항력이 있고, 이후에 갖춘 경우에는 대항력이 없어서 경매나 공매절차로 소멸되므로 보증금을 손해 볼 수도 있다. 즉 일반 거래(매매, 상속, 증여 등)로 소유자가 변경되면 새로운 소유자가 임대인의 지위를 승계하지만, 법원경매나 압류재산 공매로 매각되는 경우에는 말소기준권리 전에 대항요건을 갖추고 있는 경우에만 대항력이 있고, 이후에 대항요건을 갖춘 경우에는 대항력이 없어서 보증금을 손해볼 수도 있으니 임대차 계약할 때 등기부에 등기된 채권은 물론 그 주택에 다른 임차인 등이 거주하는 가 등을 확인해야 한다.

　이런 사실은 상가건물임대차보호법(=상임법)의 경우에도 마찬가지이다. 다만 주택과 다르게 대항요건인 사업자등록과 건물인도를 갖춘 다음날 오전 0시에 대항력이 발생한다. 그리고 환산보증금(보증금+월세×100)이 일정한 범위 내에 들어가는 임대차만 대항력과 우선변제권(최우선변제금과 확정일자부 우선변제금)이 있고, 보호대상 환산보증금을 초과하는 임차인은 대항력만 있고 우선변제권이 없다(=우선변제권은 경매나 공매 절차에서 배당요구해서 우선해서 변제 받는 권리).

주택임대차의 경우는 월세 범위와 상관없이 보증금만 가지고 주임법상 보호대상이 된다(상가와 같이 환산보증금을 기준으로 하지 않고 보증금만 가지고 보호대상 판단). 하지만 일시 사용을 목적으로 임대차한 경우에는 주택임대차보호법 적용 대상이 아니나, 이에 대한 기준이 명확하지 않아 상담기관과 당사자 간 혼란과 분쟁이 많이 발생되고 있다.

## 03 임대차에서 계약해지와 보증금 반환 문제가 왜 발생하나?

묵시적갱신 중 계약 해지 또는 계약기간 중 합의 해지, 일반적인 임대기간 종료 등 3가지 종류 모두 임차인에게 가장 중요한 문제는 보증금 반환이다. 임대차 계약이 해지 또는 종료 시 임대인의 보증금 반환과 임차인의 주택인도가 동시이행 관계에 있다. 따라서 임대인이 임차인에게 계약 종료 즉시 보증금을 반환하는 것이 법률적으로 맞는 것이기 때문에 계약종료 후, 임차인은 이사 날짜에 임대인이 당연하게 보증금을 반환할 것으로 생각한다.

하지만 임차인의 생각과 다르게 임대인은 보증금 반환 방법을 자신의 여유 자금이 아닌 신규 임차인의 보증금으로 반환하는 것을 정당화하고, 공인중개사는 신규임차인을 통한 보증금 반환이 관습이라는 표현까지 사용하며 임대인과 함께 나가는 임차인에게 "다음 임차인 선정 시까지 기다리라"는 말로 보증금 반환 지연을 정당화 시키고 있다. 이는 과거로부터 보증금 규모가 큰 전세 위주의 임대차 형식에 기인한다. 법률적으로 보증금 반환은 계약 종료 후 임차인이 요구하면 즉시 이루어져야 함에도 현실은 신규 임차인의 보증금으로 방법을 찾고 있다.

이러한 환경 속에서 임차인의 보증금 회수는 매우 중요한데 주택임대차보호법에서는 다음과 같이 4가지 영역으로 임차인의 보증금을 보호하고 있다.

우선, 임차인은 주택임대차보호법 제3조 대항력 규정부터 제3조의 6 확정일자 부여 및 임대차 정보제공의 규정이 존재하여 임대차계약 즉시 관할 동주민자치센터에 방문하여 주민등록과 점유(입주), 확정일자를 받으면 대항력과 우선변제권(최우선변제권과 확정일자부 우선변제권)의 권리로 보호 받을 수 있다.

과거에는 이에 대한 무지와 여러 가지 이유로 주민등록을 하지 않아 보증금 반환 회수에 어려움을 겪는 사례가 다수 있었지만, 인터넷 및 IT 기술 발달과 스마트폰 첨단화, 주변 법률기관의 홍보 등으로 임차인의 지식수준이 향상되어 대부분 주민등록과 확정일자를 동시에 진행하여 이 문제는 감소하는 경향이 있지만, 아직까지도 보증금 미반환 사례는 빈번하게 발생되고 있다.

그리고 임차인이 임대인과 임대차계약을 하고 거주 중 임차인이 사망하는 경우가 있다.

이런 경우 상속인은 임대인으로부터의 보증금 회수가 걱정할 수 있는데 이를 위하여 주택임대차보호법 제9조에서는 사실혼과 상속인의 권리 보호를 위하여 승계하는 것을 법률로 규정하고 있다. 그러나 실무에서는 임차인이 사망하는 경우 소문에 의한 매매 진행 장애 또는 임대차 조건

하락, 공실 문제, 임대인이 임차인의 상속인 대상 여부의 확인 문제, 사망 후속 처리로 주택 내부 원상회복 문제 등 다양한 분쟁이 종종 발생되는데 이에 대한 구체적인 처리 절차는 규정돼 있지 않다.

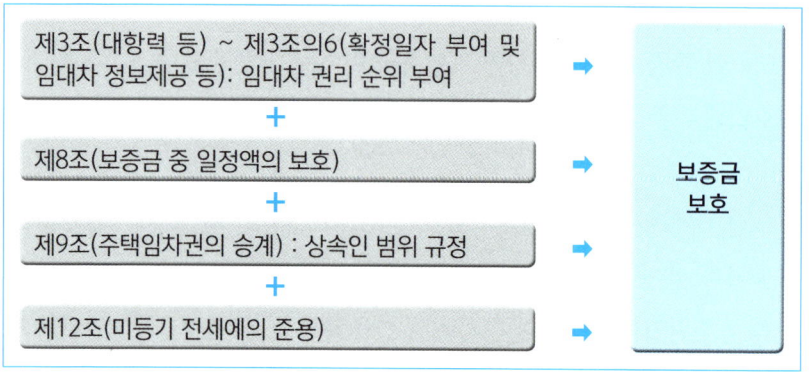

어쨌든, 임차인이 보증금을 반환 받지 못하면 지급명령신청 방법 등을 통해서 임차인이 직접 경매를 신청하거나 제3자의 경매신청에서 배당요구해서 다음 설명과 같이 우선변제권으로 보증금을 회수하는 방법이 있다.

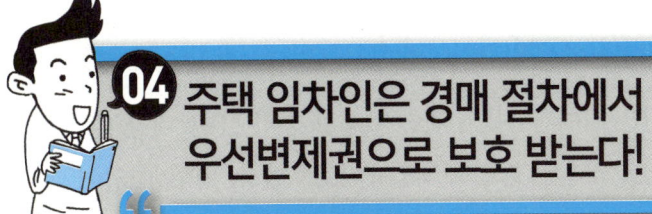
## 04 주택 임차인은 경매 절차에서 우선변제권으로 보호 받는다!

주택임차인은 일반거래(매매, 증여, 교환, 상속 등)로 소유자가 변경되는 경우에는 소유자가 변경되기 전까지 대항력(대항요건을 갖춘 다음날 오전 0시에 대항력 발생)만 있으면 되는 것이지, 우선변제권(최우선변제권, 확정일자부 우선변제권)은 쓸 수가 없다. 우선변제권은 법원 경매나 한국자산관리공사의 압류재산 공매 절차에서 배당요구해서 우선해서 변제 받을 수 있는 권리로 다음과 같이 ① 최우선변제권(소액임차보증금 중 일정액)과 ② 확정일자부 우선변제권으로 분류할 수 있다.

### 🏠 주택임차인의 최우선변제권과 그 적용대상 범위

가끔 뉴스를 보면 저소득층에 해당하는 소규모 보증금 임차인이 권리순위가 복잡한 주택에 후순위로 임대차 계약을 하여 보증금을 받지 못하는 경우가 발생되고 있다. 이를 방지하고자 주택임대차보호법 제8조(보증금 중 일정액의 보호) 규정이 존재하는데, 이 규정에 따라 등기사항증명서상(구명칭 '등기부등본')의 권리가 후순위일자라도 보증금의 규모가 법률규정에서 정하는 소액보증금일 경우에 보증금 중 일부를 경매나 압류재산 공매절차에서 먼저 회수할 수 있다. 그럼 누구나 최우선변제금을 받을 수 있을까?

### (1) 현행 주임법상 소액임차인이면 최우선변제금을 받는 것이 원칙?

최우선변제권은 경매기입등기 전(공매공고 등기 전)에 대항요건(주민등록+주택인도)을 갖추고 현행 주택임대차보호법상 소액임차인이면 일정액을 주택가액의 2분의 1범위 내에서 다른 채권에 우선해서 배당받을 수 있다는 권리이다.

이때 최우선변제금은 대항요건만 갖추고 있으면 되는 것이지, 확정일자까지 요구되는 것이 아니다. 이렇게 소액임차인이더라도 배당요구 종기일 까지 배당요구를 해야만 최우선변제금을 배당 받을 수 있고, 하지 않았다면 배당 받을 수 없다.

### 그러면 소액임차인 결정기준이란 용어는 왜 생긴 것일까?

담보물권자가 예측하지 못하는 손실을 막고자 ① 주임법 부칙 제4항(소액보증금의 보호에 관한 경과조치) 제8조의 개정규정은 이 법 시행 전에 임차주택에 대하여 담보물권을 취득한 자에 대하여는 이를 적용하지 아니한다. ② 주임법 시행령 부칙 제4조(소액보증금의 범위 변경에 따른 경과조치) 이 영 시행 전에 임차주택에 대하여 담보물권을 취득한 자에 대하여는 종전의 규정을 적용한다는 예외 조항을 두었기 때문이다.

그래서 이 예외조항에 근거해서 우리의 귀에 익숙한 소액임차인의 결정기준이 탄생하게 되었다.

담보물권자를 보호하기 위해 담보물권이 설정된 시기에 해당하는 소액임차인만 담보물권보다 우선해서 변제받을 수 있지만, 그 구간에서 소액임차인에 해당되지 못하면 담보물권보다 우선하지 못하게 된 것이다(대법원 2001다84824 판결, 92다49539판결 참조).

**예를 들어 서울의** 경우 2008. 08. 21. ~ 2010. 07. 25. 까지 설정된 국민은

행 근저당권이 있다면, 소액임차인이 되려면 임차보증금이 6,000만원 이하여야 하고, 이 경우 일정액 2,000만원을 최우선변제금으로 담보물권보다 우선해서 배당 받을 수 있다. 따라서 현행 주택임대차보호법상 소액임차인(2021년 5월 11일~현재, 1억5,000만원 이하인 임차인)으로 최우선변제금 5,000만원을 받을 수 있는 임차인이더라도 앞의 구간에 설정된 국민은행 근저당권에 우선할 수 없다. 이때 현행법상 소액임차인에 대해서 예외조항을 둔 담보물권은 근저당권, 담보가등기, 등기된 전세권, 확정일자부 임차권, 등기된 임차권이 있다.

**그래서 소액임차인 결정기준은 경매절차에서 채권이 소멸되는 배당 시점으로** 현행 주임법상 소액보증금 중 일정액으로 결정하는 것이 원칙이지만, 예외적으로 근저당권, 담보가등기, 등기된 전세권, 확정일자부 임차권, 등기된 임차권 등이 있다면 이들 채권이 예측하지 못한 손실을 보지 않게 하기 위해 다음 구간 별로 설정된 시기를 가지고 소액임차인을 결정해서 소액보증금 중 일정액을 최우선변제금으로 주택가액의 2분의 1 범위 내에서 배당 받게 된다.

### (2) 주택임차인의 소액보증금과 최우선변제금 기간별 지역별 변천사

| 담보물권 설정일 | 주택소액임차인 최우선변제금 | | |
|---|---|---|---|
| | 지역 | 보증금 범위 | 최우선변제액 |
| 생략 : | 생략 : | 생략 : | 생략 : |
| 90.02.19.~ 95.10.18. | ① 특별시, 직할시 | 2,000만원 이하 | 700만원까지 |
| | ② 그 밖의 지역 | 1,500만원 이하 | 500만원까지 |

| 기간 | 지역 | 보증금 범위 | 최우선변제액 |
|---|---|---|---|
| 95.10.19.~<br>2001.09.14. | ① 특별시, 광역시, 군지역 제외 | 3,000만원 이하 | 1,200만원까지 |
| | ② 그 밖의 지역 | 2,000만원 이하 | 800만원까지 |
| 2001.09.15.~<br>2008.08.20. | ① 수도권 과밀억제권역 | 4,000만원 이하 | 1,600만원까지 |
| | ② 광역시(인천광역시, 군지역 제외) | 3,500만원 이하 | 1,400만원까지 |
| | ③ 그 밖의 지역 | 3,000만원 이하 | 1,200만원까지 |
| 2008.08.21.~<br>2010.07.25. | ① 수도권 과밀억제권역 | 6,000만원 이하 | 2,000만원까지 |
| | ② 광역시(인천광역시, 군지역 제외) | 5,000만원 이하 | 1,700만원까지 |
| | ③ 그 밖의 지역 | 4,000만원 이하 | 1,400만원까지 |
| 2010.07.26.~<br>2013.12.31. | ① 서울특별시 | 7,500만원 이하 | 2,500만원까지 |
| | ② 수도권 과밀억제권역(서울시 제외) | 6,500만원 이하 | 2,200만원까지 |
| | ③ 광역시(과밀억제권역, 군지역은 제외), 안산시, 용인시, 김포시, 광주시(경기) | 5,500만원 이하 | 1,900만원까지 |
| | ④ 그 밖의 지역 | 4,000만원 이하 | 1,400만원까지 |
| 2014.01.01.~<br>2016.03.30. | ① 서울특별시 | 9,500만원 이하 | 3,200만원까지 |
| | ② 수도권 과밀억제권역(서울시 제외) | 8,000만원 이하 | 2,700만원까지 |
| | ③ 광역시(과밀억제권역, 군지역은 제외), 안산시, 용인시, 김포시, 광주시(경기) | 6,000만원 이하 | 2,000만원까지 |
| | ④ 그 밖의 지역 | 4,500만원 이하 | 1,500만원까지 |
| 2016.03.31.~<br>2018.09.17. | ① 서울특별시 | 1억원 이하 | 3,400만원까지 |
| | ② 수도권 과밀억제권역(서울시 제외) | 8,000만원 이하 | 2,700만원까지 |
| | ③ 광역시(과밀억제권역, 군지역은 제외), 세종시, 안산시, 용인시, 김포시, 광주시(경기) | 6,000만원 이하 | 2,000만원까지 |
| | ④ 그 밖의 지역 | 5,000만원 이하 | 1,700만원까지 |
| 2018.09.18.~<br>2021.05.10. | ① 서울특별시 | 1억1,000만원 이하 | 3,700만원까지 |
| | ② 수도권 과밀억제권역(서울시 제외), 세종시, 용인시, 화성시 | 1억원 이하 | 3,400만원까지 |
| | ③ 광역시(과밀억제권역, 군지역은 제외), 안산시, 김포시, 광주시(경기), 파주시 | 6,000만원 이하 | 2,000만원까지 |
| | ④ 그 밖의 지역 | 5,000만원 이하 | 1,700만원까지 |

| | | | |
|---|---|---|---|
| 2021.05.11.~ 현재 | ① 서울특별시 | 1억5,000만원 이하 | 5,000만원까지 |
| | ② 수도권 과밀억제권역(서울시 제외), 세종시, 용인시, 화성시 | 1억3,000만원 이하 | 4,300만원까지 |
| | ③ 광역시(과밀억제권역, 군지역은 제외), 안산시, 김포시, 광주시(경기), 파주시 | 7,000만원 이하 | 2,300만원까지 |
| | ④ 그 밖의 지역 | 6,000만원 이하 | 2,000만원까지 |

이러한 법률규정을 몰라 공인중개사의 말만 믿고 계약하거나 등기사항증명서 등 공적 장부를 이해하지 못하고 계약한 소규모 보증금의 임차인은 이를 잘 살피어 보증금 미반환에 대한 회수할 다른 방법을 모색할 필요가 있다.

## 🏠 확정일자부 우선변제권의 성립요건과 우선변제권은?

### (1) 확정일자부 우선변제권의 의미와 성립요건

주택임대차보호법 제3조 제1항의 대항요건인 주택의 인도(점유)와 주민등록(전입신고)을 갖춘 임차인이 계약서에 확정일자를 부여 받았다면 주택이 경매나 공매로 매각되는 과정에서 후순위 제3채권자들에 우선하여 변제 받을 수 있는 권리이다.

여기서 확정일자에 의한 우선변제권은 반드시 대항요건을 갖추고 대항력이 발생해야 그 효력이 발생하게 된다.

### (2) 대항력과 확정일자 우선변제 효력발생일시 계산방법

① 05. 01. 전입신고와 주택인도 ⇨ 05. 10. 계약서에 확정일자 :
  대항력은 05월 02일 오전 0시, 우선변제권은 05월 10일 주간.

(주간의 의미: 주민센터 근무 시간으로 09:00 ~ 18:00)

② 05. 01. 계약서에 확정일자 ⇨ 05. 10. 전입신고와 주택인도 :
대항력과 우선변제권은 05월 11일 오전 0시에 발생한다.

③ 05. 01. 전입신고와 주택인도 ⇨ 05. 01. 계약서에 확정일자 :
대항력과 우선변제권은 05월 02일 오전 0시에 발생한다.

④ 05. 01. 전입신고와 계약서에 확정일자 ⇨ 05. 10. 주택인도 :
대항력과 우선변제권은 05월 11일 오전 0시에 발생한다.

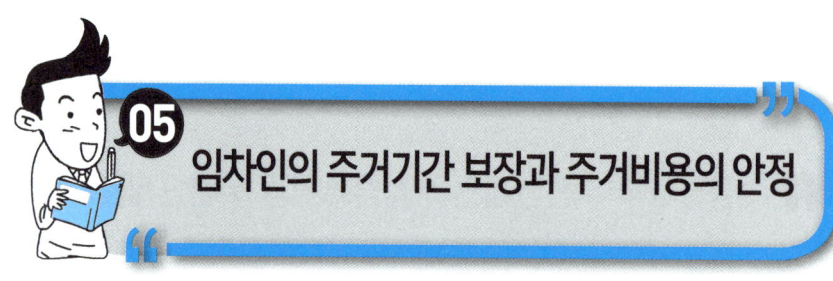

## 05 임차인의 주거기간 보장과 주거비용의 안정

### 🏠 임차인의 주거기간 보장

 2020년 7월 31일 주택임대차보호법에 계약갱신 요구의 법률규정이 신설되어 임대인과 임차인 간 분쟁이 증폭되고 있다. 이 법령의 취지는 임차인의 4년 임대차기간 보장으로 주거안정을 기하는 것이 목적인데, 오히려 매물 부족과 보증금 또는 월세 급등 현상이 나타나면서 임대료 증액 분쟁으로 전환되는 문제가 발생하고 있다.

 지금까지 임차인은 2년 단위로 보증금 반환 분쟁과 이사 비용 부담, 주기적인 이사시기 도래 등으로 주거불안을 겪어왔다. 이러한 주거불안을 해소하고자 현재의 법령은 2년 임대차기간 보장 및 동시이행관계 존속,

묵시적 갱신 및 해지, 계약갱신 요구 등 임차인의 주거 안정을 위해 몇 가지가 규정되어 있다.

첫째, 당사자 간 임대차 계약의 기간을 정하지 아니하거나 2년 미만으로 정한 임대차는 그 기간을 2년으로 보고 있다.

둘째, 계약 종료 시점에 상호간 아무런 말없이 임대차기간이 경과한 경우에는 묵시적으로 갱신이 된다. 묵시적 갱신으로 전환된 경우 기존과 같이 2년의 임대차기간이 보장되는데, 이러한 경우에는 임차인만이 계약해지가 가능하고, 임차인이 반드시 계약해지를 통지해야 3개월 후 계약이 해지된다.

셋째, 임차인의 계약갱신 요구는 계약종료 전 임차인이 법률에서 정한 기간(계약기간 만료 6개월~2개월 전까지)에 계약갱신을 요구하는 경우에는 전 임대차와 동일한 조건으로 2년 더 거주할 수 있어 총 4년의 임대차기간이 보장된다.
이렇게 임차인의 계약갱신요구권으로 갱신된 경우 임차인은 갱신된 임대차기간 중이라도 언제든지 계약해지할 수 있고, 묵시적 갱신과 같이 3개월 이후에 그 해지 효력이 발생한다.

계약기간 중 임차인이 건물노후화와 하자로 인해 거주가 불가능할 경우 또는 임대인이 건물노후화 심화에 따른 보존공사 진행 필요로 상대방에게 계약해지가 필요한 경우 계약해지 통지는 필수인데, 차후 증거를 위해 내용증명을 발송하는 것이 좋으며, 문자 또는 카톡으로 보내고 상대방이 답변을 하면 증거로 활용될 수 있다. 임대차기간 중 건물노후화 또는 하자로 인해 계약을 해지하려면 이 절차가 필요한데도, 대부분은 구두로 전달하여 막상 분쟁이 심화 및 최고조에 이르렀을 때, 소송 진행 시 통지 절차 누락으로 패소하는 경우가 많으므로 당사자는 관심을 가져야 할 부분이다.

임대차 기간 중 법률에서 정한 계약해지가 아닌 각 당사자의 사정으로 해지할 경우는 해지가 어려우므로 손해배상 또는 협상을 통해 계약해지가 가능할 뿐이다.

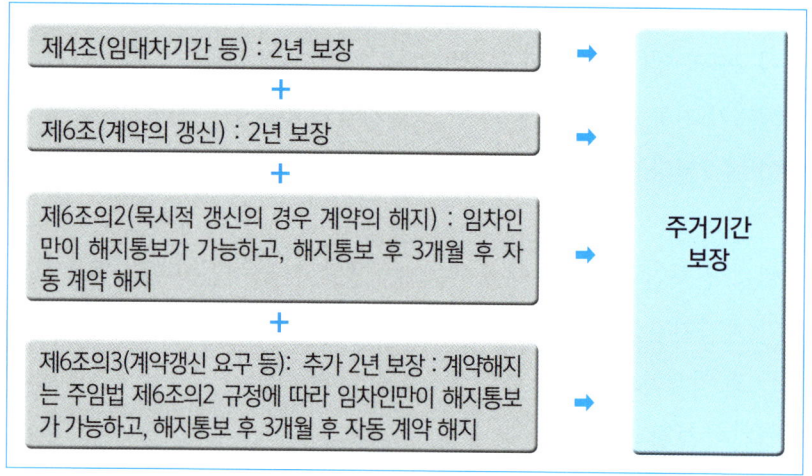

## 🏠 주거비용 안정

주거 점유의 형식이 임대차로 거주하는 임차인은 주거 빈곤층에 포함되는 경우가 다수 있다. 임차인은 소득 중 주거비 부담이 많으면 가구 생활에 문제가 발생될 수밖에 없기 때문에 주거비 증가는 임차인에게 많은 부담이 된다. 이러한 임차인의 주거비용 안정을 위해서 주택임대차보호법은 보증금과 월세 증액 제한, 월세 전환율 제한, 초과로 지급한 월세의 반환 청구 등을 규정하고 있다.

보증금과 월세의 경우는 계약기간 중과 묵시적 갱신, 계약갱신 요구권 실행시 연 5% 이내로 증액할 수 있는데, 법률규정을 배제하고 당사자 중 일방이 자기이익을 앞세우다 보니 많은 분쟁이 발생되고 있다.

월세 전환율은 임대인이 보증금 전부 또는 일부를 월세로 전환하는 경우에 임의적으로 증액을 할 수 없도록 규정되어 있다. 주택임대차보호법 제7조의2 월세 전환 시 산정률의 제한은 은행법의 은행의 대출 금리와 지역의 경제여건을 고려한 대통령령이 정하는 비율(현행 연 1할)과 한국은행의 공시 기준금리(2022.05.26. 기준: 1.75%)에 대통령령이 정하는 이율(2%)을 더한 비율 중 낮은 비율(3.75%)이며, 전환되는 보증금에 곱하면 월세 전환 상한선이 된다.

### [예제 1] 월세 5% 증액 방법

① 월세: 100만원
② 월세 증액: 100만원 × 5% ÷ 12개월 = 4,166원
　⇨ 100만원 + 4,166원 = 1,004,166원

### [예제 2] 전세보증금 1억원 중 1천만원 월세 전환하는 방법

① 보증금: 9천만원
② 월세 전환: 1천만원 × 3.75% ÷ 12개월 = 31,250원

그리고 보증금을 월세로 전환하는 경우도 임대료 증액과 같이 임차인의 동의를 받아야 진행할 수 있다.

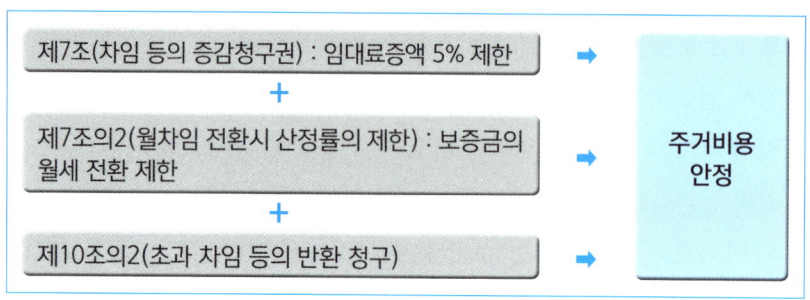

이렇게 임차인의 주거비용 안정을 위해 임대료 증감청구권 제한, 월세 전환 산정률 제한, 초과 차임 반환 청구 등을 법률로 규정하였지만, 현실은 임차인이 사용하기보다는 임대인이 임대료 증액으로 악용하는 빈도가 높다. 증감 청구권 안에 감액이 포함되어 임차인도 이를 이용할 수 있는데, 오히려 임대인이 임대료 증액을 위한 방편으로 활용되어 왔다.

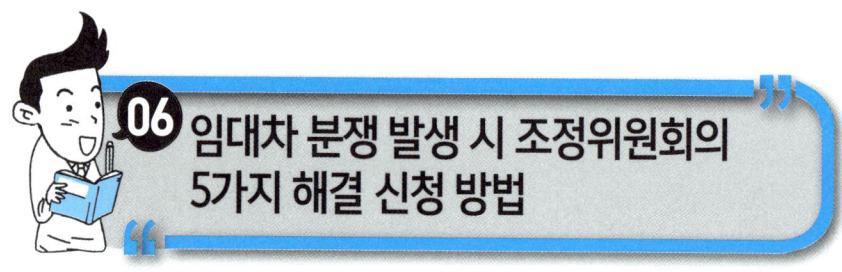

## 06 임대차 분쟁 발생 시 조정위원회의 5가지 해결 신청 방법

2016년에 제정된 법률로 조정위원회 법률규정이 신설되기까지는 주택임대차보호법은 10여개 조항으로 구성되어 있었다. 그동안 주택임대차보호법은 보증금 보호에 중심을 두었지만, 폭력, 살인, 자살 등 임차인과 임대인 간 분쟁으로 사회문제가 심각하여 정부는 임대인과 임차인 간의 분쟁해결을 위해 2016년 주택임대차보호법에 주택임대차분쟁조정위원회 운영 규정을 신설하여 현재는 주택임대차보호법은 31개 조항으로 구성되어 있다.

이 중 18개 조항이 조정위원회 규정으로 구성되어 있어 주택임대차보호법 중 조정위원회의 비중이 크다. 물론 대표적인 분쟁해결 방법은 소송과 조정, 당사자 간 협의하는 방법이 있다. 주택임대차보호법 제13조에는 보증금 규모에 상관없이 보증금 반환을 소액사건으로 처리하는 것으로 명시돼 있어, 주택임대차 보증금 반환의 소송절차는 일반적인 소송절차보다는 기간이 짧다. 하지만 소송은 비용과 소송기간동안 당사자 간 스트레스와 앙금 유지 등의 문제가 있고, 당사자 간 협상은 쉽지 않은 것이 현실이다.

<조정과 소송 이익 비교(예)>

| 구분 | 조정 | 소송 |
| --- | --- | --- |
| 분쟁가액 | 100,000,000원 | |
| 신청비용 | ○ 신청수수료 20,000원 | ○ 인지세: 409,500원<br>○ 송달료: 52,000원<br>※ 변호사 위임 비용 별도 |
| 강제성(절차) | 무 | 유 |
| 기간 | 평균 1개월 | 평균 6개월~1년 이상 |
| 만족도 | 높다. | 낮다. |

<조정신청 수수료>

| 조정목적의 값 | 수수료 |
| --- | --- |
| 1억원 미만 | 10,000원 |
| 1억원 이상 3억원 미만 | 20,000원 |
| 3억원 이상 5억원 미만 | 30,000원 |
| 5억원 이상 10억원 미만 | 50,000원 |
| 10억원 이상 | 100,000원 |

이에 반해 조정은 비용과 시간 등에서 부담이 없고 제3자의 도움으로 쉽고 신속하게 진행이 가능하다. 조정절차의 구성은 크게 조정부 구성, 조정위원 자격, 조정 진행 실무방법 등으로 구성되어 있다. 조정의 방법은 당사자 간 양보, 타협, 협의, 화합 등 합의 중심이다. 또한 조정은 민법상 화해의 방법으로 당사자 간 강제집행 승낙의 내용이 포함된 조정안을 합의한 경우 당사자 중 일방이 합의된 내용으로 이행하지 않을 경우에 타방은 관할법원에 강제집행을 신청하여 합의 내용대로 강제 회수할 수 있다. 그런데 많은 사람들은 조정위원회가 합의를 위한 기구임에도 강제 추심하는 것으로 오해하는 경우가 많다. 또한, 조정은 당사자가 주체가 되고 조정위원회는 지원적 성격이 큼에도 이를 잘 모르는 사람들이 많다. 즉, 조정은 당사자 및 조정위원회가 대화 또는 토론으로 문제의 해결점을 찾아보는 시도의 개념으로 접근하는 것이다. 소송으로 해결을 접근하면 일상에 집중하기 힘들고 비용도 만만치 않다. 소송 절차가 끝나면 시간과 비용, 정신적 피로감으로 지치게 되므로 분쟁해결의 우선적인 방법으로 조정을 권한다.

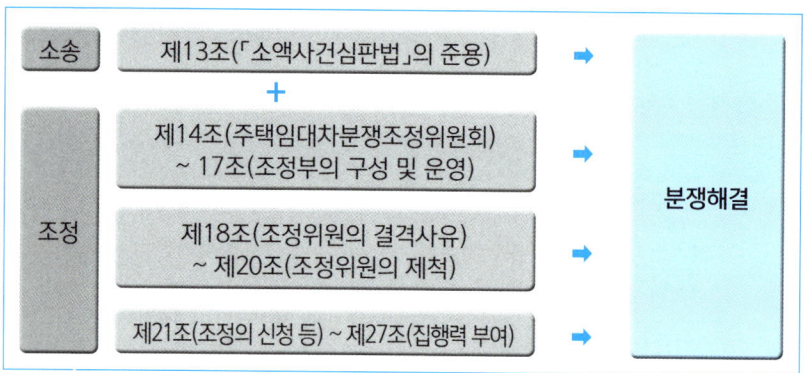

그럼, 실제 주택임대차 분쟁과 관련되는 민법 및 주택임대차보호법에서의 분쟁요소를 살펴보자!

주택임대차 계약의 분쟁은 법률규정이 존재하지만 분쟁 당사자 대부분 이를 인정하지 않고 개인적 이익을 앞세우고 있어 분쟁이 발생되고 있다.

우선, 계약진행 시기별 주택임대차보호법안에서의 분쟁내용을 보면 계약 및 입주 시점에는 대항력과 확정일자로 당사자 간 분쟁이 발생되고, 계약 중에는 임대차기간의 주거안정과 월세 등 주거비용의 내용으로 분쟁이 발생되고 계약 종료 후에는 재계약, 보증금 반환과 주택 반환의 문제로 분쟁이 발생되고 있다. 이를 세분화하여 주택임대차보호법 조항별 임대인과 임차인 간 분쟁내용을 정리하면 다음 표와 같다.

## 🏠 임대차 진행 시기별 주택임대차보호법의 분쟁 요소

| 구 분 | 규정 | 분쟁 현실(임차인 ⇔ 임대인) |
|---|---|---|
| 입주 시 | • 제3조(대항력 등) | • 임차인의 주민등록과 점유의 효과가 다음날 발생하는 문제로 임대인의 근저당권 설정 시 순위 밀림의 분쟁<br>• 임대인의 사업자 세금 부담을 이유로 임차인의 주민등록 및 확정일자 신청 배제 요구로 분쟁<br>• 입주 이후 임대인이 변경된 경우 이를 인정하지 못해 임차인이 보증금 반환 요구의 정당성 여부로 분쟁 |
| | • 제3조의6(확정일자 부여 및 임대차 정보제공 등) | • 근저당권보다 후순위 임차인이 대항력 부재로 보증금 반환의 분쟁 |
| 기간 중 | • 제3조의5(경매에 의한 임차권의 소멸) | • 경매 배당금외 미회수 보증금 반환 분쟁 |
| | • 제4조(임대차기간 등) | • 1년 계약 시 1년 경과 전·후 임차인이 임대인에게 보증금 반환 요구 간 기간 존속 여부의 분쟁 또는 임차인이 임대인에게 2년 거주의 정당성 여부로 분쟁 |
| | • 제6조(계약의 갱신) | • 자동 연장 여부의 분쟁 |
| | • 제6조의2(묵시적 갱신의 경우 계약의 해지) | • 3개월 후 해지 가능 여부 및 중개수수료 부담 주체의 분쟁 |

| | | |
|---|---|---|
| 기간 중 | • 제6조의3(계약갱신 요구 등) | • 임차인과 임대인 간 계약갱신 요구와 실거주 주장으로 인한 분쟁<br>• 임대인의 5% 초과 또는 5% 내 임대료 요구와 임차인의 임대료 증액 채무 부존재 주장간 분쟁 |
| | • 제9조(주택 임차권의 승계) | • 임차인의 상속관계 객관화 확인 여부 분쟁 |
| | • 제10조의2(초과 차임 등의 반환청구) | • 법률에 정한 초과 월세 지급 반환 요구 분쟁 |
| | • 제7조(차임 등의 증감청구권) | • 1년 단위 계약 시 임대인의 임대료 증액 요구의 정당성 여부 분쟁<br>• 계약 종료후 임대인의 임대료 증액 또는 5%초과 임대료 증액 요구 간 분쟁 |
| | • 제7조의2(월차임 전환 시 산정률의 제한) | • 임대료 증액 대신 임대인의 월세 전환 요구 분쟁<br>• 법률에 정한 전환율 초과 요구간 분쟁 |
| 종료후 | • 제3조의2(보증금의 회수) | • 임차인은 계약종료 후 즉시 보증금 반환 요구와 임대인의 후속임차인을 통한 보증금 반환의 정당성 분쟁 |
| | • 제3조의3(임차권등기명령)<br>• 제3조의4(「민법」에 따른 주택임대차등기의 효력 등) | • 임대인의 보증금 반환 지연으로 임차인의 임차권등기명령 진행시 후속임차인 선정의 어려움으로 임차권등기명령 해제 요구 분쟁 |

이를 기초로 주택임대차보호법 제14조에서는 조정위원회의 조정신청 내용을 다음과 같이 크게 5가지로 규정하고 있다.

법률규정에서는 분쟁별 조정신청 항목을 정하여 신청인별 1건의 조정신청으로 예상하지만, 실제로 1건의 조정신청을 보면, 각 분쟁 개별 단일 사건으로 출발하여 종료되는 경우가 있고, 1개의 분쟁 사건으로 출발하지만 1개의 분쟁이 추가되어 분쟁사안이 확대되면서 종료되는 경우가 있고, 여러 개의 분쟁이 발생하여 동시에 복합적인 사건으로 출발해서 종료되는 경우 등 3가지가 있다.

첫째, 차임 또는 보증금 증감 조정신청이다.

주택임대차보호법 제7조(차임 등의 증감청구권)을 통하여 당사자 간 1년 단위로 보증금 또는 월세를 5%이내 증액 또는 감액을 청구할 수 있다. 사실 이 규정의 활용은 임차인보다는 임대인이 임대료 증액의 방편으로 활용되고 있다.

더구나 1년 단위로 임대료 증액이 가능하기 때문에 임대인은 주기적으로 임대료를 증액하기 위하여 주변시세를 주장하며 때를 놓치는 일이 없을 정도다. 이에 반해 임차인은 계약상 을의 위치로 먼저 임대인에게 감액을 청구하기가 쉽지 않다. 결국 임대인의 임대료 증액 청구는 갈등을 넘어 다른 분쟁으로 전환되기 쉽다.

〈임대료 증감 분쟁 미해결 시 전이 및 확대〉

둘째, 임대차기간에 관한 조정신청이다.

주택임대차보호법의 임대차기간 분쟁은 ① 1년 계약의 계약 종료 또는 2년 간주, ② 합의 갱신 또는 종료, ③ 묵시적 갱신 또는 종료, ④ 계약갱신 요구 또는 종료 등 4가지로 나누어져 분쟁이 발생되고 있다.

당사자 간 1년의 임대차 계약은 자동으로 2년으로 간주되지만, 현실에서는 1년 계약 종료후 보증금 반환의 정당성 또는 2년 자동 적용 여부로 분쟁이 발생되고 있다. 임차인은 1년 계약 종료 후 즉시 보증금 반환 요구 또는 1년 거주를 선택할 수 있지만, 임대인은 새로운 임차인 계약을 위한 추가 공인중개사 보수비용 발생 또는 별도 보증금 마련에 부담을 가져 분쟁이 발생되곤 한다.

합의 갱신은 계약 종료 전 당사자 간 다음 재계약을 합의해 놓고 당사자 중 일방이 이를 부정 또는 해석의 논란 때문에 재계약 진행과 계약 종료의 대립으로 분쟁이 발생되고 있다. 묵시적 갱신은 임대인과 임차인 간 아무런 말없이 계약종료일이 경과하여 다음 계약으로 자동 진행된 경우다.

묵시적 갱신의 경우 별도로 계약해지를 통지하여야 3개월 후 계약해지의 효력이 발생하지만, 이러한 법리를 모르는 임차인은 계약서를 작성하지 않고 기존 계약 종료일 경과로 즉시 보증금 반환을 요구하고, 임대인은 자동으로 계약이 갱신되어 2년의 임대차기간의 구속력을 주장하면서 분쟁이 발생된다. 이와 반대의 경우로 임차인은 다음 계약의 자동 연장을 주장하고, 임대인은 다음 계약에 동의한 적이 없어 계약이 종료되었다는 주장으로 분쟁이 발생되고 있다.

최근에 신설된 계약갱신 요구권은 2년 더 살 수 있는 기회를 임차인에게 주자는 좋은 뜻의 권리인데, 아쉽게도 임대인이 여러 거절 사유 중 실거주를 주장할 경우 임차인의 계약갱신 요구를 거절할 수 있다는 예외 조항이 있어 분쟁의 발단이 되고 있다. 이 경우 임차인은 임대인이 주장하는 실거주를 시세에 맞는 임대료 확보 또는 매매 차익을 진행하기 위한 허위 주장으로 임차인을 쫓겨내기 위한 압박으로 생각하고, 임대인은 임차인이 임대료를 시세대로 지불하지 않으려는 악의적인 태도로 생각하여 분쟁이 발생되고 있다.

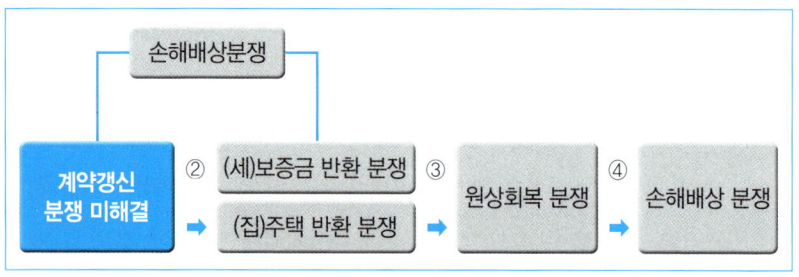

〈계약갱신 분쟁 미해결 시 전이 및 확대〉

셋째, 보증금 또는 임차주택 반환에 관한 조정신청이다.

보증금 반환은 '계약 기간 중에 임차인의 사정으로 이사를 가는 경우'와 '계약이 정상적으로 종료되어 이사를 가기 위해 임대인에게 보증금 반환을 요구하는 경우'로 나뉜다. 임차인의 사정으로 이사 가는 경우도 '임차인이 임대인에게 보증금 반환을 미안하게 생각하는 경우'와 '임차인이 보증금 반환을 당연하게 생각하는 경우'로 나뉘는데, 분쟁으로 발전되는 형태는 비슷하다.

이런 경우 임차인이 임대인에게 손해배상을 지급해야 한다는 논리로 중개수수료 지급과 일부 손해배상 금액이 협상도중 분쟁으로 발전되고 있다. 주택 반환은 정상적인 '계약이 종료되어 임대인이 임차인에게 주택 반환을 요구하는 경우'와 '계약 존속 중 재개발, 매매, 월세 연체, 시세의 급격한 급등으로 임차인의 교체 시도 등 주택 반환을 요구하는 경우'로 나누어진다.

보증금 반환 분쟁이든지 주택 반환 분쟁이든지 간에 임대인이 보증금 반환 방법을 신규임차인의 보증금을 통한 방법일 경우 제3자에게 집 보여주는 문제로 임대인과 임차인 간 많은 분쟁이 발생되고 있다. 임차인의 사생활 보장 주장과 임대인이 내 집을 보는 것은 당연하다는 주장의 대립으로 분쟁이 일어나고 있는 상황이다.

이러한 분쟁사례 중 종종 임대인이 임차인의 허락 없이 집안으로 들어가 제3자에게 집을 보여주거나 디지털 비밀번호를 임의적으로 변경하고 임차인에게 공개하지 않는 등 임대인이 임차인의 주거를 방해하여 주거침입 또는 권리행사방해죄의 형사적인 문제도 종종 발생되고 있다. 이는 임대차 형식이 보증금 규모가 큰 전세가 존재하는 한국의 특성 때문에 이 분쟁은 집보여주는 과정 중 고질적으로 나타나고 비중도 크다.

이 분쟁은 보증금 반환과 주택 반환의 동시이행관계의 법리 속에서 임차인이 임대인에게 주택을 반환하는 과정 중 임대인은 임차인이 주택을 훼손했다며 원상회복을 주장하는 반면 임차인은 정상적인 사용으로 인한 마모를 주장한다. 이런 경우에 임대인은 임차인의 과실로 주택이 훼손되었다며 원상회복 비용과 장기수선충당금과의 상계 주장 시 2차 분쟁으로 전환된다.

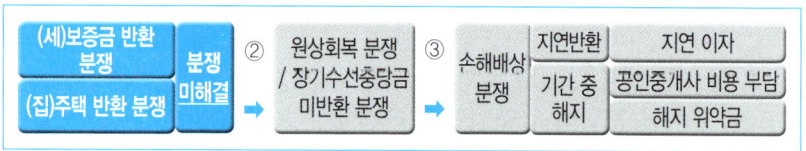

〈보증금/주택 반환 분쟁 미해결 시 전이 및 확대〉

### 넷째, 주택 유지·수선 의무에 관한 조정신청이다.

유지수선 분쟁은 주택 자체의 물리적인 노후화 또는 훼손으로 발생되는 분쟁이다. 임차인은 거주 중 집을 잘 관리해야하는 선량한 관리주의 의무가 있어 파손시 원상회복의 의무가 있고, 임대인은 주택하자와 노후화로 인한 기능 상실시 수선해야할 의무가 있어 임차인이 잘 사용할 수 있도록 주택을 정상화할 의무가 있다. 하지만 각 자가 의무를 이행하지 않아 분쟁이 발생하고 있다. 임차인은 주택 사용 간 과실로 주택이 훼손되었음에도 임대인에게 주택의 노후화 또는 하자를 주장하여 분쟁이 발생하고, 이와 반대로 임대인은 주택의 노후화 또는 하자가 발생하였음에도 이를 부정하고 임차인의 과실을 주장하여 분쟁이 발생되고 있다.

사실 파손 여부가 외관상 특별히 관찰 확인되는 경우를 제외하고는 대부분의 유지수선 분쟁은 건물을 해체하여 건축 전문가의 정확한 감정이 필요한데도, 양 당사자 모두 원인규명 시도 간 발생할 수 있는 건물 해체 및 복원 공사비용과 시간에 대해서는 깊이 생각을 못한다. 분쟁 당사자는 분쟁 목적물에 집중하여 원인 파악의 제목만 생각할 뿐 분쟁 목적물 해체 및 복원 등 소요 비용과 시간에 대해 깊이 생각을 못하고 막연히 당사자의 입장만 고수하는 경우가 많다.

또 하나의 문제는 주택임대차보호법에서는 이를 다루지 않아 기준도 명확히 없기 때문에 결국 당사자 간 합의에 달려 있다. 합의가 진행되지 않을 경우 당사자 간 감정의 골은 더욱 깊어질 수밖에 없다. 서울시 주택도시공사(SH)와 한국토지주택공사(LH)도 이를 알기에 전세임대주택 유형의 계약서에 유지수선 분쟁이 발생하는 경우에는 당사자 간 직접 해결하라는 조항을 명시하였다. 이처럼 공공기관도 유지수선 분쟁을 기피할 정도로 해결이 어려운 분쟁으로 일반 개인 간에 체결되는 임대차의 유지수선 분쟁은 해결이 더욱 어렵다. 그렇다보니 유지수선 분쟁은 통상 보증금 반환 또는 주택 반환 등 다른 분쟁으로 전이되기 쉽다. 이는 주택임대차보호법에서 규정되지 않고 기준도 명확하지 않아 종류와 범위에 따라 다양한 케이스가 발생한다.

더욱이 한국의 경우는 4계절이 있어 계절별 주택 관리와 대비가 필요하다. 여름에는 우천과 더위, 습기에 따른 누수와 곰팡이 문제가 발생되고, 겨울에는 종류별 배관의 동파문제 및 단열재 미비에 따른 곰팡이 문제가 발생돼 당사자 간 누구의 책임인지와 원상회복 분담 문제, 보일러 고장 등으로 분쟁이 발생되고 있다.

또한 건축양식 변경에 따라 과거에는 장판 위주의 공사였지만, 아파트와 신축빌라 등 최근의 주택은 대부분 마룻바닥 또는 대리석으로 시공되는데, 마룻바닥 또는 대리석의 특성상 외부 충격에 파손되기 쉬운 문제와 반려견 양육의 보편화에 따른 훼손으로 분쟁이 증가하고 있다. 이런 경우는 임대인과 임차인 간 보증금 중 원상회복 비용 공제로 양 당사자 간에 다툼이 발생하여 보증금 전체 또는 일부가 임차인에게 반환되지 않아 이사 당일 제 시간에 이사를 가는 경우가 힘들 정도다.

최근 1인 가구의 급격한 증가로 혼자 거주하는 시간이 많다보니 외부 소음 또는 동일 건물 내 소음으로 다른 사람과 분쟁이 시작되어 결국은 주택 소음 차단재 미흡 여부 주장으로 임대인과 임차인 간 다툼으로 전환되는 경우들도 발생하고 있다.

이렇듯 주택임대차는 다양한 주택 환경 변화 및 사람의 심리가 계속적으로 변화하여 물리적인 부분에서 다양하고 많은 분쟁이 발생되고 있다.

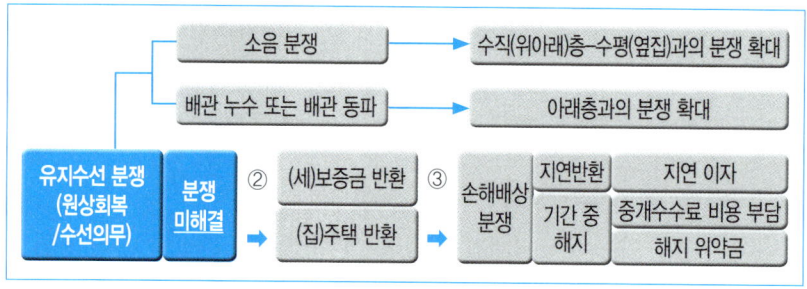

〈유지수선 분쟁 미해결 시 전이 및 확대〉

다섯째, 기타 조정신청이다.

이는 계약이행 및 내용 해석, 계약갱신 및 종료, 손해배상, 공인중개사 보수 등 비용부담, 주택임대차표준계약서 사용 분쟁 등 대통령령에서 5가지로 분류하고 있다.

계약이행 및 내용 해석 분쟁은 유지수선 분쟁과 같이 종류와 범위가 다양하다. 보통 임대차 계약 시 당사자는 보증금 및 월세, 계약기간 등 계약조건과 더불어 추가적으로 임차인은 임대인에게 전세대출 협조와 수선을 요구하고, 임대인은 임차인에게 반려견 양육 금지와 소규모 수선비용 부담, 월세 납부 이행 등 각자 주장 내용의 계약이행을 약정한다. 그러함에도 계약 이후 임차인이 거주 중 어느 일방이 계약 당시 약정한 내용을 이행하지 않을 경우에 분쟁이 발생되고 있다.

계약갱신 및 종료는 다음 계약을 갱신 요구하는 경우와 현재 계약이 종료가 되었다는 경우로 분쟁이 발생하는데, 이를 당사자 간 해석 차이로 분쟁이 발생된다. 그러나 초기 단계에서 분쟁이 해결이 안되고 발전되면 보증금 반환 또는 주택 반환의 분쟁으로 전환된다.

손해배상 분쟁은 임대차의 다양한 영역의 개별 분쟁에서 발생되기도 하고, 앞에서 나열한 여러 조정신청과 병합되어 분쟁이 발생되는 경우도 있다. 보통 손해배상의 분쟁 형태는 보증금 또는 월세, 주택 반환 지연에 따른 지연이자, 계약 중 계약해지에 따른 공인중개사 비용과 3개월 치 월세 납입 요구, 누수 및 곰팡이 발생에 따른 물건 훼손에 대한 손해배상, 주택하자 및 노후화로 인한 주택 미사용기간의 손해배상, 임차인의 보존공사의 비협조에 따른 손해배상, 기타 등 다양하게 나타나고 있다.

주택임대차보호법에 규정된 조정신청 내용 중 공인중개사 비용 부담은 손해배상적 성격이 크기 때문에 이 조정신청은 손해배상의 한 종류로 볼 수 있어 별도의 조정신청 내용 구성은 큰 의미가 없어 보인다.

주택임대차표준계약서를 사용하는 것과 관련된 분쟁은 거의 발생하지 않고 있다. 법무부에서 제작한 표준계약서 사용을 꺼리는 이유는 임대인에게 불편함을 초래할 수 있고, 임차인에게는 분쟁을 야기할 수 있으며, 표준임대차계약서가 1장의 일반계약서보다 다수의 페이지로 구성되어, 일반적으로 공인중개사는 출력과 간인 문제로 1페이지를 희망하기 때문에 이를 고려한 1페이지 표준임대차계약서 검토가 필요하다.

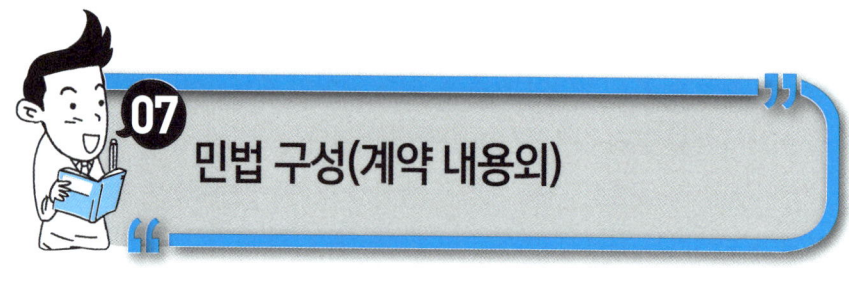

# 민법 구성(계약 내용외)

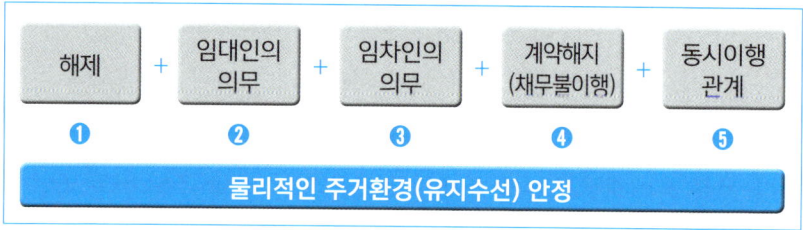

　일반적인 계약조건외 건물노후화 및 하자의 수선요구와 파손시의 원상회복, 계약이행에 관한 절차 규정은 주택임대차보호법에는 없고, 일반법인 민법에서만 간단히 규정하고 있다. 이 부분은 분쟁사유의 50%를 차지하고 있기 때문에 신속히 주택임대차보호법에서 구체적으로 규정할 필요가 있다. 이렇게 유지수선은 분쟁사유 중 매우 큰 비중을 차지하고 있기 때문에 방치할 문제가 아니다.

　주택임대차와 관련된 민법의 구성은 임대인의 의무, 임차인의 의무, 채무불이행, 해제/해지, 동시이행 등 크게 5가지로 나눌 수 있다.

　민법의 주택임대차 관련 규정은 계약 시에는 해제에 따른 해약금 지급 분쟁이 발생하고, 계약 중에는 임대인과 임차인의 의무를 이행하지 않아 발생되고 있으며, 계약 종료후에는 보증금 및 주택 반환 동시이행 과정 중 원상회복으로 보증금 중 일부를 공제하는 문제의 타당성 여부로 분쟁이 발생되고, 주택이 훼손되었을 경우 손해배상의 적정성 여부로 분쟁이 발생된다. 또한 보증금 반환과 주택 반환이 제때 이루어지지 않을 경우에도 지연 반환으로 인한 손해배상의 적정성 여부로 분쟁이 발생한다.

## 🏠 계약 해제

　임대인과 임차인 간 임대차계약을 하고 임차인의 사정 또는 임대료 급등 등의 이유로 이행 단계 전에 계약을 해제하는 경우가 있다. 이 경우 민법 제565조 해약금 규정에서는 당사자 간에 다른 약정이 없는 한 당사자의 일방이 이행에 착수할 때까지 교부자(임차인)은 이를 포기하고, 수령자(임대인)는 그 배액을 상환하여 매매계약(임대차계약)을 해제할 수 있다고 임의규정하고 있다.

　하지만 막상 계약금 지급자인 임차인이 계약을 해제 통지하여 계약금을 포기하는 건 쉽지 않다. 반대로 임대인도 계약을 해제하여 계약금의 배액을 상환하기도 쉽지 않다. 특히, 서울의 경우 임대차의 보증금이 지방의 웬만한 집값보다는 높은 경우도 흔하다.

　예를 들면 10억원의 임대차 보증금의 계약금은 1억원이다. 웬만한 직장인 2년의 연봉에 달하는 금액을 해약금 조항 때문에 한 번에 날릴 수 있다는 생각을 하면 끔찍한 일이다. 이러기에 임차인과 임대인은 계약 해제 시에는 심각하게 고민해야 하는 일이다. 이는 다른 법률 조항의 손해배상보다는 매우 높은 금액이고, 대부업체 지연이자보다도 2배 이상 높은 100%에 달하는 금액을 손해배상을 해야 한다는 건 이해가 안된다.

　실제로 해제로 인한 계약금 반환 또는 계약금 배액 상환액에 관련된 조정이 빈번하게 신청되고 있다. 다행히 좋은 임차인 또는 임대인의 경우에는 기 지급한 계약금으로 합의하는 경우도 있지만, 법률규정의 명확한 존재로 이를 거부하는 경우가 더 많다. 그래서 계약구속력을 따지기 전에 주택임대차 계약해제의 손해배상 율은 타 법률규정의 손해배상 율보다 월등히 높고 과거 부동산시장 대비 현재 부동산시장은 완전히 다른 환경이기때문에 이 법률조항을 시장 상황에 맞게 현실적인 손해배상이 되도록 법개정에 대한 검토가 필요한 상황이다.

## 🏠 임대인의 의무(부담)

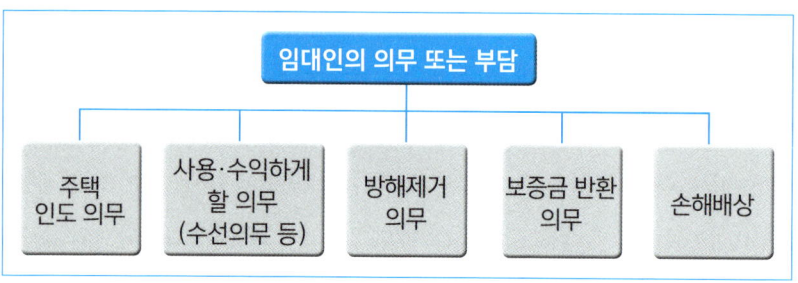

임대차계약 후 임대인에게는 주택인도 의무(민법 제618조), 사용·수익하게 할 의무(민법 제623조), 방해제거 의무(민법 제214조, 제623조), 보증금 반환 의무(대법원 1988.1.19. 선고), 손해배상(민법 제390조, 민법 제393조, 민법 제627조, 민법 제758조) 등 5가지의 의무 및 부담이 적용된다.

주택인도 의무는 잔금 수령과 동시에 계약서에 기재된 시점에 주택을 인도할 의무가 있다. 이 부분에서 분쟁이 발생하는 경우는 드물다.

분쟁 비중이 큰 의무는 사용수익하게 할 의무 위반으로 분쟁이 많이 발생한다. 사용·수익하게 할 의무는 일반인들이 듣기에 낯설고 어색한 표현일 수 있는데 이는 임차인이 주택을 사용하는 이익을 위한 임대인의 의무를 말한다. 즉, 주택을 사용하는데 아무 문제가 없도록 주택 기능이 정상적으로 작동하기 위한 임대인의 수선의무와, 외부환경으로부터 주택사용을 방해하는 요인을 제거하는 의무가 있다.

수선 소요는 곰팡이 등의 마감재, 유수로 인한 누수(베란다, 화장실, 배관, 창문), 단열재 미설치로 인한 습기, 문 및 창문, 전기 등 주택 구성의 여러 분야에서 발생되고 있다. 그러나 때때로 임대인은 자신이 공사를 안했다는 이유와 시공사의 하자 책임으로 전가, 임차인의 직접 거주로 임차인의 책임으로 전가, 매매로 인한 매도인에 대한 책임으로 전가하는 등 자신의 수선의무를 회피하여 분쟁이 발생한다.

방해 제거 의무는 임차인이 주택을 사용하는데 방해되는 내외부 요소를 제거하는 의무를 말한다. 보통 외부 공사의 심각한 소음, 다른 층의 누수로 인한 사용 방해, 주차 방해 등 여러 요인이 있어, 점유자로서 해결이 안 되는 소유자로서의 방해제거 역할로 보면 된다.

　보증금 반환 의무는 임대차기간에 따라 계약이 종료되는 시점에 보증금을 반환해야할 의무이다. 그러나 한국 특유의 고액의 전세제도 존재와 기존 임차인의 보증금을 다른 용도로 사용한 경우, 임대인의 자금이 아닌 새로운 임차인의 보증금으로 반환하는 방법을 선택하는 경우 집보여주기 문제와 함께 분쟁이 많이 발생되고 있다. 이런 문제로 임차인은 본인이 원하는 시기에 이사 가는 것이 어려운 현실이다.

　손해배상은 보증금 반환 지연에 따른 지연손해, 보증금 반환 지연에 따른 임차인의 전세자금 대출 미상환 위약금 및 지연이자의 특별손해, 수선지연에 따른 임차인의 정신적·물질적 손해 등 임차인에게 손해가 발생되었을 경우에 임대인이 손해를 부담된다.

## 🏠 임차인의 의무(부담)

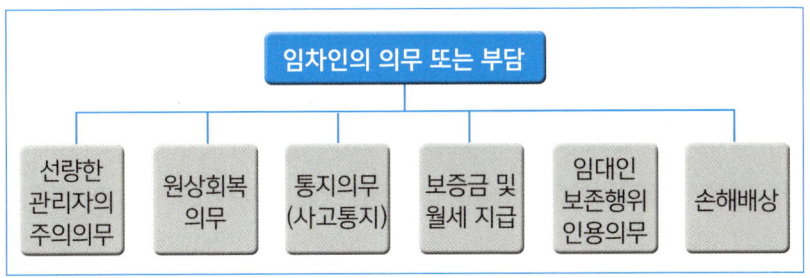

　임대인 못지않게 임차인에게 적용되는 의무로 선량한 관리자의 주의의무(민법 제374조), 원상회복 의무(민법 제615조, 제654조), 통지의무(민

법 제634조), 보증금 및 월세 지급 의무(민법 제618조), 임대인의 보존행위 인용의무(민법 제624조, 제625조) 등 임차인에게는 다양한 의무가 존재하고 있다.

만약, 임차인이 이를 해태하여 임대인에게 손해가 발생하였을 경우 임차인은 손해배상을 부담한다. 수선의무의 부담은 임대인이 큰 반면, 종류와 수의 의무는 임차인이 더 많다.

선량한 관리자의 주의 의무는 내 집이 아니더라도 주의를 다하여야 하다는 의무로 주택을 잘 관리하여야 한다는 의무이다. 그러나 임차인은 금전을 지급했다는 이유로 여관처럼 사용하여 주택을 훼손하는 경우가 있는데, 이렇게 주택사용에 고의·과실이 있는 경우 원상회복의 의무가 발생한다.

원상회복 의무는 자연적인 노후화, 통상의 손모를 제외한 임차인의 고의·과실이 있는 경우 임차인이 원상을 회복할 의무이다. 예를 들어 주택의 환기, 겨울철 동파방지 위한 보일러 주변 배관 보호, 보일러 난방의 정상화 가동의 동파방지, 외부 한파 또는 우천 시 창문 닫기 등 임차인이 주택을 관리하지 않아 주택이 훼손된 경우 임차인은 비용 및 손해배상을 부담해야 한다.

통지 의무는 주택 내 고장으로 주택보존 필요, 외부인의 주택권리 주장 등 임차인 이유가 아닌 건물의 노후화와 하자, 외부환경으로부터 주택을 정상적으로 사용할 수 없는 사유 등이 발생하는 경우에 임차인이 임대인에게 통지해야 하는 의무이다. 임차인이 임대인에게 통지 의무를 게을리 하거나 아예 통지를 하지 않아 피해가 확대되는 경우 임차인은 피해 확대를 방조한 책임이 적용되어 원상회복 부담 및 손해배상의 논리가 적용하게 된다.

보증금 또는 월세 지급의무는 임차인의 주요한 임대조건으로 이를 지급하지 않을시 계약불이행 또는 계약해지(2기에 해당하는 차임액 연체 시) 사유가 적용된다.

임대인의 보존행위 인용의무는 주택 내 기능 고장으로 회복이 필요하여 임대인이 임차인에게 보존행위 필요의 의사를 통지한 경우에 임차인은 거부하면 안 된다는 의무인데, 임차인의 의사에 반하는 임대인의 보존행위 요구로 임차인의 주택 사용·수익에 문제가 될 때에는 임차인은 계약을 해지할 수 있다.

이상과 같이 임차인에게는 여러 개의 의무가 존재하여 여관이나 콘도처럼 일회적 대여 성격의 사용과는 다른 임대차 계약에 따라 적용되는 의무로 임차인은 세심한 주의가 필요하다.

## 🏠 계약해지

임차인이 주택을 임차하여 사용하는 중에 노후화로 주택 요소의 기능 결함 또는 작동이 불량한 경우, 제3자의 소유권 주장 등으로 임차인의 사용 수익에 문제가 생기는 경우가 있다. 이럴 경우 임차인은 민법 제634조에 의거 지체 없이 임대인에게 이를 통지하여야 한다. 임차인이 이를 지체하여 주택에 문제 발생 및 확대될 경우 임차인은 임대인에게 지체책임 및 손해배상을 부담할 수 있다.

임차인이 임대인에게 통지한 후 임차인은 기능 불량 및 결함에 대해 민법 제623조에 따라 임대인에게 수선을 요구할 수 있다. 그러나 실제로 임차인이 임대인에게 수선을 요구할 경우 임대인이 긍정적으로 대답하는 경우는 상당히 드물다. 임대인은 임차인의 과실부터 문제를 삼고, 설사 문제가 없더라도 바로 수선을 하지 않고 업체를 호출하여 문제점을 찾으려 한다. 특히 추운 겨울 또는 더운 여름에는 수선을 즉시 조치하지 않아 임차인은 주거 사용에 상당한 불편을 겪는다. 어쨌든 지연되더라도 임대인이 수선을 해주면 다행이지만, 수선을 거부할 경우 임차인과 장기간 분쟁이 지속되어 2차 분쟁으로 발전된다.

민법 제627조에 의하면 임대인의 수선거부에 의한 사용수익에 제한될 경우 임차인은 그 부분의 비율에 의한 보증금 또는 월세의 감액을 청구를 할 수 있고, 잔존부분으로 임차의 목적을 달성할 수 없을 때에는 임차인은 계약을 해지할 수 있다고 규정되어 있는데, 이는 강행규정으로 임차인에게 유리한 조항이다. 만약, 주택 기능 상실의 원인이 임차인의 과실일 경우에는 오히려 임대인이 원상회복 요구와 퇴거를 요구할 수 있다. 이렇게 계약이 해지되는 경우에 임차인은 보증금 반환을, 임대인은 주택 반환을 요구할 수 있다.

여기서 중요한 것은 발생 즉시 통지하는 것이 시기적으로 적절하므로, 문자, 카톡, 내용증명 등 상대방이 받을 수 있는 적절한 방법을 선택해서 통지를 하는 것이 중요하고, 문자와 카톡은 통지 후 회신을 해야 차후 증거로 활용될 수 있다는 점이다.

이러한 과정을 거치는 동안 임차인은 장기간 스트레스와 주거비용이 발생할 수밖에 없기 때문에 계약 과정 중 세심하게 주택 요소를 살펴보고 문제되는 부분은 계약서의 특약사항에 기재하는 것이 차후 분쟁 예방을 위하여 좋다.

또한, 계약 당시 당사자는 분쟁발생을 사전에 방지하고자 주택 내부 공간마다 사진 촬영해 놓는 것이 좋고, 문제가 발생되었을 경우에도 통화 녹취와 함께 시기별로 사진을 촬영해 놓는 것이 좋다. 또한 주택퇴거 중에도 사진촬영을 하여 당사자 간 원상회복 분쟁을 대비하는 것도 한 방법이다.

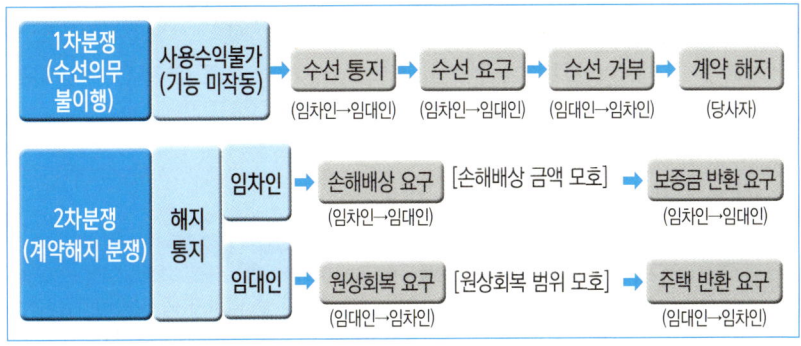

## 🏠 동시이행관계

계약 해지 및 종료 단계에서 임차인과 임대인은 민법 제536조(동시이행의 항변권)에 따라 보증금 반환과 주택 반환은 동시이행 관계에 있기 때문에 선 이행을 요구할 것이 아니고 임대인과 임차인은 동시에 이행을 하여야 한다.

하지만 계약 종료의 마지막 단계에서 이 부분 때문에 많은 분쟁이 발생되고 있다.

임대인은 주택 반환이 먼저라고, 임차인은 보증금 반환이 먼저라며 서로가 상대방의 의무 사항만을 먼저 요구한다. 이러한 선 이행을 요구하는 이유는 이사 가는 날에 어떠한 원인에 의해 임대인이 주택 훼손된 것이 발견된 경우, 임대인이 임차인의 보증금에서 원상회복 비용을 공제할 우려로 분쟁이 발생하거나, 임차인이 주택을 파손한 후 원상회복을 하지 않는 우려 때문에 발생한다.

최초 신규주택의 임차인이 거주한 뒤 하자의 원인이 아닌 주택파손이 발견될 경우 위처럼 임차인의 보증금에서 공제하면 이유가 있지만, 대부분의 주택은 이미 몇 번의 임차인이 거쳐 갔고, 물리적 감가와 노후화로 주택을 훼손시킨 자를 명확히 특정할 수 없는데도 임대인은 마지막 퇴거자

한테 원상회복을 요구하여 분쟁이 발생한다. 따라서 이러한 경우는 조정위원회를 통해 문서화하여 신뢰를 획득하는 방법으로 분쟁을 해결하는 것이 바람직하다.

<임대차 진행 시기별 민법의 분쟁 요소>

| 구분 | 규정 | 분쟁 현실(임차인 ⇔ 임대인) |
|---|---|---|
| 계약 시 | • 제565조(해약금) | • (임차인) 임대차계약 후 당사자 중 일방이 이행 착수 전 임차인이 해제를 하고 계약금 반환 요구<br>• (임대인)은 민법 제565조 근거를 이유로 계약금 반환 거부<br>(비교) 이자제한법(연 24%)와, 민법 제379조(연 5%), 상법 제54조(연 6%), 소송촉진 등에 관한 특례법 제3조 제1항의 지연손해금(연 12%) |
| 기간 중 | • 제623조(임대인의 의무)<br>• 제758조(공작물 등의, 점유자의 책임) | • (임차인) 건축노후화와 하자를 이유로 수선요구<br>• (임대인) 임차인의 관리부실을 주장하며 수선의무 거부 |
| | • 제624조(임대인의 보존행위, 인용의무)<br>• 제625조(임차인의 의사에 반하는 보존행위와 해지권) | • (임차인) 임대차기간의 존속 중과 사생활 보호를 이유로 주택 내부 접근 거부<br>• (임대인) 보존공사와 주택훼손과 피해 확대의 책임을 임차인에게 전가하며 일방적인 일정 통보<br>• 제624조와의 충돌과 손해배상 기준 모호 |
| | • 제626조(임차인의 상환청구권) | • (임차인) 임대인의 수선거부 또는 동의후 임차인이 먼저 수선후 수리비 요구<br>• (임대인) 임차인이 거주하므로 임차인의 비용 부담을 정당화 함 |
| | • 제627조(일부멸실 등과 감액청구, 해지권) | • (임차인) 건물노후화 및 하자로 주거 불가능으로 계약해지 요구<br>• (임대인) 해지할 정도의 사유가 아닌 임차인의 수선범위에 해당 |
| | • 제374조(특정물인도채무자의 선관의무) | • (임차인) 관리자 의무 준수 및 최선의 노력 주장<br>• (임대인) 임차인 고의 과실 존재 추정 |

| | | |
|---|---|---|
| 기간 중 | • 제634조(임차인의 통지의무) | • (임차인) 임대인이 거부 반응을 예상하여 사용수익 장애 및 방해 요소 지연 통지 또는 내용증명이 아닌 문자와 구두 통지로 입증의 분쟁<br>• (임대인) 지연 통지를 이유로 임차인의 책임 주장 또는 통지 사실 허위 주장 |
| | • 제640조(차임 연체와 해지) | • (임차인) 연체 정도의 해지는 보증금이 존재하기 때문에 임차인은 부당하다는 주장으로 주택 반환 거부<br>• (임대인) 2기 이상 연체로 즉시 주택 반환 요구 |
| 종료 후 | • 제536조(동시이행의 항변권)<br>• 제549조(원상회복 의무와 동시이행) | • 이사 당일 임대인의 무리한 원상회복 요구 시<br>• (임차인) 임대인의 보증금 반환이 먼저라며 주택 반환 거부 또는 통상 손모를 이유로 원상회복 거부<br>• (임대인) 임차인의 주택 반환이 먼저라며 보증금 반환 거부 또는 임차인의 사용과실을 주장하며 원상회복 비용 공제 선언 |
| | • 제390조(채무불이행과 손해배상)<br>• 제393조(손해배상의 범위)<br>• 제750조(불법행위의 내용)<br>• 제751조(재산 이외의 손해의 배상) | • 법률규정이 있으나, 구체적인 기준이 없어 임차인과 임대인 상호간 적정한 금액 적정성 여부로 발생 |

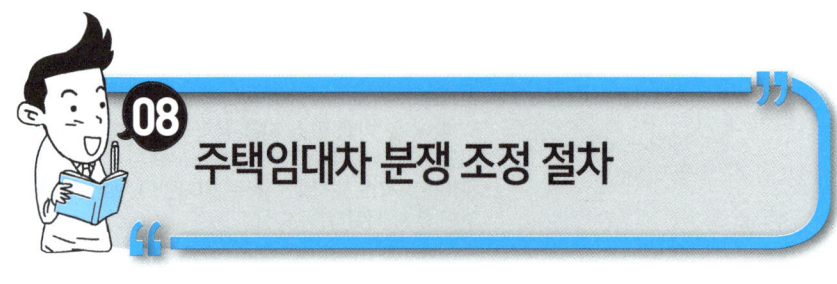

## 08 주택임대차 분쟁 조정 절차

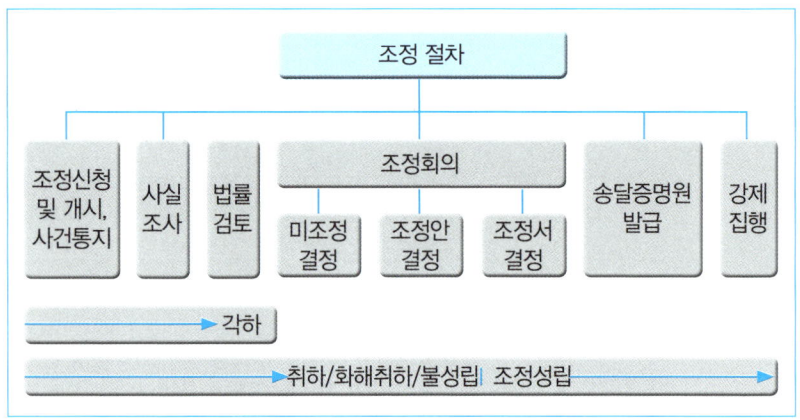

　주택임대차 분쟁조정은 행정형 ADR의 한 종류로, 법률적 판단 중심이 아닌 당사자와 조정위원 간 대화와 토론을 거쳐 자기결정권과 자율성을 가지고 상대방과의 합의를 시도하는 방법이다.

　그래서 조정은 증거와 법리를 다투는 소송(재판)과는 다른 개념의 분쟁 해결방법으로, 양 당사자가 제시한 해결범위를 고려하여 여러 명의 조정위원이 양보와 화합의 통상적인 관점에서 합의안인 조정안을 제시하는데, 양 당사자가 이를 수락여부를 선택하여 합의 성립이 결정되는 구조다. 조정은 조정위원과 양 당사자가 모여 대화를 통해 그동안의 감정 대립에서 상대방을 이해하고 상호 공감하는 시간 속에서 적당한 접점을 찾고 서로의 입장을 토로하는 과정 중 감정 해소가 이루어져 만족도까지 상승시키는 매우 긍정적인 효과로 보통 1사건당 1~2시간 정도 소요된다.

설치 기관별로 조정 방식이 다른데, 서울시의 경우 이미 오래전부터 간이분쟁조정 방식으로 현재까지도 조정위원과 양 당사자와의 대면 방식을 운영하고 있고, 매월 대면방식 유지를 위해 1개월에 10여건 정도로 조정신청을 접수 및 처리하여 행정ADR의 장점을 그대로 살려 조정 성립률이 상당히 높다.

하지만 대한법률구조공단의 경우 사건수가 많아 1사건당 1~2시간 소요되는 대면방식으로는 사건을 처리할 수가 없기 때문에, 서면 또는 전화 위주의 조정 방식을 선택하고 있어 조정 성립률이 떨어진다.

서울시와 같은 대면 조정의 장점은 당사자 간 감정대립을 줄여 사회문제 확대를 차단하고 화합과 양보로 앙금을 해소하는 효과가 분명 있다. 더구나 소송보다는 처리 기간이 짧고, 비용도 매우 저렴하여 신청인에게는 부담이 없는 제도이다. 다만, 조정은 자유로운 절차이기 때문에 상대방이 조정절차를 거부하지 않아야 계속적으로 진행할 수 있는 단점이 있다.

현재 대한법률구조공단 서울 지역에 신청되는 조정사건은 월평균 60건 이상으로 위와 같은 대화와 토론 방식의 대면 조정을 진행할 수가 없기 때문에 대부분 양쪽의 간단한 의견과 제출한 서류를 검토한 뒤 서면 조정안 수락 또는 거부의 선택을 요구하는 방식으로 조정이 진행된다.

이렇다보니 본래 행정형 조정의 취지인 감정 해소와 양측의 충분한 의견을 반영한 조정안이 나올 수 없고 분쟁해결을 향상시킬 수 없는 구조다.

결국 이러한 현실에 앞으로도 주택임대차분쟁의 사회문제를 해소하는 데는 한계가 있을 것으로 판단된다. 이는 애초 정부가 행정형 조정의 개념을 정확히 파악하지 않고 대면 조정과 서면 조정에 대해 명확한 규정 없이 처리능력을 고려치 않는 인력구조로 배치한 것이 문제이다. 이러한 문제가 있지만, 정부나 언론은 이에 대한 논쟁은 전혀 없다. 그렇다하더라도 이 제도는 일반 서민이 분쟁해결 차원에서 이용할 수 있는 제일 간이한 제도이다.

주택임대차분쟁 조정위원회의 조정절차는 합의의 조정성립 절차를 기준으로 크게 조정신청 및 개시, 사실조사, 법률검토, 조정회의, 강제집행 등 5단계 순으로 구분되어 절차가 진행한다.

임대차의 당사자 중 일방은 주택임대차보호법 제14조의 조정심의 항목에 해당되는 사건으로 조정위원회의 필수적 설치기관인 대한법률구조공단의 지부와 한국부동산원 및 한국토지주택공사의 지사 또는 사무소와 임의적 설치기관인 특별시·광역시·특별자치시·도 및 특별자치도의 지방자치단체에 조정신청이 가능하다. 그런데 신청인 입장에서 신청기관이 4개나 존재하여 혼란스럽고 기능과 역할에 대해서도 잘 모를수 있다. 앞으로 이 부분은 조정안 작성 기준의 통일과 신청인의 혼란을 해소하기 위해 1개 기관으로 통일이 필요하다.

사실조사는 조사관에 의한 당사자의 조정 의지 및 기본 서류의 사실관계 확인, 심사관에 의한 조정안 작성을 위한 법률검토 및 추가 조사, 사무국장에 의한 추가 조사 등 조정안을 작성하기까지 사실조사는 단계별로 계속적으로 이루어진다.

법률검토는 조사관에 대한 기본조사가 종료되고 피신청인이 조정 불응한 경우를 제외한 당사자의 조정의지가 있는 사건에 한해 심사관이 조정안 결정 참고를 위한 법률검토를 실시하는데, 이는 당사자들이 제출한 증거와 의견, 법률규정 및 기타를 가지고 실시하게 된다.

이후에는 조정안 결정을 위하여 조정위원을 소집하는 조정회의를 거치게 된다. 조정회의 이후 조정위원들에 의해 결정된 조정안은 양 당사자에게 송부한다. 당사자는 조정안이 송달된 다음날부터 2주 이내에 수락 여부를 결정하여 조정위원회에 의견을 회신하는데, 어느 일방이라도 조정안을 거부하거나, 회신을 하지 않을 경우에 조정이 불성립으로 처리되고, 양 당사자 모두가 조정안을 수락할 경우에만 조정이 성립된다. 조정이 성립되는 경우 조정위원회는 어느 일방이 이행을 하지 않아 강제집행을 실시할 경우를 대비하여 각 당사자에게 조정서를 송부한다. 여기서 문제는 조정서가 양 당사자 모두에게 송달되어야 강제 집행할 수 있다는 점이다. 이렇게 조정절차는 60일 동안 당사자의 분쟁해결을 위하여 운영하는 것이 원칙인데, 예외적으로 30일을 추가하여 최대 90일 동안 조정절차를 진행할 수 있다.

조정결과는 종결유형에 따라 각하, 취하, 화해취하, 성립, 불성립, 미조정으로 나뉜다. 각하는 조정신청이후 피신청인이 조정절차를 거부하여 종결하는 유형이고, 취하는 조정절차 진행 중 대부분 신청인이 소송절차 진행 등을 이유로 조정절차 진행을 포기하여 종결하는 유형이고, 화해취하는 조정신청이후 당사자끼리 합의하여 조정절차 진행을 포기하는 종결유형이다.

성립은 조정위원이 당사자에게 제시한 합의안인 조정안을 모두 수락한 경우에 종결하는 유형이고, 불성립은 당사자 중 어느 일방이 조정거부 또는 회신을 하지 않는 경우에 종결하는 유형이다.

조정서 결정을 기준으로 이전까지는 각하, 취하, 화해취하, 불성립 4가지의 종결유형이 결정되고, 당사자 모두가 조정안을 수락하여 조정 성립된 사건에 한해 조정서가 발송되고 있다.

보통 각하는 사실조사 전·후 단계에 많이 이루어지고 취하는 조정회의를 거치기 전에 대부분 이루어진다. 화해취하는 보통 조정안 결정전까지 발생하지만, 조정안 결정 후에도 당사자끼리 합의가 이루어져 조정서 결정이 필요치 않은 경우에도 이루어진다.

# PART 2

# 계약의 성립과 계약에 대한 오해와 그 진실

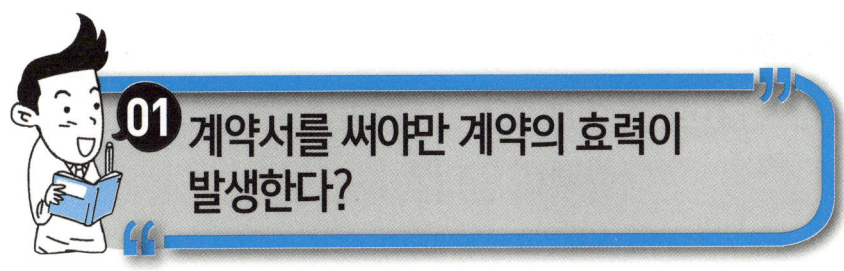
## 01 계약서를 써야만 계약의 효력이 발생한다?

계약은 당사자 간의 의사표시만 일치하면 성립하게 되므로, 다른 형식이나 절차가 필요 없고, 계약서를 작성하지 않았어도, 계약금이 지급되지 않았어도 계약의 효력이 발생한다.

계약은 구두로 해도 적법하게 성립되어 계약당사자 간에 그 효력이 미치지만, 구두로만 계약을 하게 된다면 계약이 파기되거나 계약내용을 부인하는 경우 그 증명을 위해 많은 어려움을 겪게 되므로, 계약을 할 때 계약내용을 계약서로 작성해서 증빙자료로 보관하고 있어야 다음 판례와 같이 『계약의 성립을 위한 의사표시의 객관적 합치 여부를 판단함에 있어, 처분문서인 계약서가 있는 경우에는 특별한 사정이 없는 한 계약서에 기재된 대로 의사표시의 존재 및 내용을 인정하여야 한다(대법 2008다96291, 96307 판결)』 분쟁의 소지도 없애고 완전한 계약이행의 목적을 달성할 수 있다.

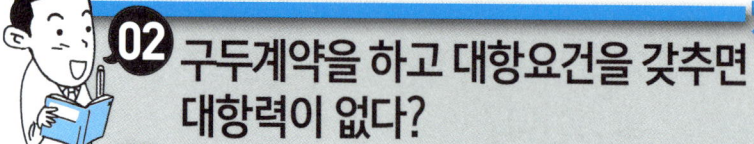

## 02 구두계약을 하고 대항요건을 갖추면 대항력이 없다?

계약은 계약서를 작성하고 계약금이 지급되어야만 효력이 발생한다고 생각하는 사람들이 많다. 그러나 이러한 생각은 계약에 대한 오해에서 발생하는 것이다.

구두로 계약해도 적법하게 계약이 성립되어 계약당사자 간에 그 효력이 있다. 따라서 계약서 없이 당사자 간에 구두계약을 하고, 그에 따라 전세금을 지급 후 주택인도(=거주)와 주민등록(=전입신고)을 갖추었다면 대항력(대항력은 소유자가 변경되면 새로운 소유자에게 임차권이 승계되는 것이다)이 있다. 그리고 경매절차에서 배당요구해서 소액임차인으로 최우선변제금을 배당받는 것만큼은 분명하다.

그러나 계약서가 없으면 확정일자를 부여받을 수가 없고 그에 따라 임차주택이 경매당하면 임차보증금을 손해 볼 수밖에 없을 것이다.

물론 선순위임차인(말소기준권리 이전에 대항요건을 갖춘 임차인)은 대항력이 있어서 낙찰자가 인수하게 되므로 손해를 보지 않겠지만, 선순위임차인이 얼마나 되겠는가?

그리고 구두로 계약하면 계약이 파기되거나 계약내용을 부인하는 경우 그 증명을 위해 많은 어려움을 겪게 되므로, 계약을 할 때 계약 내용을 계약서로 작성해서 증빙자료로 보관하고 있어야 임대인과 임차인의 권리를 안전하게 지킬 수 있다.

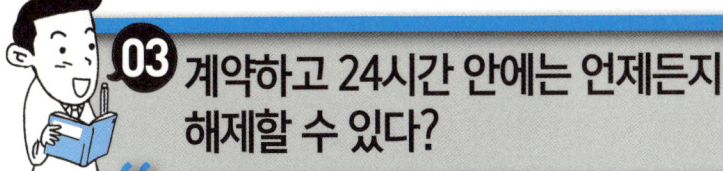

## 03 계약하고 24시간 안에는 언제든지 해제할 수 있다?

전세계약서를 작성하지 않았지만 계약하기로 합의해서 계약금까지 지급했는데, 집주인이 24시간 내에는 계약을 언제든지 파기할 수 있으니 계약을 하지 않겠다고 하면 어떻게 해야 하나?

24시간 내에 언제든지 계약을 깰 수 있다는 오해는 공산품 등에 있어서 계약을 해지할 수 있는 규정과 혼동해서 생긴 일이 아닌가 생각한다. 부동산은 계약하고 나서 임의 해제할 수 없고, 계약금을 해약금으로 지급해야만 계약을 해제할 수 있다. 민법상 계약체결은 당사자 간의 의사 표시의 합치로 청약과 승낙하는 과정으로 이루어지기 때문이다.

청약은 "아파트를 1억원에 전세로 내 놓았군요, 들어가고 싶으니 계약을 원합니다."

승낙은 "네, 1억원에 내 놓았습니다. 계약합시다. 계약은 보증금의 10%인 1,000만원을 계약금으로 하고 계약하기로 하죠."

계약서는 쓰지 않았지만 계약하기로 합의하고, 돈을 주고받았기 때문에 계약이 성립된 것으로 임대인은 계약금의 배액을, 임차인은 계약금을 해약금으로 지급해야만 계약을 해제할 수가 있다. 그래서 계약당사자 일방이 24시간 이내에 아무 조건 없이 계약 파기 가능하다는 말은 잘못된 상식에 불과하다. 계약 당사자가 임대차계약을 체결하게 되면 일단 그 효력은 유효하고, 일방 당사자가 해약할 수 있는 권리를 유보하는 등 특별한 경우가 아니라면 일방적으로 해약할 수 없다.

매매, 임대차 계약 체결 후 24시간 안에 계약금을 돌려주면 합법적으로 계약을 취소할 수 있다는 일부 부동산 업계의 관행은 법적으로 전혀 근거가 없다.

따라서 상대방이 계약 해제에 동의하지 않는다면 특별한 사유가 없는 한 일방적으로 계약을 해제하고 지급한 계약금을 반환받을 수 없다.

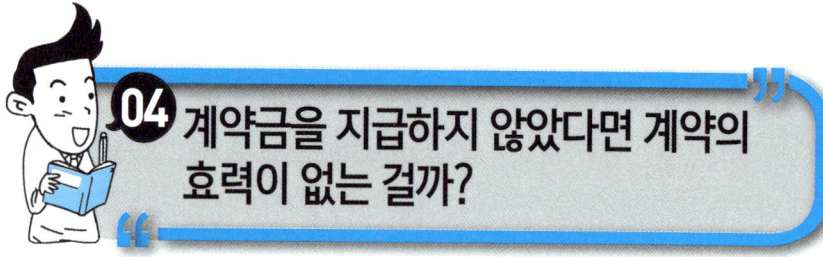

## 04 계약금을 지급하지 않았다면 계약의 효력이 없는 걸까?

계약서를 작성(주계약)하고 서명날인 했더라도 이는 요물계약이라 계약금계약이 성립되어야, 즉 계약금이 입금되어야 그 효력이 발생한다고 오해를 하는 사람들이 많다. 그래서 계약금을 입금하지 않았다면 계약의 사가 없는 것으로 판단해서 처음부터 없었던 것으로 처리하고 있는데, 법원의 판단은 계약만 하고 계약금을 지급하지 아니한 경우도 계약의 효력이 발생해서 계약을 해제할 수 없다고 다음과 같이 판단하고 있다.

### 🏠 서울고등법원 2006나107557의 잘못된 판결

계약금은 계약체결의 증거로서의 성질을 가질 뿐만 아니라 계약에 구속력을 부여하는 수단으로서 기능하여 온 점, 민법 제565조도 계약 당시에 계약금이 교부된 경우에 원칙적으로 계약해제권 유보를 위한 해약금의 성질을 가지는 것으로 규정하고 있는 점 등을 감안할 때, 당사자 사이에 매매계약을 체결함에 있어서 매수인이 매도인에게 계약금을 지급하기로 약정하였음에도 미처 이를 교부하거나 실제로 그와 동일한 이익을 받은 단계에 나아가지 못한 상태라면, 계약금계약은 요물계약이기 때문에 아직 성립하였다고 볼 수 없음은 물론, 약정에 따른 계약금이 지급되기 전까지는 계약 당사자의 어느 일방이든 그 계약에 구속되지 않고 자유로이 이를 파기할 수 있도록 계약해제권이 유보되어 있다고 봄이 상당하다(서울고등법원 2006나107557 판결).

## 🏠 대법원 2007다73611의 올바른 판결

대법원은 서울고등법원 2006나107557의 원심판결을 다음과 같이 수긍하지 않았다.

계약이 일단 성립한 후에는 당사자의 일방이 이를 마음대로 해제할 수 없는 것이 원칙이고, 다만 주된 계약(계약서 작성, 계약서가 없어도 계약에 합의했다면)과 더불어 계약금계약을 한 경우에는 임의해제를 할 수 있기는 하나, 계약금계약은 금전 기타 유가물의 교부를 요건으로 하므로 단지 계약금을 지급하기로 약정만 한 단계에서는 아직 계약금으로서의 효력, 즉 위 민법 규정에 의해 계약해제를 할 수 있는 권리는 발생하지 않는다. 따라서 계약금 전부를 나중에 지급하기로 약정한 경우, 교부자가 계약금의 전부를 약정대로 지급하지 않으면 상대방은 계약금 지급의무의 이행을 청구하거나 채무불이행을 이유로 계약금약정을 해제할 수 있고, 나아가 위 약정이 없었더라면 주계약을 체결하지 않았을 것이라는 사정이 인정된다면 주계약도 해제할 수도 있을 것이나, 교부자가 계약금의 전부를 지급하지 아니하는 한 계약금계약은 성립하지 아니하므로 당사자가 임의로 주계약을 해제할 수는 없다.

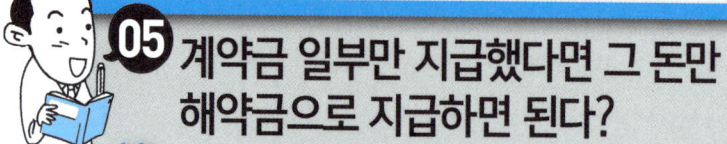

## 05 계약금 일부만 지급했다면 그 돈만 해약금으로 지급하면 된다?

　계약금의 일부만을 지급한 경우 그 계약금 일부만을 해약금으로 지급하고 계약을 해제하는 경우가 대부분이어서 계약을 가벼이 생각하는 풍조가 만연해 있지만, 법원의 판단은 계약금의 일부만 지급하고 계약한 경우 계약을 해제할 수 있는 계약금계약으로 보지 않아서, 계약금 일부를 해약금으로 지급하고 계약을 해제할 수 없다고 판단하고 있다. 다만 계약당사자간의 특약으로 계약금 일부를 또는 계약금 전부를 위약금으로 정한 약정이 있다면 수수한 계약금 일부 또는 계약금 전부를 위약금으로 지급하고 계약을 해제할 수 있을 것이다.

### 🏠 사례1 대법원 2007다73611 판결

　대법원 2007다73611 판결문에서 "당사자가 계약금의 일부만을 먼저 지급하고 잔액은 나중에 지급하기로 약정한 경우, 교부자가 계약금의 잔금을 약정대로 지급하지 않으면 상대방은 계약금 지급의무의 이행을 청구하거나 채무불이행을 이유로 계약금약정을 해제할 수 있고, 나아가 위 약정이 없었더라면 주계약을 체결하지 않았을 것이라는 사정이 인정된다면 주계약도 해제할 수도 있을 것이나, 교부자가 계약금의 잔금을 지급하지 아니하는 한 계약금계약은 성립하지 아니하므로 당사자가 임의로 주계약을 해제할 수는 없다는 것으로, 원심의 사실관계에 의하면, 계약금 6,000만원 중 300만원은 계약 당일 OOO계좌로 넣고, 나머지 5,700만원은 그 다음날 원심공동피고 1의 한미은행 예금계좌로 송금하기로 약정하였는데, 피고 1은 위 계약을 체결한 당일 밤 그가 대리한 원심공동피고 1이 이 사건 아파트를 처분할 의사가 없다는 것을 확인하고, 그 다음날 원고가 계약금을 입금하기 전에 피고 2 등을 통하여 원고에게 이 사건 매매계약 파기의 의사표시를 하였다. 계약금이 교부되지 아니한 이상 아직 계약금계약은 성립되지 아니하였다고 할 것이니, 매도인측은 매수인 인 원고의 채무불이행이 없는 한 이 사건 매매계약을 임의로 해제할 수 없다고 할 것이므로, 이 사건 계약금을 수령하기 전에 피고 측이 일방적으로 한 이 사건 매매계약 해제의 의사표시는 부적법하여 효력이 없다."

## 🏠 사례2 서울고등법원 2006나34260 판결

2005년 성남 분당의 아파트 1채를 대금 5억5천만원에 매각하기로 계약하고, 계약서에는 계약금 5천5백만원, 중도금 2억원, 잔금 2억9,500만원으로 기재하고 계약금 중 일부인 350만원을 지급한 사례에서 "서울고등법원 2006나34260 판결에서 법원의 계약금판단의 기준은 피고(매도인)가 이 사건 매매계약을 유지하지 않으려는 의도로 약정계약금의 수령을 거부하는 등 약정계약금을 지급하지 못하게 된 원인이 피고에게 있음이 명백한 이상, 원피고 사이에 매매계약 해제권유보약정의 기준으로 정한 계약금은 피고가 실제 지급받은 350만원이 아니라 약정계약금인 5,500만원으로 보아야 한다."는 취지로 판시하였다.

## 🏠 사례3 대법원 2014다231378 판단

乙(을=매도인)은 2013년 3월 甲(갑=매수인)에게 서울 서초동에 있는 아파트(147.86㎡)를 11억원에 팔기로 하면서 계약금을 1억 1,000만원으로 정하고, 매수인이 매매계약을 해제할 경우는 계약금을 포기하고, 매도인이 해제할 때에는 계약금의 배액을 배상하기로 하는 내용도 명시하였다. 乙(을)은 계약 당일에 1,000만원을 받았고 나머지 계약금 1억원은 다음날 송금받기로 하였다. 그러나 乙(을)은 계약 직후 송금 받기로 한 계좌를 폐쇄한 뒤 甲(갑)에게 계약 해제 통보를 했고, 이미 받은 1,000만원의 배액인 2,000만원을 변제공탁을 했다. 뒤늦게 이 사실을 알게 된 甲(갑)은 을(을)이 계약 해제를 위해서는 2,000만원이 아니라 계약금과 같은 금액인 1억 1,000만원을 위약금으로 지급하여야 한다며 소송을 제기했다.

**서울중앙지법 민사25부에서는** 부동산 매매계약을 해약당한 매수인 甲(갑)이 매도인 乙(을)을 상대로 낸 손해배상 청구소송(2013가합528346)에서 위약금 3,300만원과 이미 받은 계약금의 일부인 1,000만원을 합하여 4,300만원을 지급하라고 원고일부승소 판결을 했다. 재판부는 판결문에서 부동산 소유자에게는 계약금의 일부만 받은 상태에서는 매매계약을 해제할 수 있는 권리가 발생을 하지 않는다면서 乙(을)은 계약금으로 정한 1억 1,000만원을 다 받고 나서야 금액의 배액을 돌려주며 계약해제를 주장할 수 있는 것이지 계약금의 일부인 1,000만원만 받은 상태에서 하루 만에 매매계약을 무르기로 결심하고 2,000만원을 돌려주며 계약해제 주장을 할 수는 없다고 밝혔다.

다만 위약금으로 계약금에 해당하는 금액인 1억 1,000만원은 과다하다고 인정되므로 이를 30% 정도로 감액하여 3,300만원을 위약금으로 지급하는 것이 타당하다고 판시했다. 이에 동의할 수 없었던 매수인 甲(갑)이항소했고, 서울고등법원 2014나2010739 판단은 채무불이행에 따른 손해배상으로서 이 사건 매매계약 제6조에서 정한 위약금 1억1,000만원을 지급할 의무가 있으나 판시와 같은 사정을 감안하면 위 금원은 부당히 과다하므로 그 액수를 70%로 감액한 7,700만원을 지급할 의무가 있다고 판단했다. 이에 매도인 乙(을)이 불복하여 상소를 하게 되었으나 대법원 2015. 4. 23.선고 2014다231378 판단은 계약해제 이전에 약정된 계약금 중 일부만이 수수된 사안이 아니라, 계약해제 이전에 매수인 인 원고가 공탁절차를 통하여 약정계약금 모두를 매도인에게 지급한 이후에 계약해제 된 사안이라고 이 사건 사실관계를 판단하였다. 따라서 이 사안 자체의 해결차원에서는 여기에서 더 이상의 법리판단 없이 매도인의 상고를 기각했다. 그래서 손해배상금은 7,700만원으로 확정되었다.

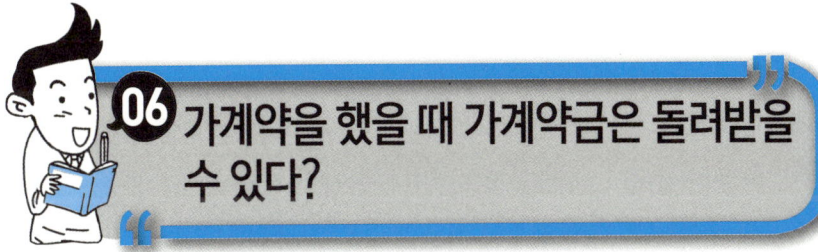

## 06 가계약을 했을 때 가계약금은 돌려받을 수 있다?

가계약이란 말 그대로 본 계약을 하기 전에 다른 사람과 먼저 계약하는 것을 막기 위해서 임시로 맺은 본 계약과 다른 또 하나의 계약이다. 가계약금 100만원 또는 200만원 정도를 상대방에게 지급하면서 다음 날에 본 계약하기로 약속하는 증거금의 성격을 가지고 있으며, 본 계약을 체결하지 않으면 가계약금은 상대방에게 귀속시키기로 합의하는 계약으로 진행하고 있어서 반환 받지 못하게 되는 사례가 대부분이다. 그러나 특약으로 본 계약을 이행하지 않으면 가계약금을 반환하기로 약정했다면 돌려받을 수 있다.

　가계약도 일종의 계약이고, 가계약을 구두로 했든, 가계약서로 했든 간에 주된 내용에 관한 합의가 성립한 경우에는 그 부수적인 내용이 상세하게 확정되지 않았더라도 계약은 성립한다.

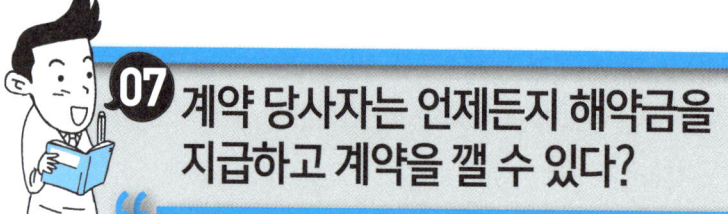

## 07 계약 당사자는 언제든지 해약금을 지급하고 계약을 깰 수 있다?

　계약이행의 착수 이전에는 계약당사자 스스로 계약금을 해약금으로 지급하고 계약을 해제할 수 있다(해제권을 배제하는 특약이 있을 때는 예외적으로 불가, 대법원 2005다4115 판결). 계약이행의 착수가 있고서는 해약금을 지급하고 계약을 깰 수 없다. 여기서 계약이행의 착수는 계약 후 중도금의 일부 또는 전부를 지급한 경우, 잔금의 일부만 지급한 경우, 잔금 날 매수인이 잔금지급, 매도인의 부동산인도와 소유권이전등기 등을 말한다.

## 08 다세대주택 현관에 표시된 501호로 전입신고 하면 대항력 있다?

　　다세대주택, 연립주택, 단지내 상가, 상가점포 등의 집합건물에서 호수 표시가 잘못되는 경우가 종종 발생하고 있다. 이런 이유는 건축주가 좌우측을 착각해서 현황상 표시내용을 건축물대장상 내용과 다르게 표시한 사례로, 건물현황도(건축 설계도면상)에는 승강기 왼쪽이 101호, 201호, 301호 라인, 오른쪽이 102호 202호, 302호 라인임에도 불구하고 반대로 왼쪽을 102호 라인, 오른쪽을 101호 라인이라고 현관문에 호실 표시가 되어 있는 경우, 또는 현황상 1층 201호 2층 301호 등으로 표시되어 있는데 건축물대장에서는 1층 101호, 2층 201호라 표시되어 있는 경우 등에서 계약서를 작성할 때 개업공인중개사의 실수로 현관에 기재된 대로 계약서를 작성하게 되는 사례(개업공인중개사의 과실 책임이 상당히 높아진다), 계약서는 제대로 작성했는데도 임차인이 잘못 전입 신고한 사례(개업공인중개사의 책임은 없고 임차인이 손해를 보게 된다)가 발생하면 그 임차주택이 경매되기 전에는 그런 사실을 모르고 살다가 경매절차에서 그러한 사실을 알게 되는 경우가 많은데 이 경우 임차인은 대항력과 우선변제권이 없어서 임차보증금을 손해 볼 수밖에 없다. 그래서 건축물대장만 발급하지 말고 건물현황도를 함께 발급받아 구분호수가 제대로 건물에 표시되어 있는가를 확인하고 계약해야 한다.

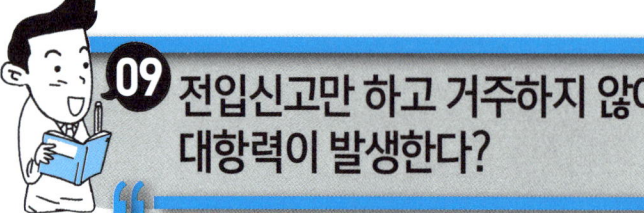

## 09 전입신고만 하고 거주하지 않아도 대항력이 발생한다?

임대차는 그 등기가 없는 경우에도 임차인이 주택의 인도와 주민등록을 마친 때에는 그 다음 날부터 제3자에 대하여 효력이 발생하게 된다. 이렇게 주임법 제3조 1항에서는 2개의 공시요건을 갖추고 있어야만 대항력이 발생하게 되는 것으로 1개의 공시요건 즉 주민등록만 05월 10일 갖추고 있으면 대항요건을 완전하게 갖추고 있지 않아서 대항력이 없고, 이러한 경우 계약서에 확정일자를 부여받았다고 하더라도 우선변제권도 발생하지 않게 된다. 왜냐하면 임차인은 대항요건을 갖추고 다음날 오전 0시에 대항력이 발생해야 주임법으로 보호받을 수 있기 때문에, 대항력이 발생하기 전에는 우선변제권도 없다. 그래서 05월 10일 전입신고와 확정일자를 받았더라도 주택을 인도받아 거주하는 시기가 05월 30일이라면 대항력과 확정일자부 우선변제권은 5월 31일 오전 0시에 발생하게 된다. 여기서 주택인도는 거주하는 것을 의미하는 것으로, 그 거주는 주거주를 의미한다.

### 🏠 알아두면 좋은 내용

**대항요건 중 주택인도는 주거주를 의미한다.**

대전에서 주유소를 운영하는 박영민이 서울에 아파트를 임차해서 1순위로 전입신고와 확정일자까지 마치고 있었으나 1주일에 5일은 대전에서 주유소를 운영하면서 거주하고, 서울 아파트에선 주말 이틀만 올라와 거주하고 있었다. 그런데 서울에 있는 임차주택이 경매되었고, 박영민은 확정일자로 당연히 1순위로 배당받을 것이라 생각했고, 배당기일에도 그렇게 배당표가 작성되었다. 그런데 후순위채권자 등의 배당이의가 있었는데, 주거주가 서울이 아닌 대전이었다는 것을 증명해서 박영민은 임차보증금을 손해 볼 수밖에 없었던 사례가 발생했다.

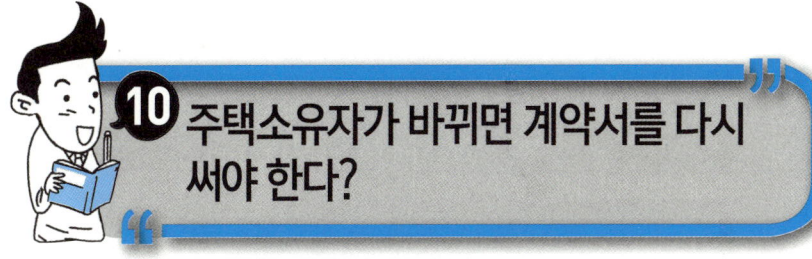
## 10 주택소유자가 바뀌면 계약서를 다시 써야 한다?

　임대차기간 중에 임차주택이 매매가 되어 주인이 바뀌더라도 대항력이 있어서 새로운 소유자에게 자동적으로 임차권이 승계되므로 계약서를 다시 쓸 필요가 없다.

### 그러나 계약기간이 종료되면 어떻게 될까?

　임대인이 계약 갱신을 거절하면(임대차기간 만료 전 6월 ~ 2월 사이에 계약갱신 거부의사를 밝히면) 임차주택을 비워 주고 이사를 가야 하지만, 계약기간 만료 후 계약내용이 바뀌지 않는 같은 조건으로 계약을 갱신하거나 묵시적 갱신이 되었다면 계약서를 다시 쓸 필요도 없고 확정일자를 다시 받을 필요도 없다. 전세보증금이 아닌 다른 계약조건만 변경한 경우에도 기존 계약서에 변경된 내용을 특약사항란에 별도로 기재하고 임대인(종전 임대차를 승계한 새로운 임대인)과 임차인이 서명날인하면 되는데, 이러한 경우 종전계약에 의한 대항력과 우선변제권이 그대로 유지된다.

# PART 3

# 주택 임대차에서 발생하는 분쟁 사유

**주택임대차 분쟁의 조정신청 자료를 살펴보면 분쟁은** 어떤 사유로 출발하지만, 당사자 간 그 사유가 해결이 안 되면 대립적인 분쟁으로 발전되어 계약해지 방향으로 흘러가 주거안정을 해치는 결과를 낳는다. 이러한 문제가 존재함에도 정부는 최초 분쟁사유 분석이 아닌 최종 분쟁내용을 가지고 대책을 세우다보니, 법률적 접근의 기간적 주거안정만의 정책을 시도하고 있지만 이마저도 성공하지 못하였다. 하지만 분쟁원인의 분석은 질적 주거정책 방향을 위해 필수적이다. 이에 이 분석을 위해서 최초 조정위원회 설치 시점인 2017년 5월 30일부터 2018년 5월 29일까지 서울지역 공공기관 조정위원회의 1년간 조정신청 자료를 활용하였다. 분쟁사유는 계약종류와 주택유형에 따라 차이가 있을 수 있기 때문에 먼저 임대차계약서에서 특정한 계약 유형과 주택 요소를 볼 필요가 있어 이를 고려하여 분석을 실시하였다.

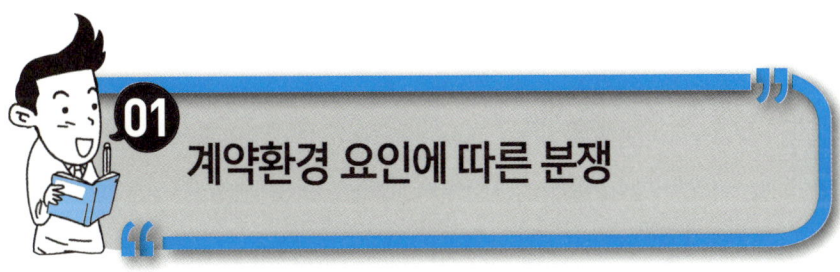

## 01 계약환경 요인에 따른 분쟁

현행 주택임대차 계약은 크게 전세와 월세로 구분되고 있다. 월세는 보증금의 비중에 따라 여러 종류로 나누고 있지만, 여기서는 분쟁의 관점으로 보증금에 따라 여러 개로 분류되는 월세를 한 종류로 통일하여 분석을 실시하였다. 분쟁이 발생되어 조정 신청된 계약유형의 비중을 보면 전세 44.9%, 월세 55.1%로 약간의 차이는 있지만 절반 가까이의 비율로 큰 차이는 없는 것으로 확인된다.

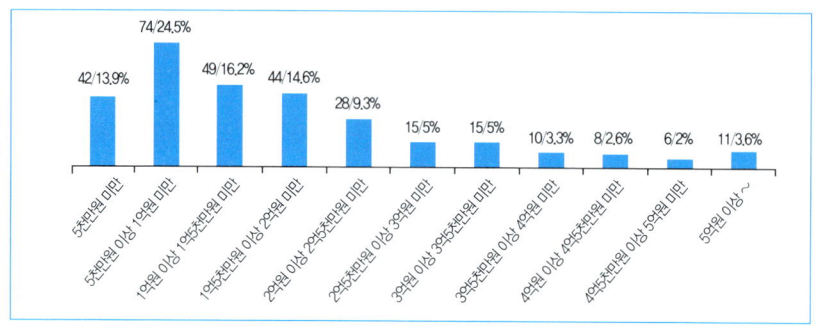

〈전세보증금 비중〉

　전세보증금은 5천만원으로 구분하여 살펴보았는데, 5천만원 이상 1억원 미만 24.5%, 1억원 이상 1억5천만원 미만 16.2%, 1억5천만원 이상 2억원 미만 14.6%, 5천만원 미만 13.9% 순으로 상대적으로 보증금액이 작은 쪽에서 많은 분쟁이 발생되는 것으로 나타났다. 이 결과로 보증금 규모가 클수록 양호한 주택을 선택할 있는 가능성이 존재하고, 보증금이 낮을수록 물리적 주거환경이 안 좋은 주택을 선택할 가능성이 높은 것으로 나타나, 소규모 보증금에서 많은 분쟁이 발생되고 있어 정신적인 스트레스가 많음을 예측할 수 있다.

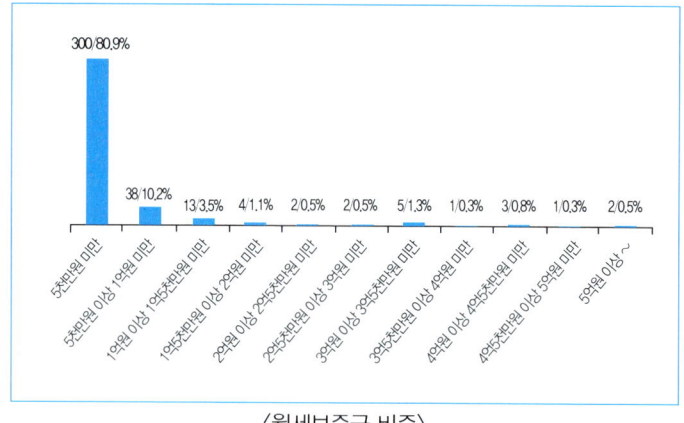

〈월세보증금 비중〉

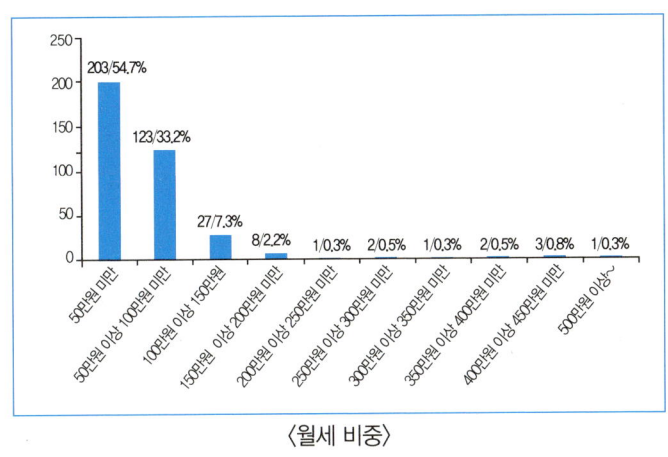

〈월세 비중〉

　월세의 경우 80% 이상은 보증금이 5천만원 미만인 것으로 나타났고, 월세는 50만원 미만이 54.7%, 50만원 이상 100만원 미만이 33.2%로 100만원 미만이 88% 이상인 것으로 나타나, 전세와 마찬가지로 저소득층 규모의 월세에서 분쟁이 많이 있는 것으로 나타났다. 결론은 전세 및 월세의 계약유형 모두 소규모의 임대료에서 분쟁이 빈번한 것으로 나타났다. 이는 주택임대차분쟁조정위원회가 서민의 분쟁해결 기관으로 중요하다는 것을 알려주는 지표다.

　주택유형 간 분쟁발생 빈도를 위하여 주택유형 분석을 시도하였는데, 분석을 위하여 주택법과 건축법 등 법률규정의 주택유형이 아닌 구분등기를 중심으로 재분류하였다. 단독주택과 다가구주택은 구분등기가 아니고 1인이 소유하기 때문에 단독·다가구로 분류하였다. 또한 다세대주택과 연립주택, 빌라는 주택법의 적용을 받지 않으나, 집합건물법의 적용을 받아 다세대·빌라로 재분류하였다. 아파트는 주택법의 적용을 받고 구분등기로 동일하게 아파트로 분류하였다. 주택유형은 아니지만 상가주택 및 근린생활시설이면서 주택으로 사용되는 주택은 근린생활시설외로 분류하여 주택유형으로 설정하였다.

분석결과, 주택유형별 분쟁 비중은 단독·다가구 43.1%, 다세대·빌라 22.9%, 아파트 19.9%, 근린생활시설외 14.1% 순으로 전세와 월세 모두 공동주택보다 단독주택인 단독·다가구에서 더 많은 분쟁이 발생되는 것으로 나타났다.

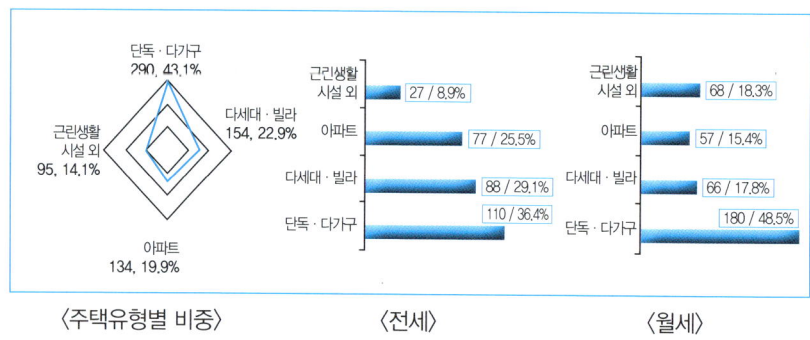

〈주택유형별 비중〉　　〈전세〉　　〈월세〉

그 이유는 단독·다가구는 온전히 임대인 혼자 관리를 부담해야 하기 때문에 비용 발생을 꺼리는 임대인은 임차인 요구를 순순히 따르지 않기 때문으로 보인다. 아파트나 다세대·빌라는 집합건물법이나 공동주택법 등 관리인 및 관리단 또는 관리사무소 시스템에 의해 사전에 분쟁이 제거되는 경우가 있지만, 단독·다가구주택은 임대인 혼자 고민해야 하다 보니 다른 주택유형보다 분쟁이 빈번하게 발생하고 있다. 그렇기 때문에 SH공사와 LH공사가 제공하고 있는 전세임대주택은 단독·다가구가 다수 존재하여 잦은 분쟁이 발생되고 있다. 더구나 전세임대주택의 경우 SH공사나 LH공사는 임차인 지위이고 입주자는 거주자 지위로 임대인과의 삼각관계에서 거주자는 임차인 지위의 권한이 없어 입주자 지위로서 임대인에게 보증금 반환과 수선 요구 시 많은 어려움이 따르고 있다. 그럼에도 불구하고 SH공사와 LH공사는 입주자에게 유지수선 분야는 임대인과 알아서 협조하라는 입장이다. 전세임대주택의 경우 임차인의 지위가 없으면 임대인에게 내용증명을 발송하거나 유지수선 불이행에 따른 계약을 해지할 경우 어려움을 겪을 수 있다. 그러다보니 다른 임차인보다 더욱 임대인과 분쟁이 높아질 수밖에 없는 현실이다.

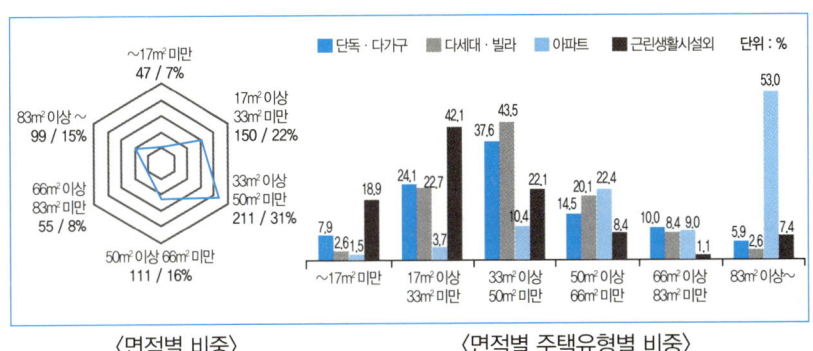

〈면적별 비중〉   〈면적별 주택유형별 비중〉

분쟁으로 조정신청의 임차면적은 50㎡ 미만이 50% 이상 차지하고 있다. 17㎡ 이상 33㎡은 독립적인 건물인 근린생활시설외가 가장 많고 33㎡ 이상 50㎡ 미만 면적은 다세대·빌라가 많이 차지하고 있다. 주택유형은 단독·다가구에서 많은 분쟁이 있지만, 단독·다가구의 경우 다양한 면적으로 다른 주택보다 고르게 분포하고 있다. 이를 보면 소형 규모의 면적에서 분쟁이 많이 발생하고 있다.

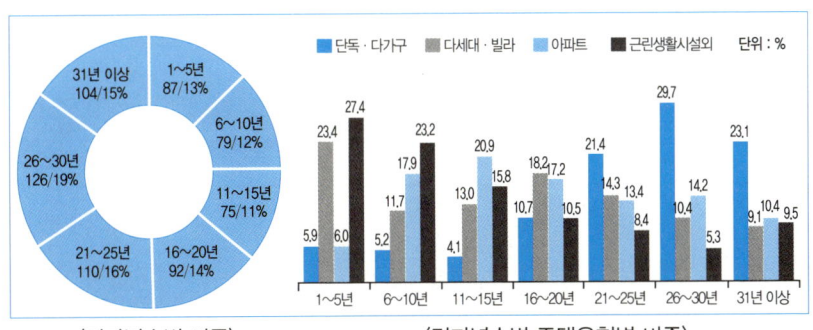

〈경과년수별 비중〉   〈경과년수별 주택유형별 비중〉

주택 건축 연수에 따른 분쟁 비중을 보면 면적별 고루하게 분포되고 있는 것이 확인되고, 주택유형별에 있어서도 큰 차이가 없는 것으로 나타나 경과 연수로 분쟁사유 유무를 판단하기는 쉽지 않다. 그러나 단독 다가구의 경우는 건축 연수가 경과할수록 점점 분쟁 비중이 높게 나타나는 것을 확인할 수 있는데, 이는 앞에서도 언급했듯이 임대인 혼자 주택을 관리해야 하는 부담감이 있기 때문에 작은 비용이라도 지출을 꺼리는 경향으로 임대인과 임차인 간 유지수선의 분쟁이 자주 발생한다.

지금까지 계약유형을 분석한 결과, 전세 또는 월세 모두 상대적으로 소규모 보증금 및 월세에서 많은 분쟁이 일어나는 것으로 확인되었는데, 이는 보증금과 월세가 적을수록 임차인은 주거환경이 열악한 주택유형을 선택하다보니, 수선소요와 보증금 반환이 지연되어 분쟁이 발생하는 것으로 추정할 수 있다.

계약유형과 등기사항전부증명서(구명칭 : 등기부등본)의 외형 요소가 아닌 내부적 요소의 주택임대차 분쟁조정 신청사건의 분쟁사유는 크게 유지수선(40.7%) 계약 해지/종료(36.8%), 기타는 경제사유(14.7%), 법률사유(5.8%), 기타(1.9%) 순으로 나타내고 있다.

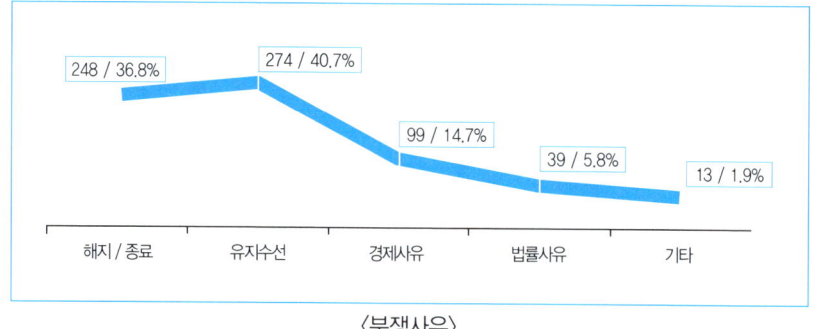

〈분쟁사유〉

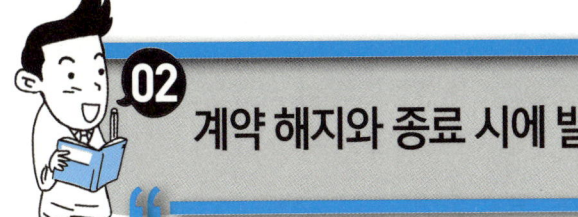
## 계약 해지와 종료 시에 발생하는 분쟁

　주택임대차 분쟁사유 중 계약 해지 및 종료의 비중이 36.8%를 차지하고 있다. 보통의 계약해지는 묵시적 갱신, 계약갱신 요구 등으로 기초계약이 법정갱신되었다면 계약기간 중 임차인의 해지통지로서 3개월 후에 계약이 해지가 된다. 예외적인 경우는 임차인이 중대한 계약내용 위반으로 임대인이 계약해지를 통지하였을 경우와 당사자 간 계약해지를 합의한 경우에도 계약은 해지가 된다. 계약종료는 계약이 종료되기 전 주택임대차보호법 제6조 제1항에서 정한 기간 안에 해지통지를 하였을 경우 계약은 종료가 된다. 이렇게 해지와 종료는 계약이 끝나기 때문에 임차인은 주택 반환과 동시에 보증금 반환을 요구할 수 있다. 그러나 임대인이 보증금 반환을 지연하기 때문에 분쟁이 발생된다. 세부적인 해지/종료의 분쟁사유는 계약 종료(81.9%), 일방 해지(12.9%), 합의 해지(4.8%), 임차권등기명령 진행(0.4%) 순의 비율로 발생하고 있다. 임차권등기명령은 계약해지 및 종료가 되었음에도 불구하고 임대인이 임차인에게 보증금을 반환하지 않아 임차인이 임대차가 있음을 외부 공시(건물등기사항전부증명서(구명칭 : 등기부등본))를 위해 주택소재지 관할법원에 신청하는 제도인데, 관할법원에서는 해지 및 종료의 입증서류를 제출하면 대부분 임차권등기명령을 결정해준다. 보통 임차권등기명령 신청 후, 2주 정도면 건물등기사항증명서에 등기가 된다. 그러나 임차권등기명령이 등기될 경우 매매나 임대차 진행이 어려울 수 있기 때문에 임대인은 임차인과의 보증금 반환과 더불어 추가적인 분쟁이 발생되고 있다.

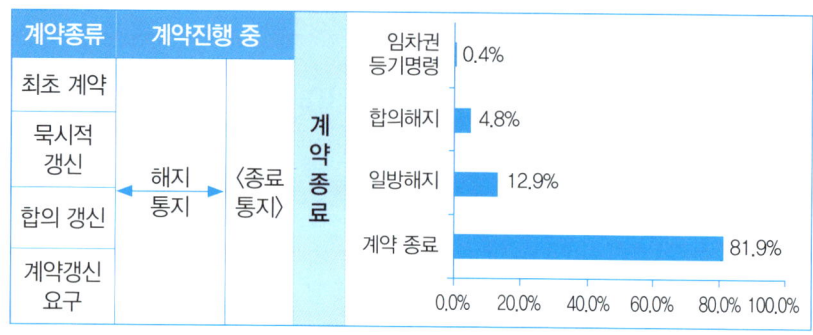

〈분쟁사유: 해지/종료〉

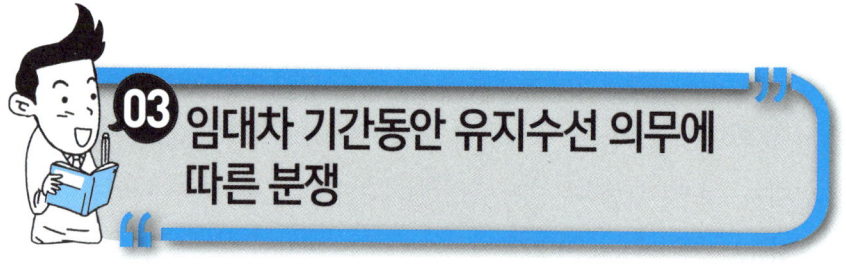

## 03 임대차 기간동안 유지수선 의무에 따른 분쟁

　유지수선은 임대인이 임차인의 사용수익을 위하여 주택의 정상적인 기능을 유지하고, 주택 기능에 문제가 발생하였을 경우 수선을 해주어야 하는 것을 의미한다. 하지만 임대인은 주택하자와 노후화를 임차인의 사용 과실의 책임으로 원상회복을 요구하여 분쟁이 발생된다. 보통 분쟁 발생시 유지수선과 원상회복은 대립적인 관계에 놓이는데, 분쟁은 당사자 간 유지수선 대상 여부로 시작된다. 임차인이 주택 내부를 접촉하여 사용하는 곳이면 이러한 문제는 상시 내재되어 있다. 그렇기 때문에 주택내 유지수선 분쟁은 주택의 모든 요소에서 발생되고 있고, 분쟁사유 비중도 50% 전·후를 차지할 정도로 많이 발생하고 있다. 최근 2020년 계약갱신 요구권이 신설되어 임차인의 거주기간이 2년에서 4년의 원칙으로 바뀌었기 때문에 앞으로는 주택 기능 불량과 훼손으로 인한 갈등이 더욱 증가할 것으로 판단된다. 보통 유지수선으로 인한 갈등이 해결되지 않으면 분쟁으로 확대되는 경우가 높다.

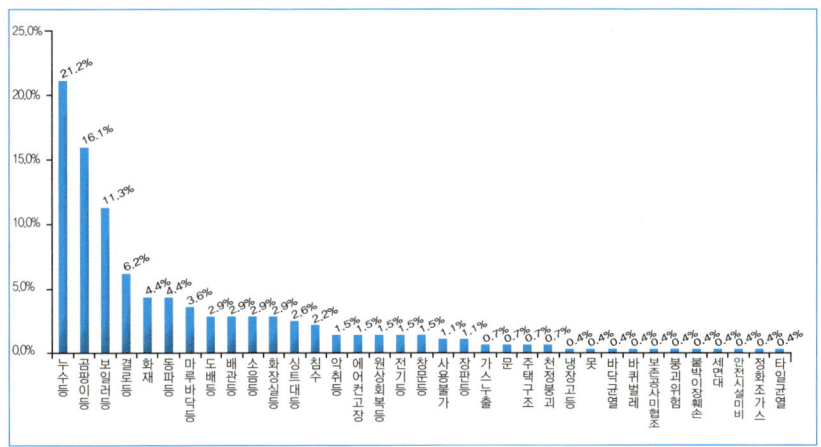

유지수선에 대한 세부적인 분쟁사유는 누수, 곰팡이, 보일러, 결로, 화재, 동파, 마룻바닥, 도배, 배관, 소음, 화장실, 싱크대. 기타 순으로 주택훼손 또는 주택기능 불량으로 분쟁이 발생되고 있다.

유지수선 분야 중 가장 많이 발생되는 누수 분쟁은 수도 배관, 보일러 배관, 하수도 배관 등 노후화 또는 단열 미흡으로 겨울 간 동파로 누수가 발생되는 경우가 있고, 임차인의 관리 소홀의 기능 훼손으로 누수가 발생되는 경우가 있다. 그러나 누수 발생 책임을 상대방에게 전가하는 경우에 분쟁이 발생하는데 이때 책임소재를 밝히는 것이 쉽지 않다.

누군가의 책임을 밝히려면 결국 바닥 또는 벽 콘크리트 해체 및 복원 비용 부담의 문제가 있는데, 이 공사 및 비용을 배제한 채 외관상 판단으로만 책임소재를 가리려다보니 더욱 분쟁은 증폭된다. 또한 누수가 발생되면 보통 아래층까지 피해가 확대되어 당사자 분쟁외 제3자와의 분쟁으로 확대되는 경우도 흔하다. 이 경우 재빨리 원인을 파악하고 원인을 제공한 주체가 손해배상을 하면 분쟁이 종료되지만, 보통은 상대방에게 책임을 전가하고 이에 따른 지연 조치로 피해 범위가 증가하게 된다.

곰팡이의 분쟁사유는 단열재의 기밀 불량으로 겨울철 또는 여름철 내·외기 온도차에 의한 물방울이 먼저 발생하고 시간이 지남에 따라 곰팡이가 발생하는 경우다. 곰팡이는 호흡기의 질병의 원인이 되기 때문에 거주자는 더욱 민감하게 반응하게 된다. 보통은 건축경과 연수가 오래인 경우와 지하층인 경우에 많이 발생한다. 해결 방법은 단열재 기밀 불량 해결의 근본적인 공사와 도배 공사가 필요하다. 이런 경우 거주자의 물품 훼손의 손해배상 문제까지 발생한다. 이와 반대로 임차인의 관리 소홀과 과실로 곰팡이가 발생하는 경우는 임차인이 책임의 주체가 된다. 임대인이 주장하는 임차인의 관리 소홀은 대부분 환기 부족을 주장한다.

이러한 곰팡이 분쟁은 보증금액이 적은 임대차 중 지하층에 거주하는 경우에 많이 발생하는데, 곰팡이로 건강악화 및 가구 등 물품훼손으로 이어져 다른 층보다 주거환경도 열악하고 피해도 큰 편이다. 따라서 정부는 지하층의 저소득층 거주자에게 분쟁이 발생되면 주거환경 개선비용을 지원하는 제도를 도입할 필요가 있다.

보일러 분쟁은 보일러 하자, 사용연수 도래, 한국의 4계절 존재로 일정기간 보일러 미사용 등으로 기능 불량이 발생하여 임대인과 임차인 간 분쟁이 발생하고 있다. 임대인 입장에서는 본인이 직접 사용하지 않고 임차인이 직접 사용한다는 직접 사용부담의 원칙을 주장하고, 임차인은 보일러는 주택 구성 일부분이고 소모품에 해당하지 않으므로 임대인의 수선의무를 주장한다.

또한, 임차인은 보일러 절약을 위해 외출 모드 또는 제한적으로 보일러를 가동하던 중 추운 겨울에 동파가 되어 기능 불량이 발생되는 경우가 있다. 전문업체가 점검하기까지는 당사자 간 분쟁이 이어지는데, 어떤 경우는 전문 업체의 점검결과를 신뢰하지 않고 자기주장대로 원인을 결정하고 상대방에게 책임을 전가하는 경우가 있다. 이럴 경우 임대인은 임차인의 보증금 중 일부를 공제하여 분쟁이 증폭된다. 게다가 서울시에서 2011년 동파 관련 배상책임 기준을 공문화한 것이 인터넷으로 돌아다녀 보일러 사용연수의 증가 및 기능 향상이 되고 있음에도 이 때문에 분쟁의 근거가 되고 있다.

결로는 곰팡이가 발생하기 전 습기가 발생하여 도배 훼손 또는 물에 약한 전자제품 등 거주자의 물품이 훼손되어 조정위원회에 조정 신청하는 경우가 있는데 임대인은 임차인의 관리부주의를 주장하고, 임차인은 주택하자를 주장하며 대립하고 있다.

동파는 겨울철에 배관이 얼면서 누수가 발생하여 분쟁이 발생하는데, 이는 단열문제 또는 외부노출 배관의 보온조치 이행 여부와 보일러 가동 여부로 분쟁이 발생한다.

**결론적으로 임차인의 과실여부와 주택하자로 대립하고 있다.**

화재는 전기배선의 용량 초과, 미정리, 먼지 누적, 과부하 등으로 화재가 발생하는데 다른 분쟁사건과 다르게 손해범위가 크고 주거단절의 문제가 발생한다. 이러한 분쟁사유도 임차인의 과실 여부와 주택하자로 대립되고 있다.

마룻바닥 분쟁은 바닥 마감재 보편화, 약한 재질, 사용연수 경과 대상, 사용한 임차인 다수로 훼손한 자를 특정하는 것이 불가한데도, 임대인은 일부 훼손된 경우를 발견하고 최종 순서의 나가는 임차인에게 전체 보수를 요구한다. 이러한 환경으로 나가는 임차인이 전체 보수의 책임이 불명확한데도 임대인은 나가는 임차인에게 책임을 묻고 보증금 중 일부를 원상회복 비용으로 공제하는 과정 중 분쟁이 발생한다. 신규주택의 첫 임차인이면 마룻바닥 하자를 제외하고는 책임을 벗어나기 힘들지만, 몇 번의 임대차계약으로 임차인이 경유된 경우에는 현 임차인에게 원상회복 전부의 책임을 묻기는 어렵다. 더구나 마룻바닥은 낙상 물질에 쉽게 파손되고 아이들이 있는 경우에는 낙서 등으로 훼손이 더 발생한다. 따라서 마룻바닥 손모는 일상생활로 인한 손모로 봐야 하지 않을까 싶다. 왜냐하면 주택내 신체와 제일 접촉이 많은 부분이 마룻바닥이고, 매일 발로 밟고 다니기 때문에 훼손될 수밖에 없다. 이러한 일상생활의 관점에서도 임차인의 책임으로 전부 돌리기 쉽지 않다.

화장실 분쟁은 매일같이 가족이 물을 사용하기 때문에 사용한 물이 원활하게 배수되고, 누수방지의 기밀 등에 문제가 없다면 빈번한 편은 아니다. 하지만 물의 배수 경로 각도 차이와 변기 배관이 좁은 경우 등 화장실의 하자도 다양하게 분쟁이 되고 있다. 사용자의 과실로는 변기 내에 화장지가 아닌 다른 재질을 사용했을 때 막힘이 빈번하여 분쟁이 발생되고 있다.

소음의 분쟁사유는 주택 내 방음재 미설치 또는 내력벽 자체가 약한 경우 임차목적물 내부로 외부의 소음이 전달되어 임차인과 임대인 사이에 분쟁이 발생되고 있다. 또 다른 소음분쟁으로 층간소음이 있는데 전달 범위가 상하좌우로 전달되어 계약해지의 분쟁으로 이어지고 있다. 임차목적물 내부 마감재의 문제가 아닌 소음의 문제로 임대인은 임대차에 전혀 문제가 없다고 주장하고, 임차인은 수면방해 등의 생활 장애를 이유로 계약해지를 주장하여 분쟁이 발생되고 있다. 그러나 민법의 계약해지 사유에는 건물멸실 등 불가항적인 사유로 사용·수익이 불가한 경우에만 계약해지가 가능하고 소음 등의 사유로 계약해지가 어려워 임대인과 임차인 사이의 분쟁이 증가하고 있다. 대부분의 임대인은 주변소음 등의 사유는 임차목적물 내부 시설이 아니라는 이유로 임차인이 주장하는 계약해지를 거부하고 있다.

반려동물 분쟁은 소음과 마룻바닥 및 벽 훼손, 냄새 등의 문제가 있어 임대차계약서에 반려동물 양육 금지의 특약을 하는 경우가 있다. 많은 가정에서 반려동물을 양육하지만 임차인인 경우는 특히 주의를 요한다. 전부는 아니지만 반려동물의 발톱 특성상 마룻바닥을 파손하기 쉽고 또 도배 및 벽지를 물어뜯는 경우가 있어, 퇴거 시 원상회복으로 분쟁이 발생된다. 1인 가구 증가로 외로움 속에 반려동물은 어느덧 보편화되어 있지만, 이로 인해 임차인은 원상회복의 부담 문제로 주거비용이 증가할 수 있다.

이밖에도 유지수선에 관한 분쟁은 위 그림과 같이 다양하지만, 이 자체가 분쟁으로 되는 경우보다는 계약해지와, 손해배상, 원상회복으로 분쟁이 발전되어 조정위원회에 조정이 신청되고 있다.

## 04 기타 임대차 계약의 분쟁사유

　기타 임대차 계약의 분쟁사유로는 경제적 사유(14.7%)와 법률적 사유(5.8%)가 있다. 경제적 사유는 금전과 관계되는 내용으로 월세연체(49.5%), 부당공제(27.3%), 증액(6.1%), 대출관련(5.1%), 관리비(4%), 재건축(2%), 차량파손·천막절도·청소비·장기수선충당금·이사비용 미지급·지연손해 미지급(1%) 순으로 나타내고 있다. 이 중에서 월세연체는 임차인이 월세를 2기분 이상 연체하여 임대인이 주택 반환을 요구하는 것으로 나타나고 있다. 부당공제는 임차인이 인정하지 않는 내역을 임대인이 주장하며 보증금 중 일부를 공제하여 분쟁이 발생되는 경우이다. 증액은 보증금 또는 월세 증액으로 증액의 부적절함으로 인식하여 분쟁이 발생되고 있다.

　법률적 사유는 경제적 사유보다는 작지만, 당사자 또는 대항력(점유와 주민등록)의 문제로 발생된다. 세부적 사유로는 특약사항(23.1%), 권리침해(15.4%), 중개하자(12.8%), 소유자 변경(10.3%), 통지의무 위반·기간해석(5.1%), 가장 임차인 · 거주자 상이 · 명도확인서 미작성 · 무단 전대차 · 불법용도 변경 · 위임장 · 임대차 방해 · 입주 지연 · 주소 상이 · 목적물 미인도 · 배우자 사망(2.6%) 순으로 발생되고 있다.

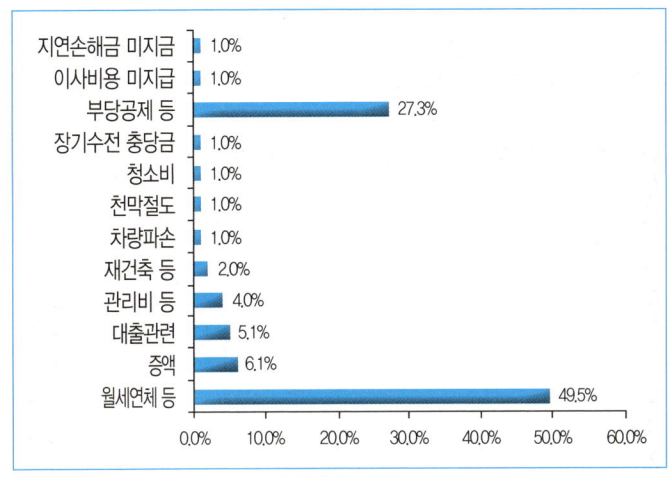

〈경제적 사유〉

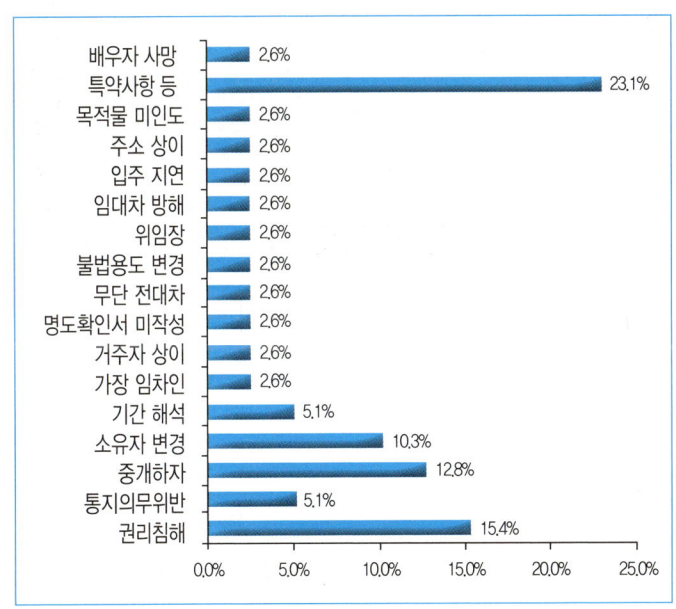

〈법률적 사유〉

# PART 4

# 주택 임대차의 분쟁 유형별 특성과 그 대책

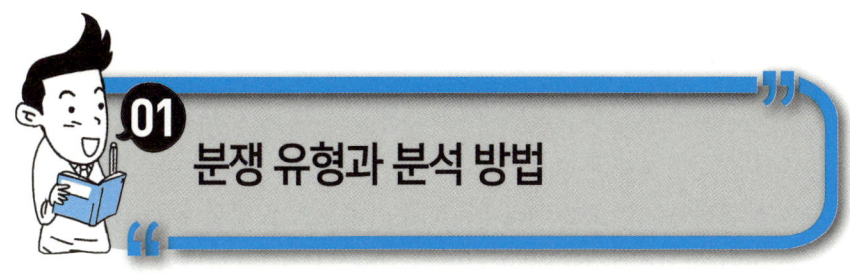

## 🏠 주택 임대차 분쟁 분석 목적

　주택 임대차 분쟁은 유지수선과 같이 어떠한 사유로 갈등이 출발하는데 해결이 안 되면, 조정위원회의 조정신청으로 분쟁이 외부로 표출된다. 앞에서 분쟁사유를 살펴보았지만, 분쟁사유는 유지수선과 같은 주거환경 문제로 발생되지만, 분쟁의 외부 표출은 계약해지 등 다른 형태로 나타날 수 있기 때문에 분쟁유형을 살펴보는 것은 매우 큰 의의가 있다. 분쟁유형을 살펴보는 것은 분쟁유형별 해결과 정책 방향을 찾을 수 있는 것이다. 이에 이 장에서는 당사자 간 외적 분쟁 유형의 분석을 실시하였다.

## 🏠 분석 범위

　주택임대차보호법 내 주택임대차 분쟁조정위원회를 설치하기 전 이미 오래전부터 간이분쟁조정을 운영한 서울시의 2012년부터 2016년까지 5년 동안 실시한 실제 간이 분쟁조정 사례를 토대로 분쟁유형을 살펴보았다.

## 🏠 변수 설정

　어떤 주택유형에서 어떤 분쟁이 일어나는지를 확인하기 위하여 변수는 주택유형, 조정신청 심의항목, 보증금, 월세 등 4개의 변수를 가지고 분석을 실시하였다.

## 🏠 주택 임대차 분석 방법

분석방법은 이단계 군집분석을 이용하였다. 이단계 군집분석은 변수들의 상대적인 기여도를 나타내는 변수의 중요도로 군집(유형)을 나누는 분석 방법이다. 이 분석방법은 모형의 적합여부를 판단하는 평균 실루엣과 변수별 중요도를 예측하여 군집을 분류한다.

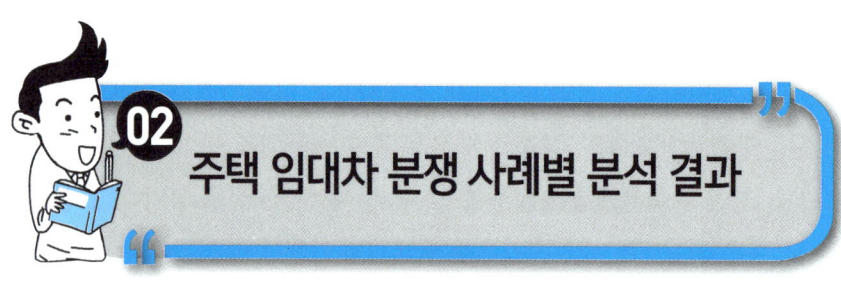

## 02 주택 임대차 분쟁 사례별 분석 결과

주택 임대차 분쟁 유형은 다음과 같이 분류되었다. 분쟁유형은 주거환경 이동형, 주거환경 유지형, 주거환경 정비형, 분쟁상존형 등 4가지로 분류되었다.

주거환경 이동형은 당사자 간에 발생한 분쟁에 대해 해결이 안 되고 계약 해지 및 종료로 현재의 주거환경을 벗어나고자 이동을 선택하는 분쟁 유형이다.

주거환경 유지형은 당사자 간 분쟁 해결을 희망하고 계약을 유지하고자 하는 집단이다.

주거분쟁 상존형은 다른 군집보다 주거분쟁이 상존할 수밖에 없는 집단으로 분쟁해결이 어려운 유형에 해당한다.

주거환경 정비형은 당사자 간에 손해배상 또는 원상회복을 청구하여 주거환경 재정비를 꾀하는 유형이다.

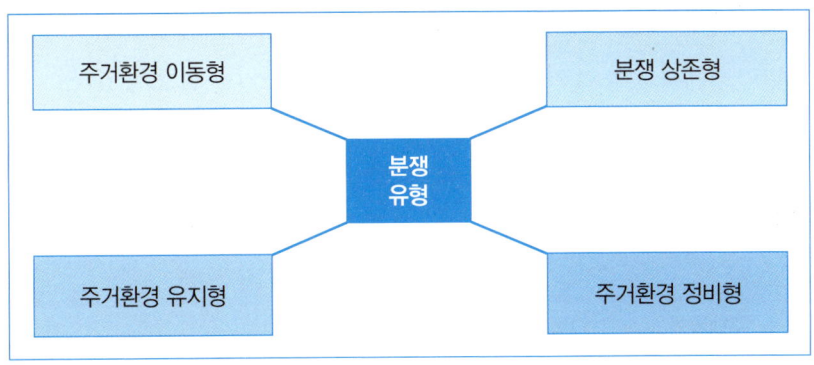

## 🏠 주거환경 이동형

| 구분 | 세부 현황 |
|---|---|
| 주택유형 | 단독 · 다가구(89.8%,53), 아파트(10.2%,6) |
| 신청유형 | 계약해지등(66.1%,39), 보증금 반환(33.9%,20) |

　주거환경 이동형은 주택유형이 단독·다가구가 대부분을 차지하고 보증금 5천만원 전후와 월세 50만원 전후에 많은 분포를 하고 있는 유형으로 저소득가구에 해당된다고 볼 수 있다. 이 유형의 분쟁해결 방법은 계약을 해지하고 주거 이동을 희망하기 때문에 보증금 재원을 마련해주면 즉시 해결되는 집단으로 경제적 정책 운용이 필요한 유형이다.

　이러한 분쟁 유형의 해결 방법은 현재 서울시에서 시행하고 있는 이사시기불일치 보증금 대출 제도를 도입하여 정부가 적극적으로 운영할 필요가 있다. 그러나 서울시에서 운영하고 있는 이사시기 불일치 보증금 대출은 유동성과 환금성을 이유로 단독·다가구 유형에서는 대출이 불가하다.

　사실, 단독·다가구에서 가장 필요한 대출임에도 불구하고 대출이 불가하여 정부는 서울시의 이사시기 불일치 보증금 대출을 개선 보완하여 단독다가구에서 운용이 가능한 대출 지원 제도를 도입할 필요가 있다.

## 🏠 주거환경 유지형

| 구분 | 세부 현황 |
|---|---|
| 주택유형 | 단독·다가구(100%,53) |
| 신청유형 | 수선요구(37.8%,20), 원상회복(20.8%,11), 손해배상(18.9%,10), 필요비청구(11.4%,6), 공과금분담(5.7%,3), 재계약(1.8%,1), 월세감액(1.8%,1), 월세연체(1.8%,1) |

주거환경 유지형은 주택유형이 단독·다가구이고 주거환경 이동형과 유사한 보증금과 월세의 규모를 보이나, 주거환경 유지형은 이동보다는 수선을 통한 임대차 환경을 유지를 희망하여 주거환경 이동형과는 차이가 있어 주거환경 정책이 가장 필요한 집단이다.

이 유형은 임대인 또는 임차인이 유지수선을 이행하지 않아 분쟁이 발생되는 유형으로 유지수선 환경 개선을 위하여 임차인의 정주성을 위한 유지수선 비용을 지원하거나 임대인의 현재의 수선비용 부담 해소를 위한 소액대출을 저금리로 운용할 필요가 있고, 수선이행 불가에 대한 법률규정을 제정할 필요가 있다. 또한 외국에서처럼 주택임대차 수선 전문기업을 운영하고 활성화하여 주택임대차 수선에 다양한 노하우를 보유할 필요가 있다.

## 🏠 분쟁 상존형

| 구분 | 세부 현황 |
|---|---|
| 주택유형 | 다세대 · 빌라(65%,26), 근린생활시설(35%,14) |
| 신청유형 | 계약해지등(35%,14), 수선요구(17.5%,7), 원상회복(17.5%,7), 증액조정(10%,4), 보증금 반환등(10%,4), 계약금반환(2.5%,1), 계약이행(2.5%,1), 월세반환(2.5%,1), 기타(2.5%,1) |

　분쟁 상존형 특성은 주택유형이 다세대·빌라와 근린생활시설로 분포되어 있으며, 조정신청유형도 다른 유형에 비해 다양하고, 고루하게 분포되어 제일 분쟁 해결이 어려운 집단에 해당된다. 보증금과 월세는 주거환경 이동형과 주거환경 유지형에 비해 조금 더 형편이 나은 유형이다.

　이 유형은 집합건물의 소유 및 관리에 관한 법률에서 관리단을 운영하여 주택관리를 하게 되어 있으나, 소유자는 관심이 없고 관계법령에서는 관리단 구성 불이행에 대한 강제규정이 없어, 현실적으로 유지수선이 잘 안 되는 유형이다. 또한 아파트와 같이 장기수선충당금 적립이 안 되어 제때 건물의 수선이 안 되고 사용연수에 따른 노후화가 심화되는 특징이 있다.

　즉, 단독·다가구의 경우 소유자가 1인으로 1인이 관리를 하므로 건물 보존을 위한 의사결정이 단순한데 비하여 분쟁 상존형은 다수의 소유자들과의 의사결정이 어려운 차이가 있고, 아파트와 같이 입주자대표회의와 관리사무소와 같은 체계적인 관리시스템이 없어 유지수선을 최신화할 수 없다. 또한, 이 유형은 시·도에 집합건물분쟁조정위원회를 설치를 하게 되어 있으나, 설치된 시·도에서는 실적이 미미하고 설치가 안 된 시·도가 대부분인 상황이다.

따라서 분쟁 상존형의 분쟁해결을 위해서는 관리단 구성이 필수로, 아파트와 같이 건물완공시부터 운용하여 소유자에게 이관하는 시스템이 필요하고 소유자 변경의 원인이 되는 매매의 경우 계약서에 관리단 운용 안내 및 장기수선충당금을 적립할 필요가 있다. 또한, 적극적인 분쟁을 위하여 집합건물분쟁조정위원회와 주택임대차분쟁조정위원회를 병합 운용할 필요가 있다.

## 🏠 주거환경 정비형

| 구분 | 세부 현황 |
|---|---|
| 주택유형 | 아파트(83.3%, 30), 다세대 · 빌라(11.1%, 4), 근린생활시설(2.8%, 1), 단독 · 다가구(2.8%, 1) |
| 신청유형 | 손해배상(30.6%, 11), 원상회복(27.8%, 10), 보증금 반환(11.1%, 4), 계약해지등(5.6% ,2), 보존공사협조(5.6%, 2), 수선요구(5.6%, 2), 필요비청구(5.6%, 2), 계약이행(2.8%, 1), 계약금반환(2.8%, 1), 감액조정(2.8%, 1) |

주거환경 정비형의 특성은 아파트가 대부분을 차지하고 있고 보증금과 월세가 다른 유형에 비해 보증금과 월세의 규모가 큰 규모에 해당되고 손해배상과 원상회복이 집중된 유형이다. 이 유형 특성은 임대인의 건물은 원래 상태로 복원하고 임차인 환경에 피해 받은 범위에 손해를 받기 희망하는 분쟁 집단으로 임대인과 임차인 입장에서 상호가 제공한 임대차 환경에 대해 복원을 희망하는 집단이다. 주거환경 정비형은 건물의 물리적 감가상각별 주택구조와 각종 설비, 마감재의 잔존가치 기준표와 손해배상 기준표가 마련된다면 임대인과 임차인에게 분쟁이 발생하였을 경우 당사자 간 설득과 이해의 속도가 빨라져 분쟁해결 기간을 단축시킬 수 있을 것으로 보인다.

결론적으로 주택임대차분쟁은 현재 시행하고 있는 주택임대차분쟁조정위원회와 함께 집단별 특성을 고려한 정책을 시행하여야 당사자가 요구하는 내용과 요구 시점에 분쟁이 해결되는 근본적인 조치가 될 것이다.

주거환경 이동형 분쟁은 이동환경을 고려한 보증금 재원이 즉시 대체될 수 있도록 정부 주도의 이사시기 불일치 저금리 보증금 대출 시스템을 운용할 필요가 있다.

주거환경 유지형 분쟁은 거주의 정주성과 유지수선 환경 조성을 위해 정부 주도의 임차인 수선비용 지원과 임대인 수선비용 대출을 운용하고 수선전문기업을 등록제 등의 제도를 통해 다수 육성할 필요가 있다.

주거분쟁 상존형은 분쟁을 해결할 수 있는 환경조성을 위해 각 분리되어 있는 집합건물분쟁조정위원회, 공동주택분쟁조정위원회, 주택임대차조정위원회와의 통합 및 연계가 필요하고 관리단 구성 및 유지수선 이행을 거절할 수 없는 이행강제의 법률제정이 적극 필요하다.

주거환경 정비형 분쟁은 양 당사자가 제공한 요소에 대한 복원이 핵심이므로 유지수선 등 물리적인 복원의 잔존가치에 대한 기준표가 필요하고 손해발생에 대한 정확한 보상을 할 수 있는 기준표 제작이 필요하다.

## 03 임대차 분쟁 유형별 특성과 그 대책

| 군집명 | 주거환경 이동형 | 주거환경 유지형 | 주거분쟁 상존형 | 주거환경 정비형 |
|---|---|---|---|---|
| 대책 | (현행) 주택임대차분쟁조정위원회 | | | |
| | 이동환경 고려 | 정주성 고려 | 분쟁해결 집중 | 기준안 마련 |
| 정책 도입 | • 이사시기 불일치 보증금 대출 운영(임대인·임차인 구분 운용)<br>• 이사시기 불일치 임시거처 공간 운용(빈집 활용)<br>• 이사시기 불일치 기금 조성 | • 수선비용 지원(임차인)·대출(임대인) 운용<br>• 수선전문 기업 육성(등록제)<br>• 이행강제 법률 제정(건물완공부터의 관리단 구성, 주택임대차보호법상 수선 불이행 벌칙)<br>• 유지수선 감정 공공기관 운영 | • 통합형 분쟁조정 검토<br>• 이행강제 법률 개정 및 제정(집합건물의 소유 및 관리에 관한법률: 집합건물분쟁조정위원회 필수적 설치 강행규정, 장기수선충당금 적립, 수선불이행 벌칙) | • 물리적 복원(잔존가치) 기준표 제작<br>• 손해배상 기준표 제작 |

# PART 5

# 임대차의 분쟁 조정 사례 유형별 분석

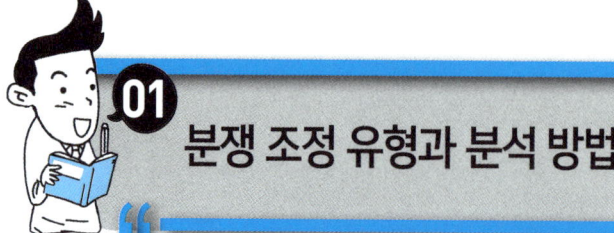

## 🏠 주택 임대차 분쟁 조정 유형 분석 목적

주택임대차 당사자 중 일방이 분쟁을 해결하고자 관할 조정위원회에 조정을 신청하는 경우가 있지만, 조정은 당사자가 주체가 되어 진행되는 방식으로 당사자 간 합의(양보, 화합, 타협, 협의)하고자 하는 의지와 심리가 중요하다. 이러한 제도의 존재로 신청인은 조정절차를 통해 상대방과의 합의 가능성을 기대하고 합의를 시도하는 것이다.

조정은 자유로운 절차이기 때문에 개인별 합의 의사를 최대한 존중하여 개인 의지와 심리가 그대로 노출된다. 즉, 개인별 분쟁을 해결하려는 방법이 회피, 협의, 대립 등 모두 다르기 때문에 이를 파악할 수 있는 이로운 점이 있다.

이에 조정 자료를 통한 분쟁해결 당사자의 의지와 심리를 분석하기 위하여 조정유형을 살펴보는 것은 분쟁 해결율을 높이는데 기여할 수 있고, 지금까지 주택임대차 분쟁조정 결과를 세부적으로 분석한 경우가 없었기 때문에 최초로 조정유형을 분석하는 것은 매우 큰 의의가 있다.

## 🏠 분석 범위

본 연구는 대한법률구조공단 서울중앙지부 조정위원회가 2017년 5월 30일부터 2018년 5월 29일까지 실시한 1년간의 주택임대차분쟁 조정 자료를 바탕으로 조정유형을 분석하였다.

## 🏠 변수 설정

주택임대차에서 주택유형은 주요한 임차목적물의 주요 대상으로 조정신청 내용이 다를 것이라 예상되고, 조정신청 내용별 조정결과도 다를 것이라는 예상 하에 변수는 주택유형, 조정신청 항목, 조정결과 등 조정과 관계된 3개의 변수를 가지고 분석을 실시하였다.

## 🏠 주택 임대차 분쟁 조정 유형 분석 방법

조정 자료는 연속변수가 아닌 비연속변수이기에 비연속변수를 분석하기에 적절한 분석으로 이단계 군집 분석을 활용하였다. 앞의 분쟁유형 분석과 같이 조정 자료를 이용하여 이단계 군집 분석을 실시하였는데, 이는 변수들의 상대적인 기여도로 군집(유형)을 나누는 분석 방법이다.

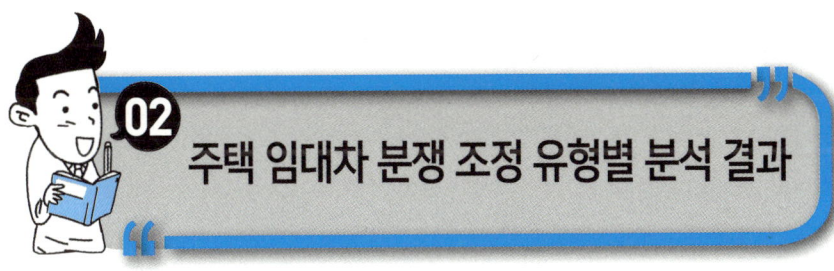

## 🏠 주택 임대차 분쟁 조정 신청

조정신청은 주택임대차 분쟁이 발생되어 조정위원회를 통해 상대방에게 청구하는 내용이다.

분석결과, 분쟁사유는 유지수선 등 다양하지만 임대인이 이를 이행하지 않아 감정대립의 심화로 조정신청은 분쟁사유와 다른 계약해지 또는 손해배상을 요구하게 된다. 이에 대한 조정신청의 결과는 보증금 반환 등 64.8%, 주택 반환 등 11.9%, 유지수선 등 12.3%, 손해배상 등 6.4%, 계약금반환 등 2.1%, 기타 2.5%로 나타났다. 여기서 "등"은 상대방에게 주로 신청하는 청구 내용외로 추가로 요구하는 내용을 표현한 것이다.

이러한 결과를 앞선 분쟁사유와 비교해 보면, 분쟁사유로는 유지수선이 가장 높은 비중을 차지하지만 조정신청 시에는 보증금 반환과 손해배상 등으로 다양하게 조정신청을 하는 것으로 나타났으며 보증금 반환이 64.8%로 가장 높은 비중을 보이고 있다.

주택 반환 신청은 임차인의 월세연체 또는 계약종료로 인하여 임대인이 임차인에게 청구하는 것으로 11.9%의 조정신청 비중을 보였다. 보증금 반환과 주택 반환은 동시이행관계로 이 과정에서 임대인은 임차인에게 불합리한 견적이나 과다한 원상회복을 요구하여 분쟁이 다수 발생하고 있는 실정이다.

유지수선의 경우 임차인의 수선 요구와 필요비 청구 또는 임대인이 원상회복 범위 또는 금액에 관하여 조정을 신청하는데 조정신청의 12.3% 비중이 나타났다. 분쟁사유에서는 유지수선 비중이 크지만, 조정신청에

접어들면 본래 분쟁사유인 수선요구는 1/10정도인 4.5%로 급감하면서 손해배상이나 보증금 반환 등 다양한 분쟁적 요소로 조정을 신청하는 것으로 알 수 있다.

정리해 보면 임차인은 유지수선 문제가 해소된다면 지속적인 거주를 희망하지만, 소유자가 수선거부 시 주거이동을 선택하여 보증금 반환이나 손해배상 형태로 조정신청을 하는 것으로 유추가 가능한데, 현실적으로도 보증금 반환 형태로 전환되고 있음을 알 수 있다.

조정신청 유형 중 6.4%를 차지하는 손해배상은 주로 임대인보다 임차인이 청구하는 비중이 높은 것으로 파악되었다. 추가로 임대차기간동안 건물의 노후화로 인해 누수·결로·동파 등의 시급성이 있고, 임차인이 거주를 희망하여 선 조치를 하고 차후 임대인에게 비용을 청구하게 되는 필요비 청구권의 행사 건수도 존재한다. 임대인과 임차인이 임대차계약을 하였으나, 임차인의 사정으로 계약을 취소하고 계약금 반환을 요구하는 조정신청은 2.1%의 비중을 나타냈다. 민법 제565조에 따르면 계약금 교부자가 계약을 포기하는 경우 계약금을 포기하게 되고 상대방이 계약을 포기하는 경우 계약금의 배액을 지급하게 되는데 주택임대차 계약의 경우도 이와 동일하다. 임차인은 계약 단계에서 계약해지를 희망하여 계약금을 포기하기보다는 회수해야 한다는 생각에 임대인과 분쟁이 발생되고 있다.

마지막으로 기타 조정신청은 2.5%로 미미하지만 세부내용은 다양하게 나타났다. 이에 대한 대표적인 예로 장기수선충당금 반환 조정은 주로 아파트에서 발생하는데, 보통 임차인이 선 부담하고 계약 종료 후 임대인에게 청구권을 행사한다. 하지만 임대인은 이를 임차인이 부담하는 것과 원상회복 상계 대상으로 생각하여 분쟁이 발생하고 있다. 이에 대한 분쟁을 방지하고자 임차인이 임대인에게 장기수선충당금을 청구하는 것보다는 관리사무소가 선 지급하고 임대인에게 구상권을 행사하여 이사시기마다 임대인과의 불편을 겪는 임차인을 위한 방법 검토도 가능할 것이다. 또한 이사시기와 관련한 조정신청은 우리만의 고유한 전세제도와 임대인의 자금조달 능력 부재로 즉시 보증금 반환이 안 되고 후속임차인을 통한 보증금 반환 방식을 선택하다보니 이사 나가는 임차인과 이사 들어오는 임차인과의 시기가 맞지 않아 문제가 발생되어 이사시기 불일치 대출 제도 운용이 필요하다.

**대출협조 조정신청은** 임대인의 전월세 보증금 증액 요구로 임차인이 증액 보증금의 재원 대출 시 금융기관에서 임대인의 확인 또는 동의를 요구하여 임대인의 협조가 필요할 때 발생한다. 현실에서는 임대인이 소극적으로 대응하는 경우가 많아 분쟁이 발생한다. 이러한 분쟁예방과 조정을 원만히 하기 위해서는, 금융기관 대출진행 시 거주여부 확인을 위하여 임대인을 통하기보다는 동사무소의 확정일자와 전입신고로 갈음하는 방안을 모색할 필요가 있을 것이다.

조정결과는 성립 32%, 화해취하 23%, 취하 30%, 각하 13%, 불성립 1%, 미조정 0.1% 순으로 처리가 되었다.

참고로, 주택임대차 계약 당사자 중 일방이 조정위원회에 조정신청을 하여 타방에게 통지를 한 경우에 타방의 반응을 살펴보면 다양한 형태로 나타나고 있다.

**상대방의 반응 유형으로는** 조정 거부형, 회피형, 원인 집중형, 법적판단 요구형, 결정 장애형, 결정 의존형, 조정 탐색형, 약자보호 요구형, 수용형 등 9가지로 나타난다. 조정 거부형은 상대방의 청구를 무조건 배척하여 조정절차를 불신하는 형태이다. 회피형은 배척보다는 회피하는 경우로 조정 신청사건 통지를 받고도 연락이 안 되는 경우이다. 원인 집중형은 분쟁 초기 누구의 원인으로 출발한다는 것에 집중하여 다른 것을 못 보는 형태이다. 법적판단 요구형은 법률규정과 판례를 중심으로 한 판단을 요구하는 형태이다. 결정 장애형은 조정 절차마다 본인이 결정을 하지 못하는 형태로 주관적인 결정이나 의사표시가 미약한 형태이다. 결정 의존형은 조정위원회의 결정에 무조건 따른다는 형태이다. 조정 탐색형은 조정절차 진행간 끊임없이 연락하여 자신의 입장을 전달하고 조정위원회의 반응을 살피는 형태이다. 약자 요구형은 저소득층 또는 어르신, 임차인 등은 무조건 보호해줘야 한다며 떼쓰는 형태이다. 수용형은 상대방의 청구에 이의를 달지 않고 수용하는 형태이다.

이렇게 조정신청의 상대방은 다양하게 반응한다. 이러한 여러 반응 형태를 포함하여 조정은 일정한 패턴을 유지하며 종결되고 있는 바, 조정 유형 분석은 당사자 간 분쟁해결을 위하여 매우 중요하다.

## 🏠 주택 임대차 분쟁 조정 유형

주택유형, 조정신청, 조정결과의 변수를 바탕으로 군집분석을 통한 유형화를 시도하여 분석한 결과, 모형의 품질은 0.3으로 군집모형의 값 −1 ~ +1의 범위 안에 있어 모형은 적합한 것으로 나타났다.

| | 평균 실루엣 = 0.3 | |
|---|---|---|
| 나쁨 | 나쁨 | 나쁨 |
| −1.0    −0.5 | 0.0    0.5 | +1.0 |

조정절차의 자료인 조정결과, 주택유형, 조정신청 내용 등 3개 변수를 군집 분석한 결과, 중요도에 따라 4개 유형으로 분류가 되었다. 유형의 중요도 분류는 조정결과 1.00, 주택유형 0.31, 조정신청 0.04순으로 나타났다. 이 분석의 결과로 4개 군집이 나왔는데, 이를 갈등관리 이론으로 유명한 토마스 킬만의 갈등관리 모형을 적용하여 4개의 유형으로 명명하였다.

**토마스 킬만은** 사람의 갈등에 대한 개인의 대응을 회피형, 경쟁형, 협력형, 타협형, 순응형 등 5가지로 분류하였다. 회피형은 상대방과 접촉이 부담스럽거나 외면하여 회피하는 형태이다. 경쟁형은 상대방과의 갈등에 대해 상대방을 경쟁 상대로 생각하여 배척하는 형태이다. 협력형은 상대방과 나의 모두 이익을 위해 문제해결을 위해 노력하는 형태이다. 타협형은 상대방과 내가 서로 양보하는 관점에서 갈등을 관리하는 형태이다. 순응형은 상대방과의 갈등 관리를 해결하기 위하여 한쪽이 양보하는 형태이다.

이를 적용하여 군집분석으로 나온 자료를 명명한 결과, 성립형(31.2%), 순응형(25.4%), 경쟁형(22.6%), 회피형(20.8%) 등 4가지 유형으로 분류가 가능하였다.

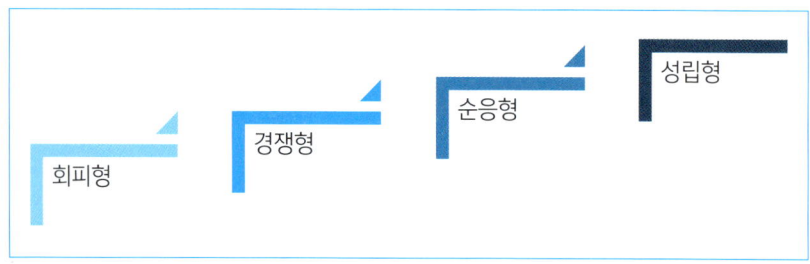

<군집 분석에서의 조정유형 명명>

| 구분 크기 | 예측변수의 중요도에 따른 분류 | 군집 1<br>190(31.1%) | 군집 2<br>155(25.41%) | 군집 3<br>138(22.62%) | 군집 4<br>127(20.82%) |
|---|---|---|---|---|---|
| 최대<br>중요<br>↕<br>최소<br>중요 | 조정결과(1.00) | 성립(83.7%) | 화해취하<br>(96.1%) | 취하(100%) | 취하(51.97%) |
| | 주택유형(0.31) | 단독·다가구<br>(51.6%) | 단독·다가구<br>(40.6%) | 단독·다가구<br>(50.7%) | 다세대·빌라<br>(62.99%) |
| | 조정신청(0.04) | 보증금 반환<br>(48.9%) | 보증금 반환<br>(50.3%) | 보증금 반환<br>(62.3%) | 보증금 반환<br>(37.01%) |
| 군집명 | | 1군집<br>성립형 | 2군집<br>순응형 | 3군집<br>경쟁형 | 4군집<br>회피형 |
| 특성 | | 조정신청 전 분쟁이 발생되었으나, 조정위원회의 절차를 통하여 해결되는 유형 | 조정신청 전 분쟁이 발생되었으나, 조정신청후 당사자 간의 문제를 스스로 해결하는 유형 | 조정신청 전·후 대화와 협상이 안 되고 조정위원회를 신청인이 신뢰하지 않고, 소송을 선택하는 유형으로 조정위원회의 신뢰가 필요한 유형 | 조정신청 전·후 대화와 협상이 가장 어려운 유형으로, 신청인 또는 피신청인 둘 다 조정절차를 신뢰하지 않는 경우와 조정절차에서 최종 해결이 어려운 유형 |

### (1) 성립형 특성

성립형 유형의 특성은 조정결과는 성립 83.7%, 불성립 0.53%, 각하 15.79%로 대부분 성립으로 나타났다. 임차목적물의 주택유형은 단독·다가구 51.58%, 아파트 30%, 근린생활시설외 18.42% 순으로 나타났으며, 다른 군집유형보다 단독·다가구의 주택유형이 가장 높은 비중을 보였다.

조정신청 내용으로는 보증금 반환(93, 48.9%), 주택 반환(32, 16.8%), 원상회복(20, 10.5%), 손해배상(20, 10.5%), 부당공제(8, 4.2%), 수선요구(7, 3.7%), 필요비청구(2, 1.1%), 이사시기조정(2, 1.1%), 계약금반환(2, 1.1%), 증액조정(1, 0.5%), 명도확인서작성(1, 0.5%), 공사협조(1, 0.5%), 2년거주(1, 0.5%) 순으로 나타났다.

다른 군집유형과 비교하여 이 유형의 특성을 정리해 보면, 조정신청 시 주택 반환과 원상회복으로의 조정신청이 4개의 유형 중에서 가장 높게 나타났다. 다시 말해 임대인이 임차인에게 제기하는 주택 반환과 원상회복, 부당공제의 조정신청의 비율이 31.5%로 4개 유형 중에서 중 제일 높게 나타났는데, 이를 바탕으로 성립형 유형에서는 임대인의 합의 역할이 매우 높은 것으로 판단된다.

이러한 결과는 임차인이 임대인에게 제기하는 필요비와 수선요구의 조정신청 비율은 4.8%로 4개의 유형중 제일 낮은 것과 일맥상통하는데, 이는 앞장의 분석에서 제시한 유지수선의 분쟁사유가 46.5%에서 조정신청 시에는 유지수선으로의 신청이 1/10 수준으로 낮아지는 것을 확인할 수 있다. 즉, 임차인은 수선요구 사항이 발생 시 임대인과 당사자끼리 해결이 안 되어 보증금 반환으로 분쟁해결을 시도하는 것으로 판단된다.

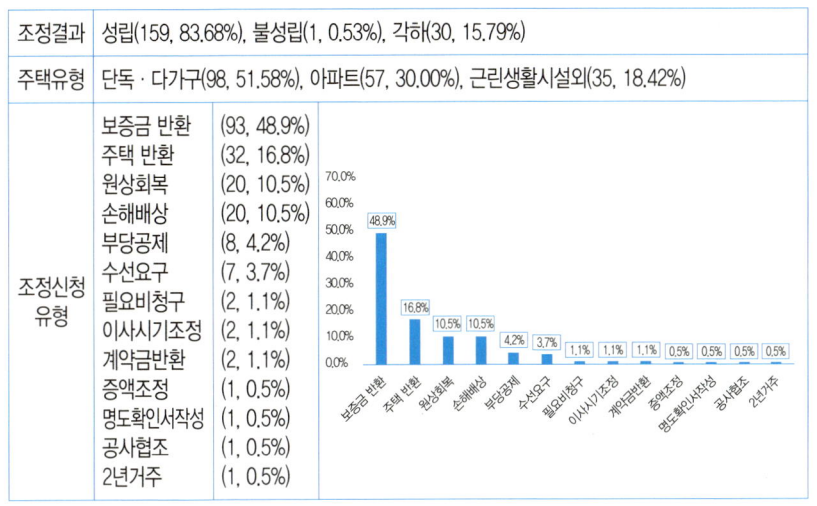

| 조정결과 | 성립(159, 83.68%), 불성립(1, 0.53%), 각하(30, 15.79%) |
| --- | --- |
| 주택유형 | 단독·다가구(98, 51.58%), 아파트(57, 30.00%), 근린생활시설외(35, 18.42%) |
| 조정신청 유형 | 보증금 반환 (93, 48.9%)<br>주택 반환 (32, 16.8%)<br>원상회복 (20, 10.5%)<br>손해배상 (20, 10.5%)<br>부당공제 (8, 4.2%)<br>수선요구 (7, 3.7%)<br>필요비청구 (2, 1.1%)<br>이사시기조정 (2, 1.1%)<br>계약금반환 (2, 1.1%)<br>증액조정 (1, 0.5%)<br>명도확인서작성 (1, 0.5%)<br>공사협조 (1, 0.5%)<br>2년거주 (1, 0.5%) |

 물론 다른 유형 중에서도 보증금 반환 조정신청이 높게 나타나지만, 이 유형에서 조정성립이 이루어지는 이유로는 임대인의 비용 할인 및 면제 또는 임대인의 자금사정 여유가 있거나 후속임차인의 선정이 조속히 이루어지기 때문인 것으로 보인다. 특히, 단독·다가구의 주택유형 비율이 높기 때문에 아파트에 비해 보증금 반환 부담이 낮은 것도 성립의 주요 요인으로 추정이 가능하다. 성립형에서는 임대인이 보증금 반환과 수선 등 사용방해 제거를 제공하여 조정성립이 이루어지는 특성을 보인다.

### (2) 순응형 특성

 순응형 유형의 경우 조정결과가 화해취하 96.13%, 불성립 3.87%를 나타내어 당사자끼리 대화 구도를 형성하여 분쟁이 해결되는 유형이다. 이 유형은, 조정신청은 했으나 조정회의가 열리기 전 단계에서 당사자 간 화해로 인하여 취하한 경우로, 조정위원이 개입하여 성립이 되었다고 볼 수는 없으나 조정위원회의 사건접수로 인한 접수번호 부여와 개별통지

등의 시스템적 운용이 분쟁 해결에 어느 정도 긍정적 영향을 미쳤을 것으로 판단된다.

이 유형의 주택유형은 단독·다가구가 40.65%, 아파트 26.45%, 근린생활시설외 18.06%, 다세대·빌라 14.84% 순으로 나타났으며, 다른 유형과 비교해 보면 주택유형이 고르게 나타나고 있다. 즉 순응형 유형은 합의를 통한 원만한 해결을 유도할 수 있는 분쟁사유나 조정신청이 전제되기 때문에 임차목적물의 유형은 특정화되지 않는 것으로 보인다.

### 순응형 특성

| 조정결과 | 화해취하(149, 96.13%), 불성립(6, 3.87%) |
|---|---|
| 주택유형 | 단독·다가구(63, 40.65%), 아파트(41, 26.45%), 근린생활시설외(28, 18.06%), 다세대·빌라(23, 14.84%) |
| 조정신청 유형 | 보증금 반환 (78, 50.3%)<br>손해배상 (16, 10.3%)<br>주택 반환 (15, 9.7%)<br>원상회복 (10, 6.5%)<br>부당공제 (9, 5.8%)<br>필요비청구 (8, 5.2%)<br>수선요구 (5, 3.2%)<br>계약금반환 (4, 2.6%)<br>월세반환 (3, 1.9%)<br>계약이행 (3, 1.9%)<br>수도요금지급 (1, 0.6%)<br>대출협조 (1, 0.6%)<br>대리입증 (1, 0.6%)<br>2년거주 (1, 0.6%) |

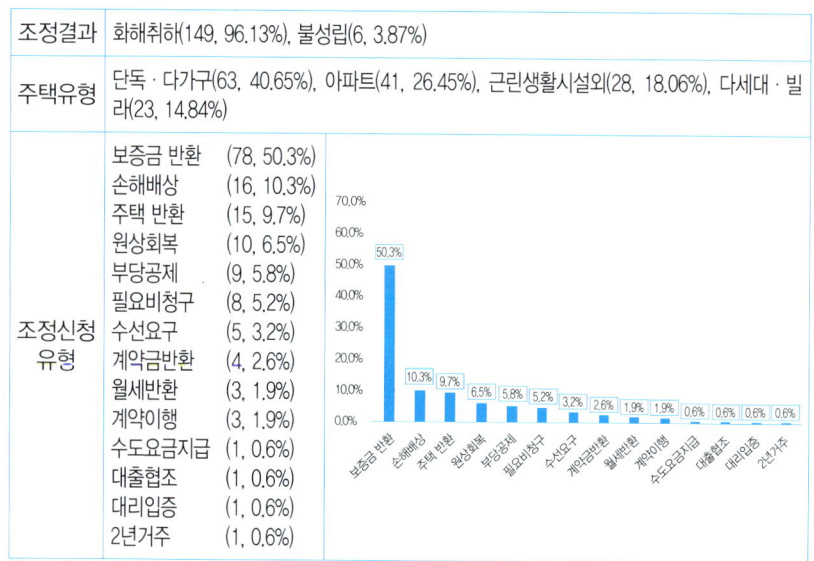

다음으로 조정신청 형태로는, 보증금 반환(78, 50.3%), 손해배상(16, 10.3%), 주택 반환(15, 9.7%), 원상회복(10, 6.5%), 부당공제(9, 5.8%), 필요비청구(8, 5.2%), 수선요구(5, 3.2%), 계약금반환(4, 2.6%), 월세반환(3, 1.9%), 계약이행(3, 1.9%), 수도요금지급(1, 0.6%), 대출협조(1, 0.6%), 대리입증(1, 0.6%), 2년거주(1, 0.6%) 순으로 나타났다. 다른 유형과 비교하여 보면, 보

증금 반환 조정신청은 4개 유형 중 2번째이며, 주택 반환과 손해배상은 3번째이다. 원상회복과 부당공제는 4개 유형 중 2번째이고, 필요비 청구의 조정신청은 유형 중 가장 높은 것으로 나타났으나, 수선요구 조정신청은 유형 중에서 가장 낮은 비율로 나타났다. 계약금 반환은 4개 유형 중 2번째로 나타났으며, 다른 군집에서는 존재하지 않는 대리입증, 대출협조, 수도요금지급 등의 조정신청이 존재하였다.

순응형은 성립형과 비교해 볼 때, 임대인보다는 임차인 역할이 큰 것으로 보인다. 이 유형에서 보증금 반환 조정이 4개 유형 중 2번째로 높게 나타나고 있는데 이는 성립형과 마찬가지로 임대인이 자금여유가 있거나 오히려 임차인이 집 보여주기를 적극적으로 하여 해결된 것으로 추정된다. 이 군집은 분쟁은 시작했으나 시간이 흐르면 당사자끼리 합의하는 유형으로 일정한 기준이나 귀책사유가 명확하고 법률규정이 학습되면 분쟁이 지속되지 않고 해결되는 유형으로 특성을 정리할 수 있다. 이러한 결과를 바탕으로 보면, 손쉽게 접근 가능한 공공시설에 임대차 관련 정확한 법률규정과 약간의 상담이 이루어진다면 분쟁예방에 도움이 될 것으로 보인다.

### (3) 경쟁형 특성

경쟁형 유형은 조정결과가 100% 취하로 나타나는 유형으로서 분쟁사유가 발생하고 나서 조정신청 전·후 당사자끼리 대화가 안 되고 대립구도가 심화되는 형태로 신청인이 피신청인과 대화 또는 조정으로 해결할 수 없다고 판단하고 소송절차 진행 등을 이유로 조정신청을 취하하는 집단이다.

그림에서 보는 바와 같이, 임차목적물의 주택유형이 단독·다가구 50.72%, 아파트 26.09%, 근린생활시설외, 23.19%순으로 나타났다. 또한 조정신청 유형은 보증금 반환(86, 62.3%), 주택 반환(17, 12.3%), 손해배상(14, 10.1%), 수선요구(9, 6.5%), 원상회복(4, 2.9%), 계약금반환(4, 2.9%), 필요비청구(1, 0.7%), 증액조정(1, 0.7%), 이사시기조정(1, 0.7%), 매매협조(1, 0.7%)순으로 나타났다.

**다른 군집유형과 비교하여 보면**, 조정신청 중 보증금 반환이 4개 유형 중 가장 높은 것으로 나타나 경쟁형 유형에서 가장 중점이 되는 분쟁사유와 조정신청 내용은 보증금 반환으로 판단된다. 이외 주택 반환 조정신청은 4개 유형 중 2번째로 나타났고, 손해배상 조정신청은 제일 낮은 것으로 나타났다. 수선요구 조정신청의 경우 유형 중에서 제일 높게 나타났으며, 필요비 조정신청은 제일 낮은 비율로 나타났다. 원상회복 조정신청은 4개 유형 중 가장 낮은 수치로 나타난 반면 계약금 반환 조정신청은 4개 유형 중 가장 높게 나타났다. 임대인이 임차인에게 이의제기하는 주택 반환과 손해배상, 원상회복의 합계 비율은 유형 중 2번째이며, 임차인이 임대인에게 이의제기하는 수선요구와 필요비 청구의 합계 비율은 4개 유형 중 제일 낮게 나타났다.

주택임대차 분쟁사유와 조정신청에서 가장 높은 항목이 보증금 반환이기는 하지만, 성립형과 순응형은 임대인과 임차인 상호 대화와 협조로 분쟁이 해결되고 조정이 성립되는 것에 반하여 경쟁형에서는 갈등구조가 심화되는 양상을 보인다. 특히 4개의 유형 중 경쟁형이 다른 조정신청과 다르게 보증금 반환 조정신청 비율이 가장 높게 나타난 것은 새로운 곳에 임대차 계약을 하여 시·공간적인 양보와 합의보다는 조정절차를 불신하고 소송을 진행하겠다는 뜻으로 보인다. 그리고 임대인이 자금 여유가 없어 보증금 반환을 못하거나 임대인 본인의 희생보다는 후속임차인을 통한 방법을 고수하는 경우로 임차인은 조정신청을 취하하고 소송을 진행하여 보증금 회수를 시도하는 경향이 있다.

### 경쟁형 특성

| 조정결과 | 취하(138, 100%) |
|---|---|
| 주택유형 | 단독·다가구(70, 50.72%), 아파트(36, 26.09%), 근린생활시설외(32, 23.19%) |
| 조정신청 유형 | 보증금 반환 (86, 62.3%)<br>주택 반환 (17, 12.3%)<br>손해배상 (14, 10.1%)<br>수선요구 (9, 6.5%)<br>원상회복 (4, 2.9%)<br>계약금반환 (4, 2.9%)<br>필요비청구 (1, 0.7%)<br>증액조정 (1, 0.7%)<br>이사시기조정 (1, 0.7%)<br>매매협조 (1, 0.7%) |

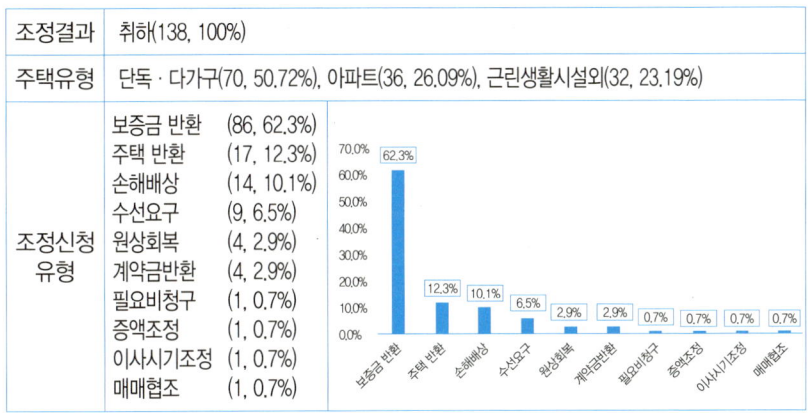

우리나라 임대차계약 중 전세제도는 보증금 규모가 크기 때문에 임대차계약 종료시점에 임대인이 보증금을 즉시 융통할 수 없거나, 보증금 상향으로 인한 임차인의 주거비 부담 등으로 임대차계약 종료 후 분쟁이 많이 발생하는 거래환경이다. 따라서 경쟁형에 대해 조정성립률을 높여 성립형이나 순응형으로 전환하게 하기 위해서는, 현재 서울시에서 하고 있는 이사시기 불일치 저금리 대출이나 단독·다가구의 주택유형에서 임대사업을 하는 경우 유동성과 환금성을 위하여 강제적인 구분등기 적용 조건으로 후속임차인 선정과 대출에 문제가 없도록 하는 등의 정책 검토도 필요할 것이다.

### (4) 회피형 특성

**회피형 유형은** 취하(66, 52%), 각하(57. 44.9%), 불성립(3, 2.4%), 미조정 결정(1. 0.8%)으로 분쟁해결이 안 되는 조정결과가 대부분 포함되는 유형으로 조정절차에서 분쟁이 해결이 안 되는 경우이다. 이 유형에 해당하는 취하는 신청인이 조정절차를 불신하여 조정신청을 취하하는 경우이며, 각하는 피신청인이 조정절차를 불신하여 거부하는 형태다. 불성립은 조정회의를 설자를 거쳤지만 낭사자 중 일방이 수락을 거부하는 경우이고, 미조정은 조정을 진행할 수 없는 경우다.

이 회피형은 향후 조정성립률 제고 측면에서 4가지 유형 중 보다 세밀하게 살펴볼 필요가 있는 집단이다.

구체적으로 살펴보면 그림에서 보는 바와 같이, 임차목적물의 주택유형은 다세대·빌라가 62.99%, 단독·다가구 37%로 다른 유형에 비해 다세대·빌라의 비율이 높게 나타났다. 다세대·빌라는 보존관리를 위해 관리단 구성 등 유지수선에 대한 시스템 구비가 필요함에도, 현실적으로 소규모 단지가 대부분으로 관리단을 구축한 곳이 거의 없기 때문에 유지수선에 대한 분쟁소지가 많은 주택유형이기도 하다.

## 회피형 특성

| 조정결과 | 취하(66, 52%), 각하(57, 44.9%), 불성립(3, 2.4%), 미조정결정(1, 0.8%) |
|---|---|
| 주택유형 | 다세대·빌라(80, 62.99%), 단독·다가구(47, 37.01%) |
| 조정신청 유형 | 보증금 반환 (48, 37.8%)<br>손해배상 (33, 26.0%)<br>주택 반환 (11, 8.7%)<br>부당공제 (11, 8.7%)<br>수선요구 (8, 6.3%)<br>원상회복 (5, 3.9%)<br>계약이행 (3, 2.4%)<br>필요비청구 (2, 1.6%)<br>월세반환 (2, 1.6%)<br>계약금반환 (2, 1.6%)<br>장기수선충당금반환 (1, 0.8%)<br>미사용관리비반환 (1, 0.8%) |

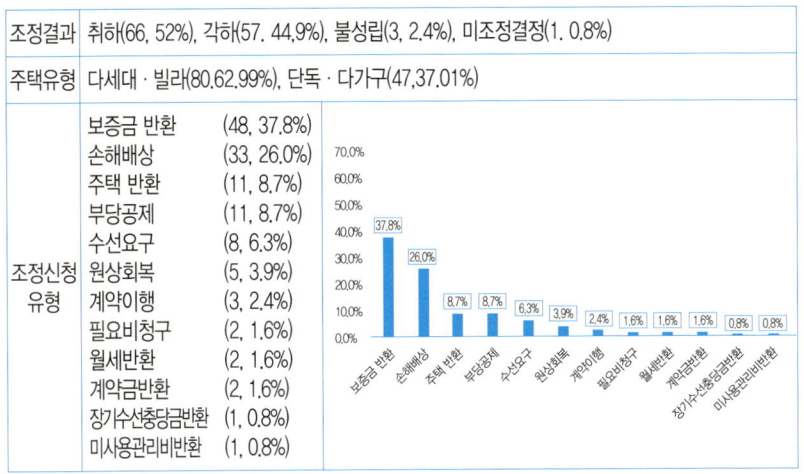

<u>다음으로 이 유형에 해당하는 조정신청 유형은</u> 보증금 반환(48, 37.8%), 손해배상(33, 26%), 주택 반환(11, 8.7%), 부당공제(11, 8.7%), 수선요구(8, 6.3%), 원상회복(5, 3.9%), 계약이행(3, 2.4%), 필요비청구(2, 1.6%), 월세반환(2, 1.6%), 계약금반환(2, 1.6%), 장기수선충당금반환(1, 0.8%), 미사용관리비반환(1, 0.8%)의 순으로 분석이 되었다.

<u>다른 군집 유형과 비교하여 살펴보면,</u> 이 회피형 유형은 4개 유형 중 보증금 반환과 주택 반환의 조정신청이 가장 낮은 비율로 구성되어 있으나, 손해배상 조정신청과 부당공제 조정신청은 제일 높은 것으로 나타났다. 수선요구와 필요비청구의 조정신청은 4개 유형 중 2번째로 나타났으며, 계약금반환과 원상회복의 조정신청은 3번째로 나타났다. 이 유형과 정반대적 특성을 보이는 순응형과의 차이는 월세반환 조정신청은 낮으나 계약이행의 조정신청이 높게 나타났다. 특히 이 유형에서만 미사용관리비 반환과 장기수선충당금 반환 등 소액의 조정신청이 존재하고 있

어 임대인과 임차인 간의 감정적인 대립 구도도 있음을 알 수 있다. 다음으로 임대인이 임차인에게 이의제기하는 주택 반환과 원상회복 조정신청은 4개 유형 중 제일 적은 분포로 나타났다. 반면 손해배상 조정신청은 다른 유형에 비해 월등히 높은 것으로 나타났다. 임차인이 임대인에게 이의제기하는 필요비 청구와 수선요구 조정신청의 경우에도 4개 유형 중 2번째로 높게 나타났다.

회피형 군집의 유형은 다른 유형의 군집보다 보증금 및 주택 반환 조정신청이 제일 적은 반면 손해배상의 조정신청이 제일 높기 때문에 조정성립이 가장 어려운 특성을 갖고 있다. 따라서 향후 조정성립률을 제고하고 원만한 분쟁조정 측면에서 보면, 주택임대차 손해배상 기준에 대한 검토가 전제되어야 할 것이다. 또한 이 유형에서 모든 분쟁의 미해결 조정결과가 전부 존재하기 때문에, 조정과 관련한 소통 기술과 금전 및 비금전을 구분한 조정운용 제도에 대한 심층적인 접근이 필요할 것으로 보인다. 또한 보증금 반환과 관련하여 회피형에서 제시한 이사시기 불일치와 관련한 정책지원 모색도 고려될 필요성이 있을 것이다.

지금까지 조정신청, 조정결과, 주택유형 등 세 변수들을 가지고 군집분석을 실행하고, 이를 토마스 킬만의 개인 간 갈등 해결 모형의 적용하여 분석한 결과, 조정절차에서의 당사자 간 분쟁해결 모형은 회피형, 경쟁형, 순응형, 성립형 등으로 재구성하여 조정절차에서의 조정유형 모형 제시가 가능하였다. 토마스 킬만은 자신과 타인의 입장을 고려한 갈등해결 모형이라면, 주택임대차 분쟁조정 절차에서의 유형은 자신과 타인의 입장만이 아닌 공공기관의 조정절차에 상호간 적극적인 의지도 필요하기 때문에 갈등해결 정도가 다르다는 것을 확인하였다. 이를 비교한 모형이 다음과 같다.

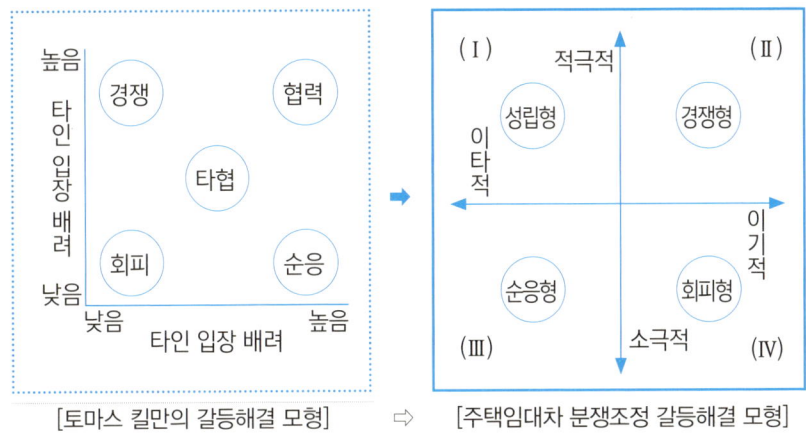

[토마스 킬만의 갈등해결 모형] ⇨ [주택임대차 분쟁조정 갈등해결 모형]

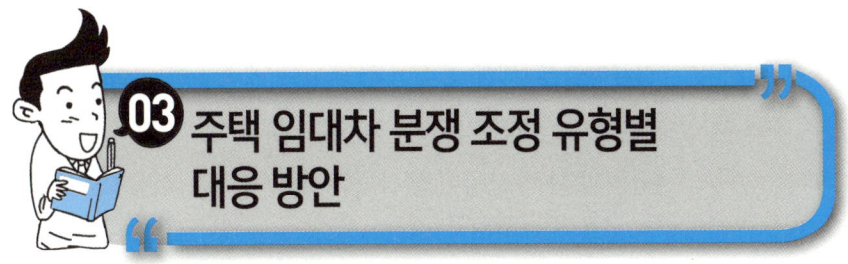

## 03 주택 임대차 분쟁 조정 유형별 대응 방안

앞에서와 같이 임대차 분쟁 조정유형 분석 결과에서 나온 성립형, 순응형, 경쟁형, 회피형에 따라 상대방과의 분쟁 해결 대응 전략을 모색할 필요가 있다. 이를 정리하면 다음과 같다.

**첫째, 성립형은** 조정신청 전 분쟁이 발생되었으나, 조정위원회의 절차를 통하여 분쟁이 해결되는 유형이다. 성립형은 주택 반환과 원상회복, 부당공제 등의 조정신청 유형이 다른 군집보다 월등히 높다. 이 유형은 성립률의 수치를 고려하면 상대적으로 임차인보다 임대인의 역할이 있는 것으로 나타났다. 주택유형 특성은 단독·다가구의 주택유형이 타 주택유형보다 높게 나타났다. 조정신청 특성은 보증금 반환 조정 비율이 높은 것으로 나타나 성립률이 높은 것은 임대인의 비용 할인 및 면제 또는 임대인에게 자금에 여유가 있거나 임차인과의 협력으로 후속임차인이 조기에 선정된 결과라 볼 수 있다. 이 유형의 특성은 당사자 간 문제를 조정위원회의 매개로 분쟁이 해결되는 유형으로, 조정성립에 영향을 주는 요인이 무엇인지를 밝힌다면 향후 조정성립률 제고를 높이는데 기여할 것이다.

**둘째, 순응형은** 조정위원의 조정절차를 진행하기 전에 당사자끼리 분쟁을 해결하는 유형으로, 조정위원회 개입으로 직접적인 조정성립이 이루어졌다고는 볼 수 없지만 조정위원회의 순기능이 발휘된 유형이다. 조정위원회 조정신청만으로 사건 접수번호 부여와 개별통지 등의 시스템적 운용이 상호 분쟁이 심화되기 전에 해결로 전환할 수 있도록 유도했다는 점에서 성립형과 함께 분쟁이 해결되는 유형이라 볼 수 있다. 이 유형의 조정신청 특성은 임차인이 임대인에게 거주와 연관된 필요비와 수선요구 신청이 가장 높게 나타나, 원만한 분쟁해결을 위해서는 유지수선과 관련한 일련의 가이드라인이나 지침 등의 개발, 그리고 법률상담이 필요함을 시사한다.

**셋째, 경쟁형은** 신청인이 취하를 하여 조정절차를 포기한 유형으로 소송 등의 방법으로 해결을 시도하는 형태이다. 이 유형은 다른 유형보다 보증금 반환 조정신청 비율이 제일 높아 임대인과 임차인 모두 현실적으로 경제적인 부담이 높기 때문에, 조정으로 인한 해결이 쉽지 않다. 전세제도라는 임대차 유형의 특징과 최근 주택시장의 변화 등으로 이사시기 불일치 문제는 주택임대차 분쟁으로 연계될 수밖에 없어, 주거안정 측면에서 경제적·공간적의 해결 제도 장치마련이 필요할 것으로 판단된다.

**넷째, 회피형은** 조정신청 흐름에서 대화와 협상이 가장 어려운 유형으로, 신청인의 조정절차를 불신하는 취하와 피신청인이 조정절차를 거부하는 각하로 분포되어 있다. 또한 조정절차를 거쳤다고 하더라도 미조정 결정과 불성립 결정이 된 유형이다. 이 조정신청 유형 특성은 다른 군집에 비해 보증금 반환과 주택 반환의 조정신청 비율이 낮은 반면, 손해배상의 조정신청 비율이 높기 때문에 조정성립에 이르기 어려운 것으로 판단된다. 이 유형에 해당하는 손해배상, 미사용 관리비 반환, 장기수선충당금 반환과 같은 조정신청은 보증금이 소액인 경우가 대부분이고 감정적인 대립구도가 이미 형성되어 있기 때문에 조정위원회의 개입으로 해결되기가 쉽지 않다. 따라서 조정결과에 따라 단계별 접근도 고려해 볼 필요가 있는데, 각하는 피신청인이 조정을 거부하여 조정절차 진행이 중단된다면 피신청인의 강제적인 조정참여를 위한 방법 모색도 필요할 것이다.

# PART 6

# 임대차의 분쟁 조정성립 영향 요인과 분석 방법

# 01 분쟁 조정성립 영향 요인과 분석 방법

## 🏠 분쟁 조정성립 영향 요인 분석 목적

앞에서 우리는 조정 자료 분석을 통해 조정유형이 성립형, 순응형, 경쟁형, 회피형 등 4가지로 분류되는 것을 확인할 수 있었다. 이 중에서 성립형은 주택임대차 당사자 간에 발생된 분쟁에 대하여 조정위원들이 직접 개입하는 조정회의를 거쳐, 결정된 조정안을 양 당사자 모두가 받아들여 성립된 사건들이다. 조정위원회의 역할은 주택임대차 분쟁을 해결하는 것이 주목적이므로, 조정위원회의 최종 성과인 성립형 사건의 조정성립의 영향요인을 살펴보는 것은 앞으로 조정성립율 향상을 위해 아주 중요한 분석이다. 이는 곧 주택임대차 분쟁으로 인해 발생되는 각종 사회문제를 축소시키는데 기여할 수 있기 때문이다.

## 🏠 분석 범위

본 연구는 대한법률구조공단 서울중앙지부 조정위원회가 2017년 5월 30일부터 2018년 5월 29일까지 실시한 1년간의 주택임대차 분쟁조정 사례를 바탕으로 조정성립 요인을 분석하였다.

## 🏠 변수 설정

이 분석을 위한 변수는 조정 성립된 사건들과 조정성립외 나머지 사건들을 비교하여 성립요인을 파악하고자, 선행연구와 조정 자료에서 추출 가능한 변수들을 검토하였다. 독립변수는 인적 특성(신청인 연령, 피신청인 연령, 신청인 성별, 피신청인 성별), 계약 특성(계약형태, 임차보증금), 물리적 특성(주택유형, 건축년도, 임차목적물 면적), 분쟁 특성(분쟁사유, 신청시기, 조정신청 항목) 등 13개의 변수를 이용하였다.

## 분쟁 조정성립 영향 요인 분석 방법

조정신청 사건들을 조정 성립(1)과 조정 미성립(0)으로 나누고 성립 건을 분석 가능한 이항로지스틱회귀분석을 활용하였다. 이항로지스틱회귀분석은 종속변수가 이변량의 값을 가지는 즉, (0, 1)을 가지는 질적인 변수일 경우에 사용되는 모형으로써 독립변수들의 효과를 분석하기 위해서, 어떤 사건이 발생한 경우(1)와 발생하지 않은 경우(0)를 예측하기보다는, 사건이 발생할 가능성을 예측한다.

## 02 조정 신청 현황과 그 성립 영향 요인별 분석

### 🏠 분쟁조정 신청 현황

　분석결과에 의하면, 신청인 연령의 경우 최소 20세 최대 87세 평균 47세로 나타났으며, 성별에서는 신청인이 남성일 경우 조정성립률이 30%이고, 여성일 경우 34%로 여성의 조정성립률이 조금 더 높은 것으로 나타났다. 피신청인의 연령은 최소 21세 최대 90세로 평균 55세로 신청인보다 8세 높게 나타났다. 성별에서는 남성일 경우 조정성립률이 28%이고, 여성일 경우 조정성립률이 36%로 신청인과 같이 피신청인도 여성일 경우 조정성립률이 더 높았다. 따라서 인적특성에서는 성별에 따른 조정성립률이 다소 다른 것으로 나타났다.

　계약 형태는 전세일 경우 34%, 월세일 경우 31%로 전세에서의 조정성립률이 3% 높았으나, 전세와 월세와의 성립률 차이는 미미한 것으로 나타났다. 이를 임차보증금 범위로 나누어 살펴보면 1억원 이하에서 조정성립률이 33%, 1억원 초과에서 조정성립률이 31%로 1억원 이하에서 조정성립률이 조금 더 높았으나 임차보증금 범위별 성립률 차이는 미미한 것으로 나타났다. 이 결과로 계약형태와 보증금에 따른 조정성립률에 차이가 있지만 성립률에 영향을 미치는 정도는 낮은 것으로 판단된다.

　주택유형의 경우 단독·다가구에서의 조정성립률이 36%, 비단독·다가구에서 조정성립률이 29%로 단독·다가구에서 조정성립률이 7% 더 높았다. 건축년도는 2000년 이전 건물에서의 조정성립률이 34%, 2000년 이후 건물에서의 조정성립률이 30%로 2000년 이전 건물에서의 조정성립률이 4% 더 높았다. 임차목적물 면적은 85㎡ 초과의 경우 조정성립률이 25%, 85㎡ 이하의 경우 조정성립률이 33%로 85㎡ 이하의 임차목적물 면적에서 조정성립률이 8% 더 높았다. 이처럼 주택특성에서의 각 조정성립률의 차이는 임차목적물 면적 8%, 주택유형 7%, 건축년도 4% 순으로 차이가 나타났다. 따라서 주택유형별로 발생하는 주요 분쟁사유나 조정신청 유형화를 통해 타겟팅별 조정방안을 검토해 볼 필요가 있을 것이다.

신청 시기는 봄·가을일 경우 29%, 여름·겨울일 경우 35%로 여름·겨울일 경우에 조정성립률이 더 높았다. 분쟁사유는 비채권·채무가 29%, 채권·채무가 35%로 조정성립률에서 6%의 차이를 나타냈다. 신청유형은 보증금 반환이 31%, 비보증금 반환이 34%로 비보증금 반환에서 조정성립률이 3% 더 높았다. 분쟁특성에서의 각 조정성립률의 차이는 신청시기와 분쟁사유가 6%를 나타냈고 신청유형은 3% 순으로 나타났다. 이와 같은 결과는 주거이동에서 계절적인 요인과 주택관리 및 유지보수 측면에서 계절성과 시급성을 갖는 누수·동파·결로·곰팡이 등의 분쟁사유가 영향을 미친 것으로 보인다.

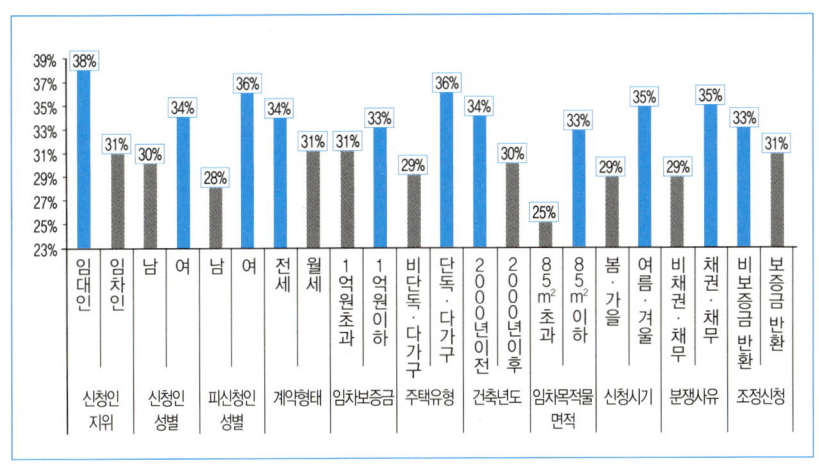

〈독립 변수별 조정성립률 비교〉

## 🏠 분쟁 조정성립 영향 요인별 대응 방법

조정성립 영향요인 분석결과, 조정성립에 유의미한 변수로는 피신청인 성별, 주택유형, 신청시기, 분쟁사유 등 4개의 변수로 나타났다. 유의미한 변수 중 ***$P<0.01$에 해당되는 변수는 피신청인 성별로 나타났고, **$P<0.05$에 해당되는 변수는 신청시기와 분쟁사유로 나타났으며, *$P<0.1$에 해당되는 변수는 주택유형로 나타나, 피신청인 성별의 변수가 조정성립에 가장 큰 영향을 미치는 요인임을 알 수 있다. 유의미한 변수의 회귀계수는 피신청인 성별이 0.443으로 나타났고, 주택유형은 -0.327로 나타났고, 신청 시기는 -0.333으로 나타났고, 분쟁사유는 -0.386으로 나타나, 이 중 회귀계수는 피신청인 성별에서 가장 큰 것으로 확인되었다.

위의 유의미한 변수들 중 피신청인 성별은 조정성립에 정(+)의 관계로 나타났고, 주택유형과 신청시기, 분쟁사유의 변수는 부(-)의 관계로 나타났다. 나머지 변수들은 조정성립 영향요인과 통계적으로 유의하지 않은 것으로 나타났다. 분석결과 중 신청인의 성별은 유의미하지 않았고 피신청인의 성별만이 유의미한 것으로 나타났는데 이는 피신청인 대부분이 임대인이고 소유자가 남성이더라도 가정 내에서 여성이 실질적 재산권 행사를 하기 때문에 피신청인의 경우 합의를 대부분 여성이 주도하는 것으로 추정이 가능하다.

이항로지스틱 회귀분석에서의 오즈 비는 독립변수 한 단위가 증가할 때 종속변수 1 또는 0일 가능성의 비의 증가율이다. 유의미한 변수들의 오즈 비를 보면, 피신청인 성별이 1.558, 주택유형은 0.721, 신청시기는 0.717, 분쟁사유는 0.680로서 이 중 피신청인 성별의 오즈비가 제일 높아 오즈비의 영향을 주는 변수는 피신청인 성별로 파악되었다.

<조정성립 영향요인에 대한 이항로지스틱회귀분석 결과>

| 변 수 명 | 회귀계수 | 표준오차 | wald | Exp(B) |
|---|---|---|---|---|
| 신청인 연령 | 0.003 | 0.006 | 0.350 | 1.003 |
| 신청인 성별 | 0.271 | 0.172 | 2.477 | 1.311 |
| 피신청인 연령 | −0.004 | 0.006 | 0.501 | 0.996 |
| 피신청인 성별 | 0.443*** | 0.170 | 6.811 | 1.558 |
| 계약형태 | 0.263 | 0.205 | 1.638 | 1.301 |
| 임차보증금 | −0.168 | 0.234 | 0.518 | 0.845 |
| 주택유형 | −0.327* | 0.197 | 2.745 | 0.721 |
| 건축년도 | −0.028 | 0.196 | 0.020 | 0.972 |
| 임차목적물면적 | −0.357 | 0.336 | 1.131 | 0.699 |
| 신청시기 | −0.333** | 0.170 | 3.820 | 0.717 |
| 분쟁사유 | −0.386** | 0.173 | 4.958 | 0.680 |
| 조정신청 | 0.195 | 0.183 | 1.128 | 1.215 |
| 샘플 수(N) | | | 673 | |
| −2Log L | | | 821.046(p<0.05) | |
| *P<0.1, **P<0.05, ***P<0.01 | | | | |

이렇게 도출된 영향요인을 선행연구 결과와 앞서 살펴본 분쟁실태 및 조정유형별 특성과 비교하여 의미를 도출해보면 다음과 같다.

**첫째,** 선행연구(권선화, 2016; 이혜림, 2015; 장맹배, 2011)에서 조정성립에 영향을 주는 요인으로 연령과 성별을 제시한 바 있다. 먼저 연령 요인은 주택임대차 분쟁조정성립에서 통계적으로 유의미한 결과를 보이지 않아, 선행연구에서 말하는 연령에 따른 경험요소가 임대차 분쟁조정성립에 영향을 미치지 않는 것으로 나타났다. 반면 인적특성 중 신청인의 성별은 회귀계수에서 정(+)의 관계를 나타났으나, 유의미한 결과를 보이지 않았다. 하지만 피신청인의 성별은 정(+)의 관계와 유의미한 영향을 주는 변수로 나타났다. 이러한 결과는 조정 신청자의 성별보다는 피신청인의 성별에 따라 조정성립률이 좌우하는 것으로 보여 보다 심층적인 후속 연구가 필요할 것으로 사료된다.

**둘째,** 앞서 분쟁유형에서 '계약형태별' 및 '주택유형별'로 분쟁사유와 조정신청에서 다르게 나타남을 확인한 바 있다. 이에 계약형태와 주택유형의 속성이 조정성립에 미치는 영향에 대해 확인해보았다. 먼저 계약형태와 보증금 범위가 조정성립에 영향을 주는지 확인한 결과, 계약형태는 정(+)의 관계를 보이고 임차보증금은 음(-)의 관계를 보였으나, 통계적으로 유의미한 결과로 나타나지 않았다. 이에 계약형태는 분쟁사유와 조정신청에서는 실태가 다르게 나타나지만, 계약형태가 조정성립에는 영향을 미치지 않는 것으로 나타났다.

**셋째,** 임차목적물 특성인 주택유형, 건축년도, 면적 등은 분쟁사유와 밀접한 관계가 있음을 앞서 살펴본 바 있다. 이것이 조정성립에 영향을 미치는지 살펴보면, 주택유형은 음(-)의 관계를 보이고, 통계적으로 조정성립에 유의미한 영향을 주는 것으로 나타났다. 하지만 이외 건축년도와 면적은 유의미한 결과가 나타나지는 않았다. 이는 건축물의 면적과 건축경과연수보다는, 단독·다가구와 비단독·다가구가 갖는 관리보수 및 유지수선과 관련한 분쟁사유가 조정성립에 영향을 미치는 것으로 보이는데, 이는 단독·다가구주택에서는 1인이 의사결정을 하는 신속성과 소액인 경우가 영향을 주는 것으로 볼 수 있다.

넷째, 조정유형화를 통해 살펴본 바와 같이 분쟁사유와 조정신청에 따라 조정성립으로의 패턴화가 이루어짐을 알 수 있었다. 따라서 분쟁사유와 조정신청이 조정성립의 영향요인으로 작용하는지에 대해 살펴보았다. 그 결과 신청시기 및 분쟁사유는 음(-)의 관계를 보이고 통계적으로 조정성립에 유의미한 영향을 주는 것으로 나타났다. 그리고 조정신청은 정(+)의 관계가 나타났으나, 통계적으로 유의미한 영향을 주지 않는 것으로 나타났다.

## 🏠 의사결정 분석

실증분석에서 통계적으로 유의미한 결과를 보인 피신청인 성별, 주택유형, 조정 신청시기, 분쟁사유에 대하여 분쟁조정 결과에 영향을 미치는 각각의 변수의 분석 규칙을 확인하기 위하여 데이터마이닝의 의사결정트리 방법을 적용하여 확인하였다.

### (1) 피신청인 성별

의사결정 트리 분석결과는 피신청인이 여성일수록 조정에 있어 성립할 가능성이 높은 것으로 나타났다. 남성의 경우 미성립률이 72.3% 성립률이 27.7%를 나타낸 반면, 여성의 경우는 미성립률 63.7% 성립률 36.3%로 남성과 여성의 조정성립률 차이는 8.6%로 피신청인이 여성인 경우에 조정 성립이 높음을 그림과 같이 알 수 있다.

이는 빈도분석과 로지스틱회귀분석 결과에서와 마찬가지로 동일하게 일관성을 보이고 있음을 알 수 있다. 최근 사회적 변화에 힘입어 여성의 사회진출이 두드러지고 여권 신장이 날이 갈수록 두드러지고 있으며, 여성은 전통적으로 남성리더들의 종속적인 역할을 해 왔지만 이것은 단지 사적인 영역에 불과한 것이고, 전 역사를 통하여 보면 왕, 정치인, 사회적 지도자로서 여성은 리더십을 발휘하고 있다(허전(2006)). 이는 송민수·김동원(2014)의 노동쟁의 조정위원회의 연구에서도 분쟁당사자 가운데 여성의 조합원비율이 높아지면 조정성립률에 정(+)의 영향력을 미치는 것과 동일한 결과를 나타내고 있다. Fiorito & Greer(1986)은 여성은 남성에 비해 문제가 발생하였을 경우 공격적이지 않으며, 파업 등의 투쟁을 선호하지 않고 대화를 통한 평화적 해결을 희망하며 남성에 비해 상대방의 제안을 잘 받아들인다고 주장하고 있다.

따라서 주택임대차 분쟁조정에서도 문제해결 능력 측면에서 여성의 역할이 중요하다는 것을 시사하고 있다. 여성가구주의 증가와 가구주가 아니더라도 가구의 재산과 관련해서 여성이 대부분 의사결정권이 있어, 성별 간 받아들이는 차이를 고려한 조정절차와 조정방법을 고민할 필요가 있다.

| 노드 0 | | |
|---|---|---|
| 범주 | % | n |
| 미성립 | 67.9 | 457 |
| 성립 | 32.1 | 216 |
| 합계 | 100 | 673 |

남 / 여

| 노드 1 | | |
|---|---|---|
| 범주 | % | n |
| 미성립 | 72.3 | 238 |
| 성립 | 27.7 | 91 |
| 합계 | 48.9 | 329 |

| 노드 2 | | |
|---|---|---|
| 범주 | % | n |
| 미성립 | 63.7 | 219 |
| 성립 | 36.3 | 125 |
| 합계 | 51.1 | 344 |

P · 값 조정=0.016, 카이제곱=5.810, df=1

〈피신청인 성별의 조정성립률 비교〉

### (2) 주택 유형

조정 성립에 유의미한 결과를 보인 변수 중에서 피신청인 성별 다음으로 유의미한 정도를 나타내고 음(-)의 관계를 나타내는 변수는 주택유형이다.

주택유형은 분쟁조정 실태분석과 조정유형별 분석에서도 매우 의미 있는 연구결과를 보였는데 조정성립 영향요인에서도 유의미하게 나타났다. 이에 주택유형에 대한 의사결정나무 트리 분석을 해보면 다음 그림과 같다.

분석결과를 보면, 비단독·다가구의 경우 미성립률 71%, 성립률 29%를 나타내고 있고, 단독·다가구의 경우 미성립률 63.8%, 성립률 36.2%를 나타내고 있어 단독·다가구와 비단독·다가구의 성립률 차이가 7.2%를 보이고 있다. 이와 같은 결과는 주택유형별로 조정단계나 조정방식의 접근을 상이하게 한다면 조정성립률을 높이는데 도움이 될 것으로 생각된다.

다시 말해 단독·다가구의 경우 의사결정을 1인이 하지만 집합건물의 경우 전용부분과 공용부분으로 구분되어 관리사무소 또는 입주자대표회의가 연계되어 있고 분쟁사유에 따라 위아래 층별 혹은 이웃과의 연계를 동반할 수 있다. 따라서 유지수선과 손해배상 측면에서 조정 등 의사결정이 단독·다가구보다 훨씬 복잡하다. 주택유형별로 분쟁사유가 다르게 나타나는 것은 충분히 유형화가 가능하고, 보증금 반환이나 유지수선 등의 조정신청에 대한 접근을 주택유형별로 달리 조정할 수 있도록 조정팀 구성 재배치 및 차등화하여 운영할 필요가 있을 것으로 판단된다.

| 노드 0 | | |
|---|---|---|
| 범주 | % | n |
| 미성립 | 67.9 | 457 |
| 성립 | 32.1 | 216 |
| 합계 | 100 | 673 |

단독·다가구

| 노드 1 | | |
|---|---|---|
| 범주 | % | n |
| 미성립 | 63.8 | 185 |
| 성립 | 36.2 | 105 |
| 합계 | 43.1 | 290 |

비단독·다가구

| 노드 2 | | |
|---|---|---|
| 범주 | % | n |
| 미성립 | 71.0 | 272 |
| 성립 | 29.0 | 111 |
| 합계 | 56.9 | 383 |

P·값 조정=0.047, 카이제곱=3.953, df=1

〈주택유형의 조정성립률 비교〉

### (3) 조정 신청 시기

조정성립에 영향을 미치는 요인으로 신청시기가 있는데 음(-)의 관계를 나타내고 있다. 시기별로 보면 봄·가을보다는 여름·겨울이 조정성립에 영향을 주고 있는 것으로 나타났다. 실제 신청시기의 의미는 분쟁사유 중 유지수선 내용과 깊은 관련성이 있는 것으로 유추 해석이 가능하다.

다음 그림의 분석결과를 보면 봄·가을의 경우 미성립률 70.9%, 성립률 29.1%인 반면, 여름·겨울철의 경우 미성립률 64.9%, 성립률 35.1%로 조정성립률의 차이가 6%로 나타나 여름·겨울철에 조정 신청한 경우에 성립률이 높게 나타남을 알 수 있다. 분쟁사유 중 유지수선의 대표적 내용으로 누수·결로·동파·곰팡이·보일러 등의 문제는 계절성 즉, 시기와 매우 관련성이 높다. 겨울철의 낮은 외기온도로 인하여 건축물 내에서 높은 실내 외 온도차가 발생하고 이로 인한 표면 결로 발생 가능성이 높으며, 여름철에는 고온 다습한 기후로 건물 내 곰팡이가 발생하기 유리한 환경을 제공하고 있다. 이런 환경은 주택에 곰팡이 또는 결로 발생에 영향을 주는데, 주거 형태에 따라 곰팡이 발생 유무를 분석한 결과를 보면 아파트 거주자의 경우 약 27.6%, 다세대주택은 28.8%, 단독주택 27.5%, 기타 25%의 비슷한 비율로 곰팡이가 발생한 것을 알 수 있고 결로는 곰팡이 발생과의 상관관계가 있다.

|  | 노드 0 | |
| --- | --- | --- |
| 범주 | % | n |
| 미성립 | 67.9 | 457 |
| 성립 | 32.1 | 216 |
| 합계 | 100 | 673 |

봄·가을

|  | 노드 1 | |
| --- | --- | --- |
| 범주 | % | n |
| 미성립 | 70.9 | 241 |
| 성립 | 29.1 | 99 |
| 합계 | 50.5 | 340 |

여름·겨울

|  | 노드 2 | |
| --- | --- | --- |
| 범주 | % | n |
| 미성립 | 64.9 | 216 |
| 성립 | 35.1 | 117 |
| 합계 | 49.5 | 333 |

P·값 조정=0.095, 카이제곱=2.795, df=1

〈신청시기별 조정성립률 비교〉

또한, 매년 겨울철에는 이상한파로 인해 수도 배관과 난방 배관, 하수도 배관 등 각종 동파 사고가 증가하며 그에 따른 경제적 손실도 크게 증가하고 있는 추세이다.

이렇게 계절의 영향을 받는 유지수선 분쟁사유 조정신청의 경우, 하루라도 거주가 힘든 상황이기 때문에 시급성이나 해결을 고려한다면 조정신청 성립을 위한 보완책이 필요하다. 이와 같은 문제로 임대인과 임차인 사이에 분쟁이 발생하였을 경우 경중과 귀책사유를 규명하기보다는 우선적으로 해결되어야 하기에 주택임대차보호법 검토 등을 통하여 시급성의 항목에 대해 유지수선의 강제 실시 조항 마련 등의 정책 마련 검토가 필요할 것이다.

## (4) 분쟁 사유

조정성립에 영향을 미치는 요인으로 분쟁사유가 있는데, 음(-)의 관계를 나타내고 있으며 비채권·채무보다는 채권·채무의 분쟁사유가 오히려 조정성립에 영향을 주고 있는 것이다. 다음 그림의 조정성립률에 대한 분쟁사유의 의사결정나무 분석을 보면 비채권·채무의 경우 미성립률이 70.7%, 성립률이 29.3%이고 채권·채무의 경우 미성립률이 64.8%, 성립률이 35.2%로 비채권·채무와 채권·채무의 성립률 차이가 5.9%로써 채권·채무가 5.9% 높게 나타나고 있다.

| 노드 0 | | |
|---|---|---|
| 범주 | % | n |
| 미성립 | 67.9 | 457 |
| 성립 | 32.1 | 216 |
| 합계 | 100 | 673 |

비채권 · 채무

| 노드 1 | | |
|---|---|---|
| 범주 | % | n |
| 미성립 | 70.7 | 251 |
| 성립 | 29.3 | 104 |
| 합계 | 52.7 | 355 |

채권 · 채무

| 노드 2 | | |
|---|---|---|
| 범주 | % | n |
| 미성립 | 64.8 | 206 |
| 성립 | 35.2 | 112 |
| 합계 | 47.3 | 318 |

P · 값 조정=0.098, 카이제곱=2.783, df=1

〈분쟁사유별 조정성립률 비교〉

채권·채무의 경우 계약종료나 계약해지, 손해배상 등 청구권이 발생되어 상대방이 조정에 응하여 성립에 이르기까지 비채권·채무보다 높은 결과로 판단된다. 비채권·채무의 경우 유지수선이나 상대방의 행동, 주변 환경의 원인으로 당사자 간에 감정이 증폭되어 있거나, 당사자끼리 해결이 어려운 주변공사의 제3자가 개입된 경우, 건물철거나 구조변경을 하지 않으면 해결이 안 되는 경우 등 분쟁조정이 어려운 경우로 성립률이 떨어지기 마련이다.

따라서 비채권·채무와 관련하여 조정성립률 제고를 위해서는 비채권·채무의 특성을 고려하여 관련 분야별 전문가의 상담을 받거나 조정이 가능한 제도적 환경조성을 고려할 필요가 있다.

분석 결과를 요약하면, 조정성립에 영향을 미치는 요인은 '피신청인의 성별', '주택유형', '조정신청 시기', '분쟁사유' 등 4가지 요인으로 도출되었다.

첫째, 피신청인 성별에서는 남성보다 여성의 경우 조정성립 가능성이 높게 나타났다.

이러한 결과는 여성의 사회적 활동과 진출이 증가하고 있고, 대부분 임대인의 실질적 소유권 행사 및 임대차 관리는 남성보다는 여성이 주관하고 있기 때문에 임차인과의 분쟁이 발생할 경우 구체적인 계산과 손해확대를 막고자 여성이 합의를 주도하는 경향이 있는 것으로 추정된다. 이러한 결과는 주택임대차 분쟁조정 시 조정절차와 조정방법에 있어서 성별 간 받아들이는 의사소통의 차이를 고려할 필요가 있다.

둘째, 주택유형에서는 비단독·다가구보다는 단독·다가구일 경우 조정성립 가능성이 높은 것으로 나타났다. 주택유형이 단독·다가구인 경우 1

인이 주택을 관리하고 소유권 행사를 하고 있기 때문에 주택 내 문제가 발생하였을 경우 신속한 의사결정을 할 수가 있다. 또한 단독·다가구의 경우 임차목적물 건물에 임차인과 임대인은 층을 달리하여 같이 거주하는 경우가 대부분이므로 동일한 건물 안에서 분쟁이 발생할 경우 아파트나 빌라처럼 임대인이 간접 점유하는 경우와는 다르게 분쟁으로 인한 스트레스는 단독·다가구가 더 높을 것으로 예상된다. 따라서 동일한 건물 내에서의 분쟁을 해소하고자 다른 주택유형보다는 적극적으로 합의를 진행하였을 것으로 볼 수 있다. 공동주택은 입주자대표회의나 관리사무소 또는 관리단에 의해 체계적인 시스템에 의해 보존 관리로 영속성이 있으나 전용부분과 공용부분으로 구분되어 있어 의사결정 절차로 신속한 진행이 어려운 단점이 있다. 그러나 단독·다가구의 경우는 영속성을 떠나서 의사결정은 신속히 할 수 있기 때문에 조정절차 중 합의는 신속하게 진행될 가능성이 높다. 따라서 주택유형별로 분쟁사유가 다르게 나타남은 충분히 유형화가 가능하므로, 조정신청에 대한 접근을 주택유형별로 달리 할 수 있도록 조정팀 재구성과 주택유형별 및 조정신청 내용별 전문 조정팀을 육성할 필요가 있을 것으로 보인다.

**셋째, 조정신청 시기는** 여름·겨울에 조정이 성립될 가능성이 높은 것으로 나타났다. 여름에는 장마로 인해 다습하기 때문에 누수 및 곰팡이 등의 발생 우려와 이로 인한 건강상의 이유와 주택의 훼손을 막고자 임대인도 합의에 적극적이다. 겨울에는 동파 및 보일러에 문제가 발생할 경우 생활하기 어려운 바, 임대인·임차인 모두 조정 합의에 적극적이다. 그러나 봄·가을은 다른 계절보다 건조하고 동파나 장마철과 같이 심각한 분쟁이 발생하지 않고 당사자 간 합의의 생각을 진지하게 고민하는 경향으로 조정성립률이 높지 않다. 이와 같이 신청시기가 조정성립에 영향을 주는 것은 분쟁사유 중 유지수선 내용과 깊은 관련성이 있는 것으로 유추 가능하다. 분쟁사유 중 유지수선의 대표적 내용으로 누수·결로·동파·곰팡이·보일러 등의 문제는 계절성 즉, 시기와 매우 관련성이 높기 때문이다. 이와 같은 문제로 임대인과 임차인 사이에 분쟁이 발생하였을 경우 경중과 귀책사유를 규명하기보다는 우선적으로 해결되어야 하기에 주택임대차보호법의 검토 등을 통하여 시급성을 다투는 분쟁사유에 대해서 유지수선의 강제실시 조항 마련 등의 정책 마련 검토도 필요할 것이다.

**넷째, 분쟁사유는** 비채권·채무보다는 채권·채무에서의 조정성립 가능성이 높은 것으로 나타났다. 비채권·채무의 경우 금전적인 문제보다는 유지수선과 같은 주거환경에서 임대인이 적극적인 수선을 하지 않거나 임차인이 원상회복을 이행하지 않을 경우, 기타 감정적인 문제로 당사자 간 감정이 증폭된 경우 등 책임 존재 여부와 귀책사유가 모호한 경우에 성립에 이르기 어렵다. 채권·채무의 경우 당사자 중 누구의 잘못인지를 명백히 확인할 수 있고, 원인제공자가 이행을 지체하는 것이기 때문에 합의하는데 적극적일 수 있다. 따라서 조정과정에서 비채권·채무와 채권·채무 조정단계를 별도로 하고 그 안에서 재분류하여 조정절차를 운영하게 되면 보다 효율적인 조정성과로 이루어질 수 있을 것으로 보인다.

# PART 7

# 임대차 조정성립 건 분쟁 생존 추적

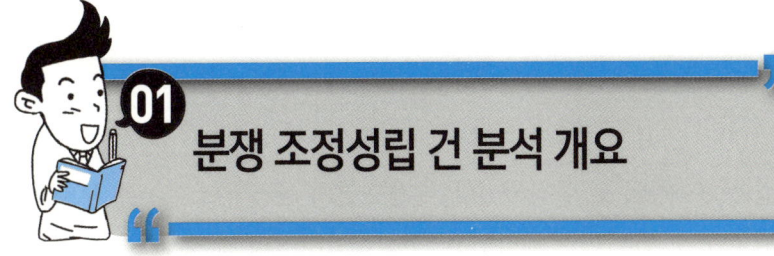
## 분쟁 조정성립 건 분석 개요

### 🏠 분쟁 조정성립 건 분석 결과

 지금까지 분쟁사유, 분쟁유형, 조정유형, 조정성립 요인을 살펴보았다. 여기서 무엇보다도 중요한 것은 조정위원이 서면으로 제시한 조정안(합의안)에 대해 당사자 모두가 합의한 조정 성립 건들이, 합의된 내용대로 실제 이행 기일까지 이행 범위가 잘 이루어져 분쟁이 소멸되는지 또는 분쟁이 생존되는지 여부는 조정위원회의 성과와 역할 측면에서 매우 중요하다. 이는 당사자 간 조정안이 서면 합의를 넘어 실제 조정내용으로 분쟁이 종식되는지 여부는 사회문제와도 직결되기 때문이다. 이에 본 장은 조정위원회의 조정 성립으로 이루어져 최종 생산물인 조정서 자료를 가지고 주택임대차 분쟁의 생존율과 생존기간의 영향요인을 분석하는 것이다. 여기서 이행 기간은 당사자가 합의한 내용대로 완료하는 일자이다.

### 🏠 분석 범위

 본 연구의 분석 자료는 서울의 공공기관 조정위원회의 조정서 자료로, 조정위원회의 개소 시점인 2017년 5월 30일부터 2020년 7월 31일까지 조정 접수건의 여러 종결유형 중 조정이 성립되어 종결된 448건의 조정서를 활용하였다.

## 🏠 변수 설정

　이행 기간 종료일에서의 분쟁소멸의 사건발생 여부와 이행기간의 생존기간을 종속변수로 설정하였다. 분쟁소멸의 사건발생 여부는 분쟁이 소멸되지 않고 법원의 강제집행을 위한 송달증명원 발급자료로 확인하였다. 생명표 분석은 생존율을 분석하기 때문에 분쟁 사건명에 따른 생존율 분석을 위해서 사건명을 독립변수로 하였고, 생존기간에 영향을 미치는 요인 분석은 조정서 자료에서 추출이 가능한 신청인 지위, 대리인 존재, 조정기간, 조정가율, 소액임차인 존재, 사건명을 독립변수로 설정하였다. 신청인과 대리인 존재, 소액임차인 존재는 명목척도로 더미변수화 처리하였다.

## 🏠 분쟁 조정성립 건 분석 방법

　조정위원회가 제시하는 합의서인 조정안은 당사자가 이행할 수 있는 기간을 설정하여 분쟁소멸을 위한 경계선을 설정하는데, 당사자 모두가 이 조정안을 수락한 경우 당사자에게 조정서를 송달한다. 이후 당사자 중 일방이 조정서에 명시된 내용대로 이행되지 않을 경우 타방이 조정위원회에 송달증명원 발급을 신청하면 조정위원회는 신청인에게 강제 집행할 수 있는 송달증명원을 발급한다. 즉 조정서와 송달증명원은 분쟁기간의 존속(생존)과 소멸 여부를 파악할 수 있는 공적인 문서로 이를 활용하여 생존율 분석과 콕스 회귀분석을 실시하였다.

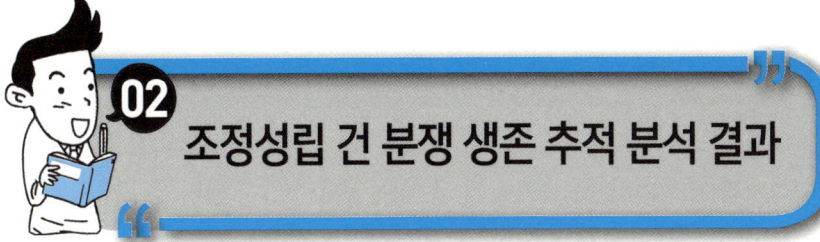
## 02 조정성립 건 분쟁 생존 추적 분석 결과

### 🏠 기초 통계량 분석

연구 자료의 기초통계 분석결과, 조정성립 건의 분쟁의 생존기간은 최소 0.07개월에서 최대 11.1개월까지 나타났으며, 평균은 2.6개월인 것으로 나타났다. 신청인은 임차인이 77%, 임대인 23%로 임차인의 비중이 높은 것으로 나타났다. 대리인은 신청인 중 16.5%인 것으로 나타나 대리인을 통한 분쟁해결을 시도하는 신청인이 있는 것으로 나타났다. 소액임차인의 신청인은 45.1%로 소액보증금의 임대차에서 많은 분쟁이 발생되는 것으로 확인되었다. 조정기간은 최소 6일에서 최대 90일까지 주택임대차보호법에서 허용하는 기간까지 처리하는 것으로 나타났고, 평균은 35일인 것으로 확인되었다.

조정가율은 5%에서 최대 1040%까지인 것으로 나타났고, 평균은 93%인 것으로 나타나, 7% 정도 감액하여 조정이 이루어지는 것으로 확인돼 분쟁 당사자에게 조정의 해결은 신속성 및 경제성 측면에서 좋은 해결방법인 것으로 확인되었다. 사건명은 보증금 반환 67.6%, 주택 반환 13.6%, 유지수선 의무 7.4%, 계약 이행 3.3%, 손해배상 3.1%, 계약금 반환 1.6%, 기타 1.3%, 임대차 기간 0.9%, 중개 보수 0.4%, 차임 증감 0.4%, 계약 종료 0.2%의 순으로 나타났다.

## 🏠 생존율 분석

주택임대차분쟁의 구간별 생존율 분석은 주택임대차보호법 제23조의 처리기간(조정기간)을 고려하여 분석을 실시하였다. 처리기한의 법률규정은 1차로 2개월을 부여하고, 2차로 1개월의 기간을 추가로 부여하고 있어 이 분석에서도 이를 적용하였다. 이를 적용한 이유는 법률규정에서 정한 조정 처리기간과 당사자가 합의하는 이행기간의 적절성을 검토할 필요가 있기 때문이다. 이는 조정위원회의 기능과 역할 문제로 이어지는데 분쟁이 조정 성립되어 실제 소멸까지 연결되는지를 분석할 필요가 있다. 이에 따라 생존율의 분석기간을 2개월과 3개월로 구분하였다.

분석결과, 조정신청에 따른 성립된 사건의 분쟁 생존율은 2개월 종료시점에서는 47.3%가 생존하여 52.7%의 분쟁이 소멸하고, 3개월 종료시점에서 31%가 생존하여 69%의 분쟁이 소멸하는 것으로 나타났다. 이렇게 주택임대차분쟁사건은 기간별 분쟁 생존율에 차이가 있는것으로 나타났다.

이를 세부적으로 살펴보면, 2개월 경과시점의 사건별 생존율은 임대차기간 75%, 계약이행 65%, 계약금 반환 57%, 주택 반환 54%, 보증금 반환 49%, 손해배상 36%, 유지수선 의무 18%, 계약종료 및 중개보수 0%의 순으로 나타났는데, 임대차기간 및 계약이행과 같이 법률해석이 요구되는 사건과 일방이 손해배상의 의무가 없는 계약금 반환 사건은 2개월에서 생존율이 높은 것으로 나타났다. 그러나 계약종료 및 중개보수는 소액이고 이행하기 용이한 내용으로 분쟁 생존율이 낮은 것으로 판단된다.

3개월 경과시점의 생존율은 계약이행 65%, 주택 반환 40%, 계약금 반환 38%, 보증금 반환 30%, 임대차기간 25%, 유지수선 의무 15%, 손해배상 14% 순으로 분쟁이 유지되는 것으로 나타났는데, 계약이행은 2개월과 3개월 경과 시점에 모두 높은 것으로 확인되었고, 손해배상은 금액이 적은 경우 당사자 간 합의 가능성이 높아 분쟁의 생존율은 적은 것으로 판단된다. 이에 2개월에서 3개월로 경과되는 시점에서의 생존율은 임대차기간 50%, 손해배상 22%, 보증금 반환 19%, 주택 반환 14%, 유지수선 의무 3%. 계약이행 0% 순으로 차이를 보였는데, 이 중 임대차기간의 경우 조정기한 허용 범위 내에서 가장 큰 비율로 해결되는 것으로 나타났다. 손해배상과 보증금 반환의 경우는 가구별 이사시기 불일치의 연쇄성과 일방이 타방에게 지급해야하는 정당성이 인정되는 경우로 조정위원회가 이행 기간을 단기로 제시하는 것으로 추정할 수 있다. 따라서 조정위원회는 임대인과 임차인 사이에 발생되는 분쟁을 조기에 해결하기 위해서는 사건의 경중과 시급성, 연쇄성을 고려하여 이행 기간을 설정할 필요가 있다.

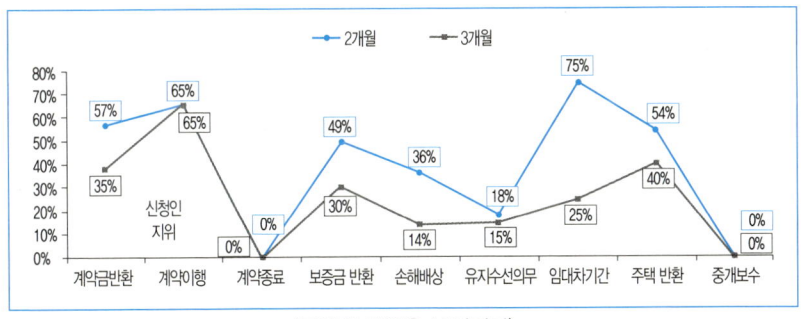

〈구간별 생존율 분석결과〉

**주택임대차분쟁의 조정신청은** 보증금 반환과 주택 반환, 유지수선이 대부분을 차지하는데, 금전조정의 경우는 조정절차를 통한 이행기간과 더불어 조정가액이 중요하여 이에 대해 평균 분석을 실시하였다. 이는 임대인이 보증금 반환시 원상회복을 이유로 보증금 중 일부를 공제하기 때문에 임차인이 이사하는 과정 중 분쟁이 많이 발생하기도 하고 분쟁의 생존과 소멸이 연계되기 때문에 한다. 이를 분석한 금전조정 신청유형의 평균 결과는 아래 표와 같으며, 유형은 보증금 반환과 유지수선, 계약금 반환, 계약이행, 손해배상, 중개보수, 차임증감 등이다.

**보증금 반환 분쟁은** 보증금 반환, 보증금 반환 및 손해배상, 보증금 반환 및 유익비, 보증금 반환 및 필요비, 잔액보증금 반환, 잔액보증금 반환 및 손해배상 등 6가지가 있다. 보증금 반환 분쟁의 전체 사건 평균 이행기간은 2.7개월이고 평균 조정신청액은 101,745,754원, 평균 조정가액은 100,783,957원으로 평균 조정을 통한 감액은 961,797원이다. 결국 보증금 반환으로 인한 조정 신청 시 1백만원 가량 감액됨을 확인할 수 있다. 또한 이를 통해 주택임대차분쟁의 조정신청 평균 보증금 금액이 1억원이면, 조정을 통한 2.7개월의 이행 기간에 대한 손해배상 또는 유익비, 필요비 등을 이유로 임대인이 783,957원을 지급한다는 것을 알 수 있다.

**유지수선 분쟁의 경우는** 임대인이 청구하는 원상회복 또는 원상회복 비용청구와 임차인이 청구하는 원상회복비용 감액 또는 필요비 청구의 4가지로 조정 신청됨을 확인할 수 있다. 이에 대한 평균 이행기간은 1.2개월이고 평균 조정신청액은 3,582,501원, 평균 조정가액은 2,520,285원으로 조정을 통해 1,062,216원이 감액됨을 확인할 수 있다. 따라서 주택임대차 분쟁의 평균 원상회복으로 임차인에게 2,520,285원이 부담됨을 알 수 있다. 이는 주택내 마룻바닥의 일반화로 인한 훼손 분쟁과 반려동물 양육의 확대로 반려동물에 의한 훼손, 화재, 겨울철 난방관리 부실 등이 주된 이유가 될 수 있다.

**계약금 반환의 경우는** 평균 이행 기간 2.1개월이고 평균 조정신청액은 11,571,428원, 평균 조정가액은 10,457,142원으로 조정을 통해 1,114,286원이 감액되었다.

계약이행의 경우는 평균 이행기간이 3개월이고 평균 조정신청액 6,810,800원, 평균 조정가액 6,128,133원으로 조정을 통해 682,667원이 감액되었다.

**손해배상은** 평균 이행기간이 1.8개월이고 평균 조정신청액 5,831,524원, 평균 조정가액 5,069,621원으로 조정을 통해 761,903원이 감액되었다.

<금전조정 결과(평균)>

| 사건명 | | N | 평균 | | | | |
|---|---|---|---|---|---|---|---|
| | | | 이행기간 (월) | 조정신청액(원) (a) | 조정가액(원) (b) | 감액(원) ((a)-(b)) | |
| 보증금 반환 | 보증금 반환 | 180 | 3 | 110,802,706 | 109,843,457 | (-) | 959,249 |
| | 보증금 반환 및 손해배상 | 76 | 2.6 | 125,110,313 | 123,548,279 | (-) | 1,562,034 |
| | 보증금 반환 및 유익비 | 1 | 1.5 | 115,560,000 | 113,000,000 | (-) | 2,560,000 |
| | 보증금 반환 및 필요비 | 1 | 1.2 | 21,250,000 | 21,000,000 | (-) | 250,000 |
| | 잔액보증금 반환 | 34 | 1.5 | 10,858,176 | 10,355,147 | (-) | 503,029 |
| | 잔액보증금 반환 및 손해배상 | 10 | 2.7 | 79,172,364 | 78,918,868 | (-) | 253,496 |
| | 합계 | 302 | 2.7 | 101,745,754 | 100,783,957 | (-) | 961,797 |
| 유지수선 | 원상회복 | 3 | 1 | 1,980,000 | 1,388,333 | (-) | 591,667 |
| | 원상회복비용 감액 | 9 | 0.9 | 2,148,889 | 1,553,475 | (-) | 595,414 |
| | 원상회복비용 청구 | 7 | 1.8 | 7,522,148 | 5,235,714 | (-) | 2,286,434 |
| | 필요비 청구 | 3 | 1 | 293,333 | 216,666 | (-) | 76,667 |
| | 합계 | 22 | 1.2 | 3,582,501 | 2,520,285 | (-) | 1,062,216 |
| 계약금 반환 | | 7 | 2.1 | 11,571,428 | 10,457,142 | (-) | 1,114,286 |

| 계약 이행 | 15 | 3 | 6,810,800 | 6,128,133 | (−) | 682,667 |
| 손해배상 | 14 | 1.8 | 5,831,524 | 5,069,621 | (−) | 761,903 |
| 중개보수 | 2 | 0.5 | 193,500 | 90,000 | (−) | 103,500 |
| 차임 증감 | 2 | 0.2 | 1,310,000 | 1,160,000 | (−) | 150,000 |

이외 기타 중개보수와 차임 증감의 경우는 평균이행기간이 0.5개월과 0.2개월이고, 조정절차를 통해서 100,000원 내외로 감액되었다. 즉, 주택 임대차 분쟁조정의 이행기간은 사건명에 따라 달라질 수 있고 감액에 차이가 확인되어 조정위원회에서 조정안 제시 시 사건에 따른 이행기간과 이행금액을 설정할 필요가 있다.

## 🏠 생존기간 영향요인 분석

지금까지 주택임대차분쟁의 구간별 생존율 분석을 살펴보았는데, 분쟁의 생존기간 분석을 바탕으로 조정위원회에서 조정기간 운영과 조정안의 이행 기간 설정의 적절성을 검토하는데 있다. 따라서 이에 미치는 영향요인을 분석하는 것은 중요한 의미가 있다. 생존기간에 미치는 영향요인 분석을 위하여 신청인 지위, 대리인 존재, 조정기간, 조정가율, 소액임차인 존재, 사건명의 독립변수를 설정하였다. 이를 분석한 결과는 다음 표와 같다.

<u>모형의 적합은</u> 카이제곱 87.345(유의수준: 0.0000)으로 적합한 것으로 나타났다. 생존기간에 미치는 유의미한 영향을 미치는 변수는 대리인 존재, 조정기간, 조정가율, 소액임차인 존재, 사건명의 손해배상, 유지수선 의무 등 6가지의 변수가 부(−)의 영향을 미치는 것으로 나타났다. 그러나

신청인 지위, 사건명의 계약금 반환, 계약 이행, 계약 종료, 보증금 반환, 임대차기간, 주택 반환 등은 영향을 미치지 않는 것으로 나타났다.

첫째, 대리인 존재 유무가 주택임대차분쟁의 생존기간에 부의 영향을 미치는 것으로 나타났다. 이는 대리인이 없는 경우는 분쟁생존에 영향을 미치고, 대리인이 있는 경우는 분쟁소멸에 영향을 미치는 것으로 추정할 수 있다. 대리인이 존재하는 경우는 본인의 의사결정의 장애로 대리인에게 의지하여 대리인에 의한 의사결정 용이와 분쟁 소멸까지 이어질 수 있음을 판단할 수 있다.

둘째, 조정기간이 주택임대차분쟁의 생존기간에 부의 영향을 미치는 것으로 나타났다. 이는 조정기간이 길수록 분쟁소멸에 영향을 미치고 조정기간이 짧을수록 분쟁생존에 영향을 미치는 경우로 볼 수 있다. 조정기간이 길다는 것은 조정관계자와 양 당사자가 접촉 및 소통할 시간이 많아 더욱 분쟁해결이 용이하여, 이행 기간을 최대한 짧게 설정하는 경우이다. 조정기간이 짧으면 조정위원의 잘못된 판단과 양 당사자에게 한쪽 또는 양쪽 당사자에게 불이익의 조정안을 제시할 수 있다. 결국 이렇게 합의된 조정안은 당사자가 이행하기 어렵고, 이행이 불가할 수 있다. 따라서 조정위원회는 양 당사자와의 많은 의견수렴과 접촉을 통해 양 당사자의 감정을 어루만지고 해소할 기회를 만드는 것이 중요하다. 이를 위해서는 조정팀에 적정 사건수를 배분하고 양 당자와의 충분한 접촉 및 소통할 기회를 만들어 주는 것이 필요하다. 이는 현행 대한법률구조공단 조정위원회의 경우 신청사건 중 70% 이상이 화해취하 또는 취하, 각하의 결과로 나타나듯이, 적정 사건수를 배분하여 조정할 인력 구조 개편과 법률규정을 개정할 필요가 있다.

셋째, 조정가율이 주택임대차분쟁의 생존기간에 부의 영향을 나타나는 것으로 나타났다. 따라서 조정위원회는 조정신청 시작에서부터 조정안의 이행 기간 종료일까지 양 당사자의 감정적 만족 합의가 중요하므로 양 당사자가 만족할 수 있는 적정 조정가액 탐색과 양 당사자의 의견, 법률관계, 기타 등 제반 환경을 종합한 조정의 노력이 필요하다.

넷째, 소액임차인 대상이 주택임대차분쟁의 생존기간에 부의 영향을 나타나는 것으로 나타났다. 이는 소액임차인인 경우 조정 신청금액 또는 내용이 당사자가 해결하기 용이한 부분으로 생존보다는 소멸하기가 쉽다. 따라서 조정신청 금액과 내용의 규모가 큰 경우는 당사자가 이행하기가 어려운 부분이 있기 때문에 생존할 가능성이 높다. 따라서 조정위원회는 조정신청 규모가 큰 경우에는 적극적인 합의 유도와 분쟁유형별 전문조정위원을 배치하여 분쟁이 소멸할 수 있는 조정안 제시를 검토할 필요가 있다.

다섯째, 주택임대차보호법의 분쟁조정 사건명 중 손해배상, 유지수선 의무 등 사건에 대해서 부의 영향이 있는 것으로 나타났다. 당사자 간 발생된 분쟁사건 중 계약금반환, 계약이행, 계약종료, 보증금 반환, 주택 반환의 합의는 이행기가 명확하거나 각 당사자가 제공한 것을 그대로 이행하는 것이기 때문에 이행종료일에 추가 논쟁이 거의 필요 없다. 하지만 손해배상과 유지수선 의무는 등 당사자 간 많은 논의가 필요한 사건이다. 이에 조정위원회는 사건별 특성이 단순한 이행요구와 논쟁이 요구되는 건인지를 구분하여 이행기간과 이행금액에 대해서는 양 당사자와 충분한 논의와 기준 마련이 필요하다.

지금까지 분쟁의 생존기간에 미치는 영향요인을 분석하고 유의미한 변수를 확인하였다.

이에 조정위원회에서는 조정성립 유도 시 완전한 분쟁소멸을 위하여 조정기간의 운영 방법, 대리인 허가 요건, 조정안의 조정금액, 보증금 규모를 검토한 조정이 필요하고, 주기적으로 전문가 및 교육을 통한 조정기술을 향상시킬 필요가 있다. 또한 이러한 요소의 심도 있는 검토를 위해서는 조정팀의 적절한 조정신청 건수를 유지시키는 것이 바람직한데, 이를 위해서는 사무국의 인원 증원 및 처우개선과 다수의 조정위원을 확보하는 것이 중요하다. 즉, ADR의 특성이 양 당사자의 충분한 논의가 전제되어 만족도를 높이는 것으로 사건 수보다는 분쟁소멸을 위한 방향이 필요하다.

<주택임대차분쟁 생존기간에 미치는 영향요인 분석결과>

| 구분 | | B | SE | Wald | 유의확률 | Exp(B) | Exp(B) | |
|---|---|---|---|---|---|---|---|---|
| | | | | | | | 하한 | 상한 |
| 신청인 지위(1.0) | | −0.051 | 0.284 | 0.032 | 0.857 | 0.950 | 0.544 | 1.659 |
| 대리인 존재(1.0) | | −0.229 | 0.138 | 2.753 | 0.097* | 0.795 | 0.606 | 1.042 |
| 조정기간 | | −0.017 | 0.003 | 25.557 | 0.000*** | 0.983 | 0.977 | 0.990 |
| 조정가율 | | −0.007 | 0.003 | 5.312 | 0.021** | 0.993 | 0.987 | 0.999 |
| 소액임차인 존재(1.0) | | −0.438 | 0.121 | 13.160 | 0.000*** | 0.645 | 0.509 | 0.818 |
| 사건명 | 계약금반환 | −1.066 | 0.857 | 1.547 | 0.214 | 0.344 | 0.064 | 1.848 |
| | 계약이행 | −0.537 | 0.766 | 0.491 | 0.483 | 0.585 | 0.130 | 2.622 |
| | 계약종료 | −1.183 | 1.227 | 0.930 | 0.335 | 0.306 | 0.028 | 3.392 |
| | 보증금 반환 | −0.554 | 0.751 | 0.544 | 0.461 | 0.575 | 0.132 | 2.505 |
| | 손해배상 | −1.460 | 0.778 | 3.520 | 0.061* | 0.232 | 0.051 | 1.067 |
| | 유지수선 의무 | −1.414 | 0.744 | 3.615 | 0.057* | 0.243 | 0.057 | 1.045 |
| | 임대차기간 | −0.271 | 0.902 | 0.090 | 0.764 | 0.762 | 0.130 | 4.469 |

| 사건명 | 주택 반환 | −0.679 | 0.723 | 0.882 | 0.348 | 0.507 | 0.123 | 2.092 |
|---|---|---|---|---|---|---|---|---|
| | 중개보수 | −2.443 | 1.056 | 5.350 | 0.021** | 0.087 | 0.011 | 0.689 |
| | 차임증감 | −5.302 | 1.066 | 24.738 | 0.000*** | 0.005 | 0.001 | 0.040 |
| −2log 우도 | 공변량 미포함 | 4136.531 ||||||||
| | 공변량 포함 | 4049.186 ||||||||
| 카이제곱(유의수준) | | 87.345(0.000) ||||||||

p<0.1, ** p<0.05, *** p<0.01

# PART 8

# 주택과 상가건물 임대차 분쟁해결 비교

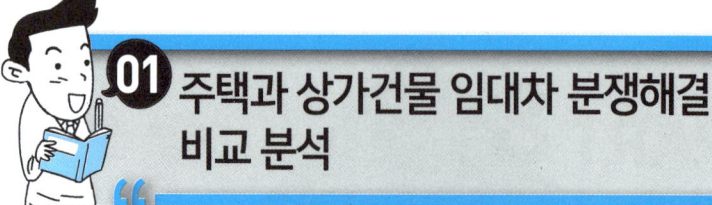
# 01 주택과 상가건물 임대차 분쟁해결 비교 분석

## 🏠 임대차 분쟁 분석 목적

주택임대차는 주거의 생활공간 중심이고, 상가임대차는 직업의 경제 공간 중심으로 각각 특별법이 별도 존재할 정도로 두 임대차는 분명한 차이가 있다. 이에 조정신청 자료로 두 임대차 분쟁 및 조정결과를 비교하여 살펴보는 것은 중요하다. 이는 건물임대차의 대표적인 계약 종류로 우리 생활에 가장 밀접하게 접촉되고 있는 생활분쟁이기 때문에 흔히 사회문제로 발전되고 있다. 이에 각 분쟁의 해결관점에서 대한법률구조공단 서울중앙지부 조정위원회의 주택 및 상가임대차 분쟁 조정 자료를 가지고 분쟁해결 차이를 비교 분석하는 것은 각 분쟁해결 향상을 위한 방안을 찾아볼 수 있는 기회가 될 수 있다.

## 🏠 분석 범위

서울 지역의 공공기관 상가건물임대차 분쟁조정위원회가 설치된 시점인 2019년 4월 17일부터 2021년 4월 16일까지 2년간 동일한 시기에 조정신청된 주택임대차 분쟁과 상가임대차 분쟁 사건의 조정 자료를 이용하였다. 분쟁해결은 해결로 종결된 성립과 화해취하의 종결 사건을 대상으로 하고, 차이 분석을 위하여 이에 대비되는 해결되지 않고 종결된 각하, 취하, 불성립, 미조정 등 사건을 포함하여 분석을 실시하였다.

## 🏠 변수 설정

 이 분석은 분쟁규모, 분쟁해결, 결정요인 등 차이를 분석하는 것이다. 분쟁규모 차이의 변수는 신청인 지위, 신청방법, 분쟁소재지, 보증금, 월세, 처리기간, 종결처리 등을 설정하고, 분쟁해결 차이 변수는 분쟁해결 여부와 사건명을 대상으로 설정하였다. 결정요인 차이의 독립변수는 임차인 여부, 소액임차인 여부, 공동신청 여부, 대리인 존재 여부, 서울소재지 여부, 보증금, 월세, 조정처리기간, 사건명(보증금 반환 여부, 건물반환 여부, 증감분쟁 여부, 계약갱신 여부)등으로 설정하고 종속변수는 분쟁해결 여부로 설정하였다.

## 🏠 임대차 분쟁해결 비교 분석 방법

 분석 방법은 대상별 차이 비교를 위하여 빈도분석, 독립표본 T검정 분석, 이분형 로지스틱 회귀분석을 실시하였다.

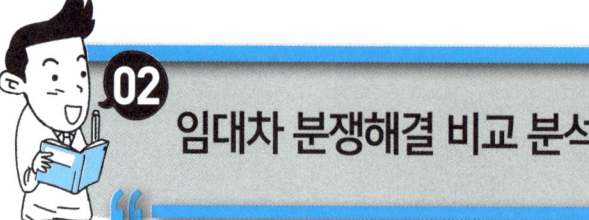

## 02 임대차 분쟁해결 비교 분석 결과

### 🏠 주택과 상가건물 임대차 분쟁 신청 차이

주택임대차와 상가임대차의 분쟁은 건물임대차라는 공통점도 있지만 용도와 대상이 다른 분쟁으로 두 대상의 분쟁 규모를 비교 분석하였다. 우선 신청인의 경우 주택임대차분쟁은 임차인 83.8%, 임대인 16.2%이고, 상가임대차분쟁은 임차인 81.3%, 임대인 18.8%로 주택임대차분쟁에서의 임차인 신청 비율이 조금 더 높았다. 신청 방법은 주택임대차분쟁은 방문 46.8%, 온라인 53.2%, 상가임대차분쟁은 방문 56.8%, 온라인 43.2%로 온라인 신청 비율은 주택임대차분쟁이 더 높았고, 방문 신청 비율은 상가임대차분쟁이 더 높은 것으로 나타났다. 이는 상가임대차분쟁의 크기와 법률이 더 복잡한 관계로 방문을 통한 의견 청취와 함께 조정신청을 하는 것으로 판단된다. 소재지는 주택임대차분쟁이 서울 83.3%, 지방 16.7%, 상가임대차분쟁은 서울 84.4%, 지방 15.6%로 두 대상의 소재지 차이는 미미한 것으로 나타났다. 보증금은 주택임대차분쟁의 평균이 158,990,271원, 상가임대차분쟁의 평균은 34,226,250원으로 주택임대차분쟁의 보증금이 상가임대차분쟁보다 4.6배 더 높은 것으로 나타났다. 월세는 주택임대차분쟁의 평균이 263,135원, 상가임대차분쟁의 평균은 2,176,277원으로 상가임대차분쟁이 주택임대차보다 8.2배 더 높은 것으로 나타나, 상가임대차의 월차임 특성이 반영된 것을 알 수 있다. 조정 처리 기간은 주택임대차분쟁과 상가임대차분쟁 모두 비슷한 기간으로 나타났다.

**분쟁해결은** 주택임대차분쟁의 경우 조정성립과 화해취하의 비율이 35.1%이고 상가임대차분쟁은 조정성립과 화해취하 비율이 27.1%로 주택임대차분쟁에서 8% 더 해결이 높은 것으로 확인되었다. 분쟁 미해결은 주택임대차분쟁은 조정불성립 4.5%, 미조정 0.2%, 취하 12.8%, 각하 47.4%이고 상가임대차분쟁은 조정불성립 5.2%, 취하 9.4%, 각하 58.3%로 상가임대차분쟁 조정에서 불성립 0.7%, 각하 10.9% 더 높은 것으로 상대방이 조정절차를 통한 해결을 희망하지 않은 것으로 확인되었다. 이는 상가임대차의 경우 임차인은 영업 수익과 권리금 회수를 기대하는 반면, 임대인은 건물 투자와 임대료 수익을 기대하는 등 당사자 간 모두 투자 목적은 강하나 대상이 다르고 인테리어와 원상회복의 높은 비용으로 분쟁이 더욱 치열한 것으로 추정할 수 있다.

**조정신청 건수는** 주택임대차 1,030건, 상가임대차 192건으로 주택임대차 분쟁의 건수가 상가임대차분쟁 건수보다 5배 이상 높은 것으로 확인되었다. 이를 기초로 한 분쟁규모는 주택임대차의 경우 서울시 임차가구 2,162,438호 대비 조정신청은1,030건으로 0.05%의 비율로 분쟁이 발생되고, 상가임대차의 경우 서울시 임차사업체수 449,863호 대비 조정신청은 192건으로 0.04% 비율로 분쟁이 발생되어 주택임대차가 0.01% 분쟁이 더 높은 것으로 나타났다. 이는 주택임대차의 경우 상시 점유의 생활분쟁으로 상가임대차보다 분쟁규모가 더 큰 것으로 판단된다.

### <주택임대차 조정신청 현황>

| 구 분 | | N(비율) | 최소값 | 최대값 | 평균 | 비고 |
|---|---|---|---|---|---|---|
| 신청인 지위 | 임차인(1) | 863(83.8%) | 0 | 1 | 0.84 | 더미처리 (1,0) |
| | 임대인(0) | 167(16.2%) | | | | |
| 신청 방법 | 방 문(1) | 482(46.8%) | 0 | 1 | 0.47 | 더미처리 (1,0) |
| | 온라인(0) | 548(53.2%) | | | | |
| 소재지 | 서울(1) | 858(83.3%) | 0 | 1 | 0.83 | 더미처리 (1,0) |
| | 지방(0) | 172(16.7%) | | | | |
| 보증금 | | 1030(100%) | 0 | 1,300,000,000 | 158,990,271.8 | |
| 월세 | | 1030(100%) | 0 | 4,700,000 | 263,135 | |
| 처리기간 | | 1030(100%) | 0 | 73 | 16.87 | |
| 종결 처리 | 분쟁 해결(1) 조정성립 | 137(13.3%) | 0 | 1 | 0.35 | 더미처리 (1,0) |
| | 분쟁 해결(1) 화해취하 | 225(21.8%) | | | | |
| | 분쟁 미해결(0) 조정불성립 | 46(4.5%) | | | | |
| | 분쟁 미해결(0) 미조정 | 2(0.2%) | | | | |
| | 분쟁 미해결(0) 취하 | 132(12.8%) | | | | |
| | 분쟁 미해결(0) 각하 | 488(47.4%) | | | | |

### <상가건물임대차 조정신청 현황>

| 구 분 | | N(비율) | 최소값 | 최대값 | 평균 | 비고 |
|---|---|---|---|---|---|---|
| 신청인 지위 | 임차인(1) | 156(81.3%) | 0 | 1 | 0.81 | 더미처리 (1,0) |
| | 임대인(0) | 36(18.8%) | | | | |
| 신청 방법 | 방 문(1) | 109(56.8%) | 0 | 1 | 0.57 | 더미처리 (1,0) |
| | 온라인(0) | 83(43.2%) | | | | |
| 소재지 | 서울(1) | 162(84.4%) | 0 | 1 | 0.84 | 더미처리 (1,0) |
| | 지방(0) | 30(15.6%) | | | | |
| 보증금 | | 192(100%) | 0 | 200,000,000 | 34,226,250 | |
| 월세 | | 192(100%) | 100,000 | 26,500,000 | 2,176,277 | |

| | | | | | | | |
|---|---|---|---|---|---|---|---|
| 처리기간 | | | 192(100%) | 0 | 73 | 17.0 | |
| 종결처리 | 분쟁해결(1) | 조정성립 | 22(11.5%) | 0 | 1 | 0.27 | 더미처리 (1,0) |
| | | 화해취하 | 30(15.6%) | | | | |
| | 분쟁미해결(0) | 조정불성립 | 10(5.2%) | | | | |
| | | 미조정 | – | | | | |
| | | 취하 | 18(9.4%) | | | | |
| | | 각하 | 112(58.3%) | | | | |

## 🏠 분쟁 해결에서 차이점은?

　<u>조정위원회의 역할은</u> 주택임대차 또는 상가임대차에서 발생한 분쟁을 해결하는 데 있다. 두 임대차는 민법에 기초한 건물임대차 형식으로 대한법률구조공단에서는 동일한 조정위원회가 조정을 진행하지만, 각 특별법에서 목적과 용도를 달리 정하고 있어 분쟁해결에 차이가 있다는 가설 하에 독립표본 T-검정 분석방법을 이용하였다. 분석결과, 두 임대차의 분쟁 해결은 T검정(t=2.28, p<0.05)분석 결과로 차이가 나타났고, 평균 0.08 차이로 주택임대차 분쟁해결이 더 높은 것으로 나타났다. 이러한 차이는 주택은 생활공간으로 분쟁해결이 안되면 가족 모두가 직접 상시 고통을 겪지만, 상가임대차분쟁은 경제 공간으로 일정 시간대만 점유하여 간접으로 고통을 겪어 분쟁 해결 의지와 속도가 다르고, 해결 가능성은 당사자 간 투자 등 경제적 관점에서 대립 정도가 심하여 주택임대차 분쟁해결보다는 상가임대차분쟁이 낮다고 추정할 수 있다.

**이러한 두 임대차 분쟁해결 차이의 근본적인 문제는** 조정 방식으로 각 임대차의 특성을 고려하지 않고, 분쟁해결 중심보다는 소수의 조정위원이 사건 수 처리를 위해 대면조정이 아닌 서면 또는 전화 조정 중심으로 운영한 결과라고 판단된다.

이는 정부가 조정위원회 설치 당시 주택 또는 상가 임대차 조정 경험이 전무하여 행정형 조정(대면) 방식, 처리가능 건수, 인원과 비용 등의 부정확한 예측에서 기인할 수 있다. 이에 분쟁규모 대비 조정위원과 사무국 인원의 부족한 배치로 두 임대차 사건을 동일한 인원과 방식으로 운영되었다.

2020년 7월 법률규정 개정에 따라 LH한국토지주택공사와 한국부동산원도 조정위원회를 설치하였지만, 먼저 설치한 대한법률구조공단의 조정위원회 규칙과 방식을 벤치마킹하여 유사할 것으로 판단된다. 조정은 조정위원이 양 당사자에게 신뢰를 줄 때 합의 가능성에 대한 기대가 확대되고 조정이 잘 이루어져 만족도 또한 개선되는 반면, 분쟁의 양 당사자들에 의해 조정위원의 신뢰성이 부정될 때는 합의 가능성 및 만족도 등은 현저히 감소한다. 조정 신뢰성의 가장 중요한 방법은 전문 조정위원과 양 당사자와의 대면인데, 현재의 조정 방식은 서면(전화) 조정과 사건 및 임대차별 전문이 아닌 법률 중심의 조정위원 배치로 신뢰가 떨어져 두 임대차 분쟁해결이 낮고 차이가 발생할 수 있다.

**이는 유경호·김승희(2017)가 서울시 조정 자료를 가지고** 주택임대차 분쟁 조정성립 영향요인 분석의 연구에서 전화 조정 방식보다 대면 조정 방식이 훨씬 조정성립에 영향을 준다는 결과가 있듯이, 대상별 전문 조정위원의 대면 조정 운영 방식이 필요하다. 따라서 두 임대차 분쟁해결의 도모를 위해서는 대면 조정 방식과 각 임대차 특성을 고려한 다수의 전문 상임조정위원 배치로 전문 상임조정위원에 의한 간이 조정과 조정부 조정의 적절한 혼합 방식 또는 각 임대차별 알선 전담 조사관 또는 심사관 도입의 법률규정 신설이 필요하다.

## 사건별 분쟁해결은 다음 표와 같다.

| 대상 | 사건명 | 조정신청 건수 | 조정신청 비율 | 해결 건수 | 해결 비율 (전체) | 해결 비율 (개별) | 미해결 건수 | 미해결 비율 (전체) | 미해결 비율 (개별) |
|---|---|---|---|---|---|---|---|---|---|
| 주택 임대차 | 건물 반환 | 78 | 7.6% | 22 | 2.1% | 28.2% | 56 | 5.4% | 71.8% |
| | 계약갱신 및 종료 | 60 | 5.8% | 15 | 1.5% | 25.0% | 45 | 4.4% | 75.0% |
| | 계약이행 및 해석 | 72 | 7.0% | 26 | 2.5% | 36.1% | 46 | 4.5% | 63.9% |
| | 보증금 반환 | 543 | 52.7% | 209 | 20.3% | 38.5% | 334 | 32.4% | 61.5% |
| | 비용부담 | 5 | 0.5% | 2 | 0.2% | 40.0% | 3 | 0.3% | 60.0% |
| | 손해배상 | 89 | 8.6% | 26 | 2.5% | 29.2% | 63 | 6.1% | 70.8% |
| | 유지수선 | 61 | 5.9% | 22 | 2.1% | 36.1% | 39 | 3.8% | 63.9% |
| | 임대차기간 | 16 | 1.6% | 7 | 0.7% | 43.8% | 9 | 0.9% | 56.3% |
| | 증감분쟁 | 36 | 3.5% | 11 | 1.1% | 30.6% | 25 | 2.4% | 69.4% |
| | 기타 | 70 | 6.8% | 22 | 2.1% | 31.4% | 48 | 4.7% | 68.6% |
| | 계 | 1,030 | 100% | 362 | 35.1% | – | 668 | 64.9% | – |
| 상가 임대차 | 건물 반환 | 18 | 9.4% | 7 | 3.6% | 38.9% | 11 | 5.7% | 61.1% |
| | 계약갱신 및 종료 | 12 | 6.3% | 1 | 0.5% | 8.3% | 11 | 5.7% | 91.7% |
| | 계약이행 및 해석 | 16 | 8.3% | 8 | 4.2% | 50.0% | 8 | 4.2% | 50.0% |
| | 권리금 분쟁 | 20 | 10.4% | 3 | 1.6% | 15.0% | 17 | 8.9% | 85.0% |
| | 보증금 반환 | 60 | 31.3% | 21 | 10.9% | 35.0% | 39 | 20.3% | 65.0% |
| | 손해배상 | 14 | 7.3% | 4 | 2.1% | 28.6% | 10 | 5.2% | 71.4% |

| | | | | | | | | |
|---|---|---|---|---|---|---|---|---|
| 상가 임대차 | 유지수선 | 9 | 4.7% | 3 | 1.6% | 33.3% | 6 | 3.1% | 66.7% |
| | 임대차기간 | 3 | 1.6% | 0 | 0.0% | 0.0% | 3 | 1.6% | 100% |
| | 증감분쟁 | 32 | 16.7% | 5 | 2.6% | 15.6% | 27 | 14.1% | 84.4% |
| | 기타 | 8 | 4.2% | 0 | 0.0% | 0.0% | 8 | 4.2% | 100% |
| | 계 | 192 | 100% | 52 | 27.1% | – | 140 | 72.9% | – |

<u>주택임대차 분쟁의 조정신청은</u> 보증금 반환 52.7%, 손해배상 8.6%, 건물 반환 7.6%, 계약 이행 및 해석 7.0%, 유지수선 5.9%, 계약 갱신 및 종료 5.8%, 증감 분쟁 3.5% 순이지만, 개별신청 사건별 대비 주요 해결은 임대기간 43.8%, 비용부담 40%, 보증금 반환 38.5%로 당연 반환 채권과 소액 위주로 해결되고, 계약갱신 및 종료 75%, 건물 반환 71.8%, 손해배상 70.8% 등 법률 해석과 거주 단절, 대립적 청구의 손해배상 사건은 해결이 어려운 것으로 나타났다.

<u>상가임대차 분쟁의 조정신청은</u> 보증금 반환 31.3%, 증감 분쟁 16.7%, 권리금 분쟁 10.4%, 건물 반환 9.4%, 계약이행 및 해석 8.3%, 손해배상 7.3%, 계약 갱신 및 종료 6.3%, 유지수선 4.7%, 임대차기간 1.6% 순이지만, 개별 신청 사건별 대비 주요 해결은 계약이행 및 해석 50%, 건물 반환 38.9%, 보증금 반환 35% 순으로 해결되고, 임대차기간 100%, 계약갱신 및 종료 91.7%, 권리금 분쟁 85% 등 법률 해석과 임차인의 영업가치인 권리금 사건은 해결이 잘 안 되는 것으로 나타났다. 상가임대차의 경우 보증금보다는 월세 비중이 크기 때문에 월세 연체 시 보증금이 소진될 가능성으로 임대인과 임차인이 동시이행관계로 청산하거나 임대인에 의한 임차인 교체로 당사자 간의 문제를 정리할 가능성이 높다. 따라서 조정위원회를 통한 월세 지급 이행 청구나 건물 반환은 상계를 통한 보증금 반환

으로 분쟁이 해결되는 것으로 나타났다.

**두 임대차를 비교하면** 주택임대차분쟁의 조정신청은 보증금 반환에 집중되어 있고, 상가임대차분쟁의 조정신청은 보증금 반환과 증감분쟁, 권리금 분쟁 등으로 집중되어 있다. 이는 주택은 임대차기간이 2년 단위로 계약갱신 여부 다툼과 보증금 고액 및 반환의 연쇄성으로 후속임차인에 기대한 보증금 반환 방법밖에 없다보니 적기에 보증금 반환이 안 되어 분쟁이 발생되는 것으로 판단되며, 해결은 후속임차인의 계약 가능성을 고려한 기간적 합의로 분쟁이 종결되는 것으로 나타났다. 상가임대차는 계약갱신청구권이 오래전부터 존재하여 계약기간에 대한 분쟁보다는 투자대비 손익분기점을 고려한 장기간 영업유지를 위한 임대료 증감과 권리금 분쟁의 비율이 높은 것으로 나타났고, 해결은 연체된 월세와 원상회복을 고려한 정산으로 건물 반환과 보증금 반환 사건이 주로 해결되는 것으로 나타났다.

**두 임대차 공통적으로 분쟁 해결이 어려운 사건은** 계약 갱신 및 종료로 대부분의 임대인은 갱신 간 고액의 임대료 증액을 희망하고, 임차인은 저액의 임대료 증액 또는 기존 임대차 조건과 동일하게 증액 없는 갱신을 희망하다보니 분쟁해결이 어려운 사건으로 판단된다. 현행 민법과 주택임대차보호법의 법률규정에서 1년 단위의 증감청구권이 있는데 이는 주택임대차보호법 제4조에 의한 임대차기간 2년 보장과 계약기간의 구속력으로 모순되는 조항이다.

일반적으로 계약서를 작성하면 특별재난을 제외하고는 임대차 기간 동안은 추가 임대료 논의가 불필요한데도, 요건 충족과 관계없이 일부 임대인은 1년마다 증액청구권을 행사하는데 반해, 임차인은 차임감액청구권을 제대로 행사하지도 못하면서 1년마다 차임인상 요구에 시달리고 있어, 분쟁이 발생될 수밖에 없는 환경이다.

상가임대차의 경우는 현행 10년까지의 계약갱신청구권 규정 존재로 계약기간을 1년 단위보다는 1년 이상으로 계약기간을 정하는 경우가 있어, 1년 단위의 임대료 증감청구권은 양 당사자가 균형 있게 행사한 것이라기보다는 일방 당사자인 임대인이 매년 차임을 증액하기 위한 방편으로 자주 행사되어 왔다.

**따라서 계약 갱신과 임대료 분쟁을 해결하기 위해서는** 각 임대차보호법 제1조에서 정한 주거안정과 경제안정을 위해 현재 1년 단위의 증감청구권은 임차인 보호의 기본적인 입법 목적에 역행하므로 1년 단위 이상으로 법률규정 개정을 검토할 필요가 있다.

## 🏠 분쟁 해결 결정요인 차이점은?

지금까지 두 임대차 분쟁의 해결 차이의 분석 결과를 살펴보았는데, 이에 대한 결정 요인을 분석하고자 이분형 로지스틱회귀분석을 실시하였다.

### <분쟁해결 결정요인 차이 분석 결과>

| 종속변수 | 독립변수 | 주택임대차 | | | | | | 상가건물임대차 | | | | | |
|---|---|---|---|---|---|---|---|---|---|---|---|---|---|
| | | B | S.E. | OR | 95% C.I. 하한 | 95% C.I. 상한 | P | B | S.E. | OR | 95% C.I. 하한 | 95% C.I. 상한 | P |
| 분쟁해결결정 | 임차인여부 | -0.004 | 0.291 | 0.996 | 0.563 | 1.762 | 0.989 | 0.827 | 0.701 | 2.287 | 0.579 | 9.028 | 0.238 |

| | | | | | | | | | | | | |
|---|---|---|---|---|---|---|---|---|---|---|---|---|
| 분쟁해결 결정 | 소액임차인 여부 | -0.102 | 0.174 | 0.903 | 0.643 | 1.270 | 0.559 | 1.751 | 1.191 | 5.758 | 0.557 | 59.479 | 0.142 |
| | 공동신청 존재 여부 | -1.018 | 0.312 | 0.361 | 0.196 | 0.667 | **0.001 | -0.165 | 0.502 | 0.848 | 0.317 | 2.268 | 0.742 |
| | 대리인 존재 여부 | -0.212 | 0.212 | 0.809 | 0.533 | 1.226 | 0.318 | 0.820 | 0.548 | 2.270 | 0.776 | 6.640 | 0.134 |
| | 서울 소재지 여부 | 0.459 | 0.179 | 1.582 | 1.115 | 2.244 | **0.010 | 0.938 | 0.482 | 2.556 | 0.993 | 6.579 | *0.052 |
| | 보증금 | -0.079 | 0.055 | 0.924 | 0.829 | 1.029 | 0.149 | 0.023 | 0.182 | 1.024 | 0.716 | 1.462 | 0.898 |
| | 월세 | 0.052 | 0.027 | 1.053 | 0.998 | 1.112 | *0.059 | -2.109 | 0.727 | 0.121 | 0.029 | 0.505 | **0.004 |
| | 조정 처리 기간 | 0.038 | 0.005 | 1.039 | 1.028 | 1.049 | ***0.000 | 0.034 | 0.012 | 1.035 | 1.011 | 1.059 | **0.004 |
| | 보증금 반환 여부 | -0.184 | 0.167 | 0.832 | 0.600 | 1.155 | 0.272 | -0.853 | 0.450 | 0.426 | 0.176 | 1.030 | *0.058 |
| | 건물 반환 여부 | 0.687 | 0.369 | 1.988 | 0.965 | 4.095 | *0.062 | 0.072 | 0.920 | 1.075 | 0.177 | 6.524 | 0.937 |
| | 증감분쟁 여부 | 0.443 | 0.414 | 1.558 | 0.692 | 3.510 | 0.284 | 0.134 | 0.616 | 1.143 | 0.342 | 3.822 | 0.828 |
| | 계약갱신 및 종료 여부 | 0.257 | 0.338 | 1.293 | 0.667 | 2.506 | 0.447 | 1.021 | 1.158 | 2.775 | 0.287 | 26.853 | 0.378 |
| | 모형 | -2LL=1249.612, Nagelkerke R2=0.110, Hosmer & Lemeshow test: 14.345 (p=0.073) | | | | | | -2LL=185.768, Nagelkerke R2=0.264, Hosmer & Lemeshow test: 4.943 (p=0.764) | | | | | |

*p<0.1, **p<0.05, ***p<0.01

<u>분석결과</u>, 주택임대차 분쟁해결 결정요인은 Hosmer & Lemeshow($\chi^2$=14.345 p=0.073) 설명력 11%, 상가임대차 분쟁해결 결정요인은 Hosmer & Lemeshow($\chi^2$=4.943 p=0.764) 설명력 26.4%으로 회귀모형은 유의한 것으로 나타났다. 회귀계수의 유의성 검정 결과로, 주택임대차 분쟁해결 결정요인은 처리기간(OR=1.039, p<0.01), 공동신청 여부(OR=0.361,

p<0.01), 서울소재지 여부(OR=1.582, p<0.05), 월세(OR=1.053, p<0.1), 건물반환 여부(OR=1.988, p<0.1) 등 5개의 변수가 유의미한 변수로 나타났는데, 정(+)의 효과는 서울소재지 여부와 처리기간, 월세, 건물반환 여부의 변수이고, 공동신청 여부의 변수는 부(-) 영향이 있는 것으로 나타났다.

**상가임대차 분쟁해결 결정요인은** 처리기간(OR=1.035, p<0.01), 월세(OR=0.121, p<0.01), 서울소재지 여부(OR=2.556, p<0.1), 보증금 반환 여부(OR=0.426, p<0.1) 등 4개의 변수가 유의미한 변수로 나타났다. 정(+)의 효과는 서울소재지 여부와 처리기간의 변수이고, 부(-)의 효과는 월세와 보증금 반환 여부 등의 변수이다.

**두 임대차 분쟁해결의 공통 요인은** 서울소재지 여부, 월세, 처리기간 등 3개의 변수로 나타났다. 서울소재지의 조정신청일수록 분쟁해결 가능성이 높은 것으로 나타났는데, 이는 분쟁이 발생한 지역에 따라 접근성 차이로 조정의 성패에 영향을 미칠 수 있어, 각 기관의 조정위원회에 적절한 배분을 위하여 조정신청에 관할을 설정할 필요가 있다.

월세의 경우 주택임대차 분쟁은 월세의 규모가 클수록, 상가임대차는 월세의 규모가 작을수록 분쟁해결에 높은 영향이 있는 것으로 나타났다. 이는 주택임대차분쟁의 경우 보증금이 전 재산이고 월세 대비 보증금의 비중이 매우 크기 때문에 연체 월세로 보증금의 자산 축소를 방지하고자 임차인의 합의 노력이 보다 크다 볼 수 있고, 상가임대차 분쟁의 경우 월세 규모가 작을수록 소규모 영세 상인으로서 임차인은 생계유지를 위한 적극적인 합의 노력으로 영업 유지를 희망하거나 신속히 영업장소 이전을 희망하는 형태이고, 임대인은 신속히 임차인 교체로 월세의 안정성을 고려하여 조속히 합의할 가능성이 큰 것으로 판단된다.

조정의 처리기간이 긴 경우 조정회의를 통한 양 당사자의 억울함을 들어주면서 공감을 형성한 후 조정 심의를 받도록 하는 것이 조정을 성공적으로 이끄는데 도움이 되기 때문에, 조정참여 의사 표시자에 대한 처리기간이 길수록 분쟁해결이 높은 것으로 판단할 수 있다. 그러나 국회에서는 2020년 6월 9일 주택임대차보호법 제21조 제3항 제5호 개정에서 피신청인의 7일 이내 답변 제출기한을 삭제하고, 제26조 제2항 조정안 답변 회신 기한을 7일에서 14일로 연장 개정하여, 조정절차의 실무 처리가 늦춰진 것을 감안하면 제23조 처리기한을 연장해야했음에도 불구하고 그대로 두어 조정 절차 진행에 장애가 되는 결과로, 다른 분쟁조정위원회의 예를 참조하여 60일 원칙에서 90일 원칙으로 처리기한의 법률규정을 개정 검토할 필요가 있다.

**주택임대차 분쟁해결만의 요인은** 공동신청 존재 여부와 건물반환 여부 등 2개 변수이고, 상가임대차 분쟁해결만의 요인은 보증금 반환 여부의 1개 변수가 유의미한 것으로 나타났다.

이는 주택임대차 당사자 중 공동신청인이 존재하는 경우 부(-)의 효과가 있는 것으로 나타났는데, 이는 상호간 분쟁해결을 위한 노력보다는 합의의 차이와 분열로 의사결정에 장애가 되어 오히려 1인의 당사자가 신청된 경우 분쟁해결 가능성이 높은 것으로 추정할 수 있다.

조정신청 사건 중 임대인의 건물 반환의 조정 신청은 정(+)의 효과가 있는 것으로 나타났는데, 이는 소송비용 부담과 장기간 분쟁을 유지할 수 없고, 대부분 월세 연체로 보증금이 소진된 경우로 다른 후속임차인 탐색과 계약을 고려하여 임대인이 연체된 월세를 과감히 공제하려는 합의 노력이 분쟁 해결로 이어지는 것으로 판단된다.

상가임대차 분쟁의 조정신청에서 보증금 반환의 사건일수록 부(-) 의 영향이 있는 것으로 나타났는데, 이는 상가임대차의 경우 보증금 비중이 비교적 작고 월세의 규모가 크기 때문에 보증금 반환의 조정신청은, 영업시설 설치와 고액이 소요되는 원상회복 비용과 월세 연체로 인해 정산할 잔여 보증금이 없기 때문에 임대인이 합의할 대상이 없어 부의 영향이 있는 것으로 판단된다.

따라서 조정위원회는 법률개정이 필요한 요인을 제외한 나머지 결정요인을 고려하여 당사자 간의 분쟁해결을 위해 지속적으로 다양한 조정기술 및 조정방식을 개발하는 노력이 필요하다.

# PART 9

## 계약갱신요구권 신설 전·후 분쟁 트렌드 변화

## 01 계약갱신요구권 신설에 따른 분쟁 개요

### 🏠 계약갱신요구권 분쟁 분석 목적

정부는 임대차 시장 안정과 임차인의 주거불안을 해소하기 위하여 2020년 7월 31일 계약갱신 요구권 및 전월세 상한제 규정을 신설하는 주택임대차보호법을 개정하였다. 하지만 계약갱신 요구권은 임차인 일방의 편익과 임대인 재산권 피해, 사적자치 및 계약자유의 원칙, 헌법의 기본권 제한 등 다양한 해석의 논란이 되었고, 개정 직후 전세대란, 아파트 등의 부동산 가격 급등, 임차인의 과중한 주거비 부담 등 국민 주거 불안은 더욱 증폭되었다. 따라서 계약갱신 요구권 규정 신설 전·후 실제로 분쟁에 차이가 있는지를 살펴보는 것은 대국민 관심사이고 자가와 차가의 갈등해결 관점에서 매우 중요하다.

### 🏠 분석 범위

공공기관의 서울지역 조정위원회 자료를 이용하였는데, 분석기간은 계약갱신 요구권의 신설 시점인 2020년 7월 31일 기준으로 1년 전까지와 1년 후까지로 구분하여 분쟁 차이 분석을 실시하였다. 서울은 전국지역 중 가장 많은 임대차 분쟁이 발생되고 주택 문제가 심각한 지역이기때문에 서울지역 조정위원회의 조정 자료를 참조하였다.

## 🏠 변수 설정

 본 분석을 위해 분쟁차이는 계약갱신, 임대료 증감, 보증금 반환, 주택 반환, 손해배상, 임대차기간, 기타 등 계약갱신으로 연동되는 조정신청 사건명 변수와 신청인 지위의 차이를 살펴본다.

## 🏠 계약갱신요구권 분쟁 분석 방법

 계약갱신 요구권 신설 전·후 분쟁 차이를 분석하고자 한다. 이를 위해 세부적인 분석절차는 다음과 같다. 첫째, 계약갱신 요구권 신설 전·후 분쟁사건별 차이를 분석한다. 둘째, 계약갱신 요구권 신설 전·후 분쟁사건 상호간 영향 차이를 분석한다. 분쟁사건별 차이 분석을 위해 첫째, 분쟁종류별 사건 비교는 계약갱신 요구권 설치 시점을 기준으로 1년 전·후로 그룹으로 분류하여 교차분석을 실시하고, 1년 전·후 신청인 차이 유무 분석을 위해서는 독립표본 T검정 분석을 실시하였다. 분석결과의 구체화 및 이해를 위하여 FGI(Focus Group Interview, 표적집단면접)조사를 실시하였다. 분쟁사건 상호 영향력 차이 분석을 위하여 상관 분석과 Granger Casuality 분석을 실시하였다.

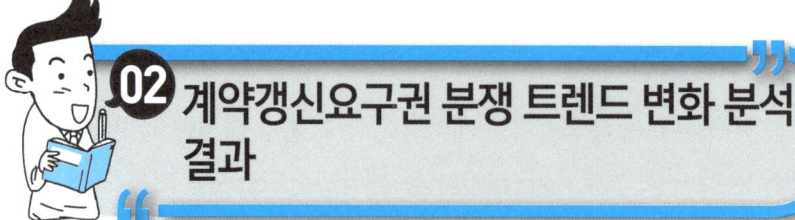

## 🏠 그룹별 및 분쟁 차이

계약갱신 요구권 신설 1년 전·후 분쟁사건 차이의 교차 분석을 실시한 결과는 다음과 같다.

<그룹별 분쟁사건 신청 차이 분석결과>

| 구분 | | 1Group (Before the regulations) | | 2Group (After the regulations) | | 증감 차이 | | Pearson 카이제곱 / 유의수준 |
|---|---|---|---|---|---|---|---|---|
| | | N | 비율(%) | N | 비율(%) | N | 비율(%) | |
| 분쟁사건 | 계약갱신 | 10 | 2.0 | 70 | 10.8 | 60 | 600% | 34.883 / 0.000*** |
| | 임대료 증감 | 5 | 1.0 | 41 | 6.3 | 36 | 720% | 21.501 / 0.000*** |
| | 보증금 반환 | 312 | 60.9 | 242 | 37.3 | -70 | -22% | 63.803 / 0.000*** |
| | 주택 반환 | 33 | 6.4 | 73 | 11.3 | 40 | 121% | 8.003 / 0.003*** |
| | 손해배상 | 30 | 5.9 | 68 | 10.5 | 38 | 127% | 7.942 / 0.003*** |
| | 기타 계약이행 및 해석 | 51 | 10.0 | 49 | 7.6 | -2 | -4% | 2.090 / 0.090* |
| | 기타 임대차기간 | 5 | 1.0 | 16 | 2.5 | 11 | 220% | 3.585 / 0.045** |
| | 기타 중개보수 부담 | 3 | 0.3 | 2 | 0.2 | -1 | -33% | 0.512 / 0.391 |
| | 기타 유지수선 | 40 | 7.8 | 42 | 6.5 | 2 | 5% | 0.771 / 0.222 |
| | 기타 기타 | 23 | 4.5 | 45 | 6.9 | 22 | 96% | 3.117 / 0.049** |
| | 합계 | 512 | 100% | 648 | 100% | 136 | 26.6% | |

*p<0.1  **p<0.05,  ***p<0.01

**그룹 내 신청현황을 분석한 결과**, 계약갱신 요구권 신설 전 1그룹은 보증금 반환(312건, 60.9%), 계약이행 및 해석(51건, 10%), 유지수선(40건, 7.8%), 주택 반환(33건, 6.4%), 손해배상(30건, 5.9%), 기타(30건, 5.9%), 계약갱신(10건, 2%), 임대료 증감(5건, 1%), 임대차기간(5건, 1%), 중개보수 부담(3건, 0.3%) 순으로 조정신청이 접수되어 보증금 반환 사건 중심의 조정신청인 것으로 나타났다.

   **그러나 계약갱신 요구권 신설 후 2그룹은** 보증금 반환(242건, 37.3%), 주택 반환(73건, 11.3%), 계약갱신(70건, 10.8%), 손해배상(68건, 10.5%), 계약이행 및 해석(49건, 7.6%), 기타(45건, 6.9%), 유지수선(42건, 6.5%), 임대료 증감(41건, 6.3%), 임대차기간(16건, 2.5%), 중개보수(2건, 0.2%) 순으로 조정신청이 접수되었다. 1그룹 대비 2그룹은 계약갱신 요구권을 반대하는 임대인의 주택 반환, 계약갱신을 요구하는 임차인의 계약갱신, 허위 실거주에 대한 임차인의 손해배상 사건이 두드러지게 증가했고, 보증금 반환은 기존 그룹보다는 23.6%가 감소하였다. 1그룹에서 2그룹으로 분쟁사건이 136건 증가하여 26.6%의 상승률을 보였다. 이는 전체 분쟁사건이 증가되는 비율만큼 계약갱신 요구권과 관련한 사건의 비율이 증가하는 풍선효과로 볼 수 있다. 즉, 기존에는 임차인이 2년 계약 종료후 임대인에게 보증금 반환을 요구했지만, 계약갱신 요구권 신설로 추가로 2년을 더 거주할 수 있기 때문에 보증금 반환이 아닌 계약갱신을 요구하는 비율로 대체되는 것으로 판단된다.

   **이를 사건별 세부적으로 살펴보면**, 계약갱신의 분쟁은 계약갱신 요구권 신설 후 신설 전보다 6배 증가하였고, 임대료 증감 분쟁은 계약갱신 요구권 신설 전보다 7.2배 증가하였다. 그러나 임차인의 요구가 많았던 보증금 반환은 오히려 20% 감소하였고, 임대인의 주택 반환은 21% 증가하였다. 손해배상 청구 사건은 임대인의 실거주 주장이 허위로 판명되는 경우 법률규정에 따른 임차인의 손해배상 청구로 계약갱신 요구권 신설 전보다 27% 증가하였다. 임대차기간 분쟁은 기간에 대한 해석의 분쟁으로 120% 증가되었다. 이러한 계약갱신 요구권 분쟁의 실태의 이해를 돕고자 조정 실무를 담당하고 있는 대한법률구조공단 주택임대차분쟁조정위원회 서울지부 조사관 및 심사관과 FGI 조사를 실시하였는데, 그 결과는 다음과 같다.

**이 조사에 의하면**, 임차인의 계약갱신 요구로 분쟁이 시작되며, 임대인은 5%이내 임대료 증액을 거부하고 주변 시세의 임대료 만족을 위한 신규임차인과의 계약 또는 매매 진행을 위하여 주택임대차보호법 제6조의3 제1항 제8호의 실거주 주장으로 임차인에게 주택 반환을 요구하는데, 거짓으로 증명될 경우 임차인은 손해배상을 요구하는 분쟁으로 전개되는 실태를 확인할 수 있었다.

<FGI 면접 조사 결과>

> 조사관 3인(이00, 한00, 홍00) / 2022.1.14, 11:40~12:20 / 계약갱신 요구권 분쟁의 조정신청 접수 실태

- 계약갱신 요구권 법률규정 신설 이후부터 계약갱신 요구권 분쟁 조정신청이 점진적으로 증가하였으나, 최근에는 계약갱신 요구권 분쟁의 조정신청이 거의 매일 접수되는 양상을 보이고 있음
- 임차인은 임대료 증액 없는 계약갱신을 요구하는 조정신청이 접수하고, 임대인은 5%이내 임대료 증액에 만족 못하고 시세대로의 임대료 계약을 요구하거나 임차인이 시세에 못 치는 조건을 제시하면 계약갱신을 정당하게 거부할 수 있는 실거주를 주장하며 주택 반환을 요구하는 조정신청이 접수하는 등 각 입장에서의 대립적인 조정신청이 들어오고 있음. 또한, 임대인의 실거주를 믿고 퇴거한 임차인이 거짓 실거주에

- 대한 손해배상을 청구하는 사건도 증가하고 있음
- 계약갱신 요구권의 분쟁은 월세보다는 전세 유형에서 조정신청 비중이 높음
- 이렇다보니 기존에 조정신청이 많았던 보증금 반환의 조정신청 사건 비중은 줄고, 계약갱신 요구권 분쟁 및 관련 사건의 조정신청 증가로 풍선 효과가 발생하고 있음

**심사관 3인(길OO, 김OO, 정OO) 2022.1.14. 12:20~13:00 / 계약갱신 요구권 분쟁 특성**

- 양 당사자 간 합의의 의사가 있는 조정신청 사건을 검토해보면, 다른 분쟁 사건보다 대립의 정도가 큼. 대표적인 예로, 임대인의 정당한 계약갱신 거절사유인 실거주가 허위임이 증명될시 임차인은 주택임대차보호법 제6조의3 제6항의 3가지 손해배상 중 가장 큰 금액으로 정한 기준을 임대인에게 청구하고 임대인은 이를 부정하는 경향이 큼
- 이는 현행 법률규정에서 임차인의 계약갱신 요구를 거부할 수 있는 임대인의 실거주 사유가 존재하고, 임대인이 허위로 실거주를 주장하는 이유는 5%이내 임대료 증액을 만족할 수 없다는데 문제가 있음
- 또한, 실제로 임대인이 실거주가 필요하여 임차인에게 주택 반환을 요구하는 경우, 소송으로 간다고 해도 대법원의 소가 계산식에 의한 소송비용이 비교적 작기 때문에 임차인은 계약갱신 요구 고수와 주택 반환을 거부하여 실거주 소요자인 임대인은 다른 곳에서의 임차인 지위로 제때 이사를 못해 피해를 받는 경우가 있기 때문에 실거주 임대인의 진정성을 담보할 제도개선이 필요한 실정임

<u>이러한 결과를 토대로 계약갱신 요구권 분쟁의 변화되는</u> 전개 양상을 추정할 수 있다. 주택임대차보호법 제6조의3과 같이 먼저 임차인이 계약갱신을 요구하고, 이를 임대인이 거절할 목적으로 실거주를 주장하여 임차인이 퇴거하는 경우, 임차인은 차후 임대인의 허위의 실거주가 판명될 경우 손해배상을 청구하는 분쟁 및 조정 경로를 유추할 수 있다. 따라서 이는 분명 당사자 간 법익에 차이에 의한 분쟁으로 볼 수 있어 당사자 입장을 고려해 이를 개선할 필요가 있다.

<u>그룹 간 분쟁사건의 유의수준은</u> 계약갱신($\chi2=34.883$, $p<0.01$), 임대료 증감($\chi2=21.501$, $p<0.01$), 보증금 반환($\chi2=63.803$, $p<0.01$), 주택 반환($\chi$

2=8.003, p<0.01), 손해배상(χ2=7.942, p<0.01), 계약이행 및 해석(χ2=2.090, p<0.1), 임대차기간(χ2=3.585 p<0.05), 기타(χ2=3.117, p<0.05) 등 8개 사건의 변수는 유의미한 결과를 나타냈지만, 중개보수 부담(χ2=0.512, p>0.1)과 유지수선(χ2=0.771, p>0.1)는 계약갱신과 무관하여 유의미하지 않은 결과를 나타냈다.

지금까지 교차분석과 FGI 조사를 통하여 그룹 간 분쟁 차이를 확인하였는데 실제 임대차 지위에 따른 차이가 있는지를 확인하기 위하여 독립표본 T검정 분석을 실시하였다. 결과는 다음과 같다.

분석 결과, 신청인 지위(T검정=3.377, p<0.01)는 유의미한 결과를 나타내고 있다. 신청인 지위는 계약갱신 요구 신설 전의 1그룹은 0.86으로 임차인 위주의 비중이었지만, 계약갱신 요구 신설 후에는 임대인의 주택 반환 신청 증가로 0.08로 감소된 것으로 나타났다. 이는 임대인이 임차인의 계약갱신 요구권 실행을 방어하고 주변시세의 임대료를 확보하기 위하여 임대인이 먼저 적극적으로 허위 실거주를 주장하고 주택 반환을 요구하는 것으로 판단된다.

<분쟁그룹별 임대차 조건 차이 분석 결과>

| 구분 | 1Group (Before the regulations) | 2Group (After the regulations) | 증감차이 | T검정 (유의수준) |
|---|---|---|---|---|
| 신청인 지위 (임차인1, 임대인0) | 0.86 | 0.78 | −0.08 | 3.377 (0.001***) |

*p<0.1 **p<0.05, ***p<0.01

## 🏠 그룹별 분쟁사건 영향 차이

계약갱신 요구권 신설 전·후 분쟁의 차이가 있다는 앞의 분석 결과가 있듯이, 실제 분쟁사건 상호간 영향의 차이가 있는지를 분석하기 위하여 1, 2그룹 각각 상관분석을 실시하고, 인과관계 파악을 위하여 Granger Casuality 분석을 실시하였다.

우선, 두 그룹의 사건별 상관분석 결과는 다음과 같다. 계약갱신 요구권 신설 전에는 분쟁사건별 상관관계가 없었지만, 계약갱신 요구권 신설 후에는 계약갱신과 주택 반환, 임대차기간과 임대료 증감 사건은 부의 상관관계가 있는 것으로 나타났고 계약갱신과 주택 반환의 유의수준이 높게 나타났다. 이는 임대인과 임차인 간 대립적인 자세와 상호간 각자의 입장만을 고수할 경우 분쟁이 발생되는 것을 확인할 수 있다.

<상관 분석 결과>

| 상관계수 / 유의확률 | 1Group (Before the regulations) | | | | | | 상관계수 / 유의확율 | 2Group (After the regulations) | | | | | |
|---|---|---|---|---|---|---|---|---|---|---|---|---|---|
| | 계약 갱신 | 주택 반환 | 보증금 반환 | 임대 기간 | 임대료 증감 | 손해 배상 | | 계약 갱신 | 주택 반환 | 보증금 반환 | 임대 기간 | 임대료 증감 | 손해 배상 |
| 계약 갱신 | 1 | | | | | | 계약 갱신 | 1 | | | | | |
| 주택 반환 | -0.0328/ 0.6362 | 1 | | | | | 주택 반환 | -0.1794/ 0.0079 *** | 1 | | | | |
| 보증금 반환 | -0.0752/ 0.2782 | 0.0317/ 0.6480 | 1 | | | | 보증금 반환 | -0.0970/ 0.1537 | -0.0453/ 0.5055 | 1 | | | |
| 임대 기간 | -0.0349/ 0.6148 | 0.0975/ 0.1594 | -0.0661/ 0.3404 | 1 | | | 임대 기간 | 0.0542/ 0.4256 | 0.0199/ 0.7707 | 0.0367/ 0.5902 | 1 | | |
| 임대료 증감 | -0.0349/ 0.6148 | -0.0631/ 0.3633 | -0.0389/ 0.5752 | -0.0244/ 0.7253 | 1 | | 임대료 증감 | -0.0398/ 0.5593 | 0.0833/ 0.2208 | 0.0050/ 0.9412 | -0.1280/ 0.0592 * | 1 | |
| 손해 배상 | -0.0255/ 0.7136 | -0.0232/ 0.7379 | 0.0268/ 0.6995 | -0.0593/ 0.3925 | -0.0593/ 0.3925 | 1 | 손해 배상 | -0.0627/ 0.3569 | -0.0519/ 0.4458 | 0.0038/ 0.9561 | -0.0598/ 0.3797 | -0.0339/ 0.6189 | 1 |

*p<0.1 **p<0.05, ***p<0.01

계약갱신 요구권 신설 후 계약갱신 요구와 주택 반환의 차이를 확인하였는데, 실제 그룹 간 분쟁조정 사건들간에 인과관계가 있는지 여부의 차이 분석을 위해 실시한 결과는 다음과 같다.

분석 결과, 계약갱신 요구권 신설 전의 분쟁전개 양상은 임대차기간이 임대료 증감 분쟁에 영향을 주고, 임대료 증감은 주택 반환 분쟁에 영향을 주는 이원화된 형태가 나타났다. 이를 통합하면 임대차기간과 임대료 증감, 주택 반한 분쟁의 인과관계가 있는 것으로 화인되었다. 유이미한 정도는 임대차기간이 임대료 증감 분쟁에 영향을 주는 정도가 임대료 증감이 주택 반환에 영향을 주는 것보다 높게 나타났다.

계약갱신 요구권 신설 후의 분쟁전개 양상은 임대차기간이 임대료 증감과 계약갱신 등 2개 사건에 영향을 주는 것으로 나타났고, 계약갱신은 손해배상 분쟁에 영향을 주고 손해배상은 주택 반환 분쟁에 영향을 주는 것으로 나타나 일련의 연관성이 있는 것으로 나타났다. 또한 개별적으로 손해배상은 임대료 증감 분쟁에 영향을 주는 것으로 나타났다. 유의수준은 계약갱신 → 손해배상, 임대차기간 → 계약갱신, 손해배상 → 임대료 증감, 임대차기간 → 임대료 증감, 손해배상 → 주택 반환 순으로 유의미한 정도가 나타났는데 이 중 계약갱신과 손해배상 분쟁의 유의수준이 제일 높은 것으로 나타났다.

즉, 계약갱신 요구권 신설 전에는 임대차기간 종료에 근접해서 임대차기간 해석과 종료에 대한 분쟁을 시작으로, 임차인이 재계약을 희망할 경우 임대인이 요구하는 임대료 증액 요구를 수용하여 거주하고, 수용이 불가할 경우 임차인의 거주가 단절되고, 임대인은 새로운 임차인과의 계약을 위해 주택 반환을 요구하는 형태가 나타났다.

그러나 계약갱신 요구권 신설 후에는 임대차기간 종료에 근접해 임차인은 임대인에게 계약갱신 요구를 통한 권리 실행을 시도하지만, 임대인은 실거주를 주장하여 주택 반환을 요구한 후 제3자에게 임대 또는 매매가 진행되어 차후 임차인이 손해배상을 청구하는 형태가 나타났다.

<그랜저인과 분석 결과>

| 1Group (Before the regulations) | | | 2Group (After the regulations) | | |
|---|---|---|---|---|---|
| 인과관계(영향여부) ("A" → "B") | F-Statistic | prob | 인과관계(영향여부) ("A" → "B") | F-Statistic | prob |
| 계약갱신 → 보증금 반환 | 0.03364 | 0.9669 | 계약갱신 → 보증금 반환 | 0.01906 | 0.9811 |
| 계약갱신 → 손해배상 | 0.16074 | 0.8516 | 계약갱신 → 손해배상 | 4.666 | 0.0104** |
| 계약갱신 → 임대차기간 | 0.93889 | 0.3928 | 계약갱신 → 임대차기간 | 0.01964 | 0.9806 |
| 계약갱신 → 임대료 증감 | 0.29632 | 0.7439 | 계약갱신 → 임대료 증감 | 1.67684 | 0.1894 |
| 계약갱신 → 주택 반환 | 0.23938 | 0.7873 | 계약갱신 → 주택 반환 | 0.49897 | 0.6079 |
| 보증금 반환 → 계약갱신 | 0.70188 | 0.4968 | 보증금 반환 → 계약갱신 | 0.58098 | 0.5602 |
| 보증금 반환 → 손해배상 | 0.04836 | 0.9528 | 보증금 반환 → 손해배상 | 1.3791 | 0.2541 |
| 보증금 반환 → 임대차기간 | 1.21664 | 0.2984 | 보증금 반환 → 임대차기간 | 0.26482 | 0.7676 |
| 보증금 반환 → 임대료 증감 | 0.51641 | 0.5974 | 보증금 반환 → 임대료 증감 | 0.70128 | 0.4971 |
| 보증금 반환 → 주택 반환 | 1.79298 | 0.1691 | 보증금 반환 → 주택 반환 | 0.5505 | 0.5775 |
| 손해배상 → 계약갱신 | 0.90663 | 0.4055 | 손해배상 → 계약갱신 | 0.71802 | 0.4889 |
| 손해배상 → 보증금 반환 | 1.66086 | 0.1925 | 손해배상 → 보증금 반환 | 0.87862 | 0.4169 |
| 손해배상 → 임대차기간 | 0.28883 | 0.7494 | 손해배상 → 임대차기간 | 0.63642 | 0.5302 |
| 손해배상 → 임대료 증감 | 0.09857 | 0.9062 | 손해배상 → 임대료 증감 | 3.46562 | 0.033** |
| 손해배상 → 주택 반환 | 0.90256 | 0.4072 | 손해배상 → 주택 반환 | 2.71005 | 0.0688* |
| 임대차기간 → 계약갱신 | 1.48943 | 0.228 | 임대차기간 → 계약갱신 | 3.24221 | 0.041** |
| 임대차기간 → 보증금 반환 | 0.16623 | 0.847 | 임대차기간 → 보증금 반환 | 0.2216 | 0.8014 |
| 임대차기간 → 손해배상 | 0.13532 | 0.8735 | 임대차기간 → 손해배상 | 0.794 | 0.4534 |
| 임대차기간 → 임대료 증감 | 7.49021 | 0.0007** | 임대차기간 → 임대료 증감 | 2.8682 | 0.059* |
| 임대차기간 → 주택 반환 | 0.36498 | 0.6947 | 임대차기간 → 주택 반환 | 0.67895 | 0.5083 |
| 임대료 증감 → 계약갱신 | 0.32137 | 0.7255 | 임대료 증감 → 계약갱신 | 0.32025 | 0.7263 |
| 임대료 증감 → 보증금 반환 | 1.09778 | 0.3356 | 임대료 증감 → 보증금 반환 | 0.18989 | 0.8272 |
| 임대료 증감 → 손해배상 | 0.13532 | 0.8735 | 임대료 증감 → 손해배상 | 0.02094 | 0.9793 |
| 임대료 증감 → 임대차기간 | 0.41161 | 0.6631 | 임대료 증감 → 임대차기간 | 0.79883 | 0.4512 |

| 임대료 증감→주택 반환 | 3.77535 | 0.0246** | 임대료 증감→주택 반환 | 1.26929 | 0.2832 |
|---|---|---|---|---|---|
| 주택 반환→계약갱신 | 0.79123 | 0.4547 | 주택 반환→계약갱신 | 0.21772 | 0.8045 |
| 주택 반환→보증금 반환 | 0.65105 | 0.5226 | 주택 반환→보증금 반환 | 1.45737 | 0.2352 |
| 주택 반환→손해배상 | 1.43508 | 0.2405 | 주택 반환→손해배상 | 0.09874 | 0.906 |
| 주택 반환→임대차기간 | 0.09691 | 0.9077 | 주택 반환→임대차기간 | 1.03818 | 0.3559 |
| 주택 반환→임대료 증감 | 0.98252 | 0.3761 | 주택 반환→임대료 증감 | 0.56237 | 0.5707 |

*p<0.1 **p<0.05, ***p<0.01

### 위의 분석결과 인과관계를 연결하면 다음과 같다.

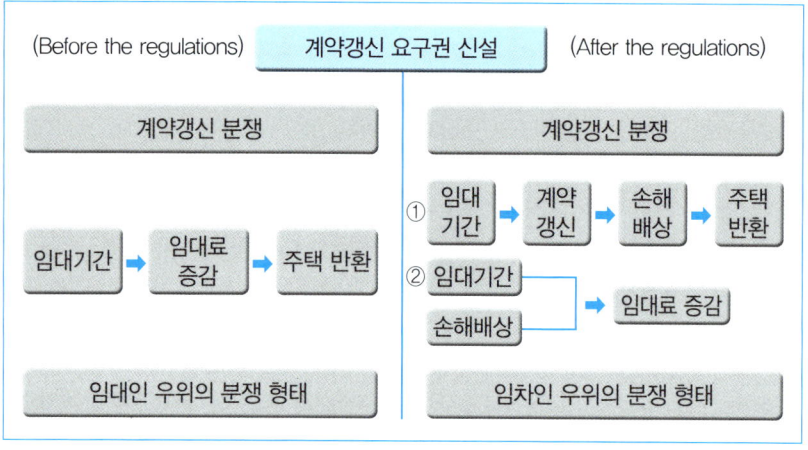

[계약갱신 요구권 신설 전·후 분쟁 형태]

**계약갱신 요구권 신설 전에는** 임대인이 주변시세의 임대료증액 만족을 위하여 계약종료 시점에 추가로 거주 희망의 임차인에게 주변시세의 임대료를 요구하게 되는데, 이를 수용 가능한 거주 희망의 임차인은 재계약을 하지만 임대인의 임대료 증액 요구를 수용 불가능한 거주 희망 임차인은 주택을 반환할 수밖에 없기 때문에 계약의 존속 여부가 임대인의 선택권에 달려 있어, 임대인 우위의 분쟁 형태로 정리된다.

**반대로 계약갱신 요구권 신설 후에는** 임차인이 2년 거주 후 추가로 2년

거주를 요구할 수 있는 강행규정이 신설되어 거주 희망의 임차인은 당연히 계약갱신 요구권을 실행하게 되고 임대인이 이를 저지하는 실거주 사유가 허위로 증명될 경우 임차인은 법에서 정한 3가지 종류의 손해배상액을 비교해서 큰 금액을 요구할 수 있기 때문에 분쟁진화 단계별 임차인이 우위에 있게 된다.

따라서 계약갱신 요구 신설 후에는 기존 분쟁보다 분쟁 종류 수 증가나 분쟁이 단계별로 발전되는 등 더욱 치열하고 다양해졌다고 볼 수 있다. 이러한 분쟁의 대립이 심화되면 장기적으로 피해보는 것은 임차인일 수밖에 없다. 양 당사자 간 대립으로 인한 심리적인 스트레스가 장기간 유지되고 임대인의 주택 반환과 매물회수, 그에 따른 임대주택의 부족과 임대료 가격 상승이 집을 얻으려는 임차인에게 전가될 수밖에 없기 때문이다.

즉, 분쟁 차이의 분석 결과로 양 당사자 간 분쟁이 심화되고 있음을 확인할 수 있다. 이는 계약갱신 요구권 신설로 임대인이 주택의 사용과 처분권 행사에 제약을 받아, 결국 임차인에게 피해가 발생할 수 있기 때문에 정부는 적정한 균형을 맞추는 노력이 필요하다.

정부는 국민의 주거안정에 대한 책임이 있고 이에 따른 적절한 임대주택과 주택공급 의무가 있지만 현실적으로 어렵기 때문에 민간이 이를 대체하여 문제가 발생되는 것이다. 국가가 임대주택과 주택공급의 책임이 있기 때문에 이를 부담하고 있는 임대인에게 일방적인 희생을 강요하는 것은 형평성에도 어긋나기 때문에 균형을 가지는 것이 중요하다. 이는 선행연구의 모든 연구들이 공통적으로 지적하는 부분이다.

따라서 이를 해결하기 위해서는 계약갱신 제도를 운용하는 외국 제도를 이해하는 것이 중요하다.

외국 제도를 비교한 선행연구(김세준(2021); 모승규외(2021); 장석천(2021); 추선희외(2020); 한상훈(2021))를 통해 개별 국가들의 계약갱신 요구권 실행 방법을 알 수 있다.

**독일은** 당사자 간 합의를 우선하고, **영국은** 기간종류에 따른 계약갱신 청구권 대상을 달리 정하고 있으며, 임대료사정관에 의한 공정임대료 적용과 임대료 규제 위반 시 행정형벌을 부과하고 있다.

**캐나다는** 임대인의 진정성을 확인하기 위해서 임대인의 자가 거주 서약서를 작성하고 있으며, **미국은** 소비자물가에 다른 지수를 추가한 지역별 차등 임대료를 설정하고 있다. 따라서 우리나라도 일방적인 임대료 상한률을 강요할 것이 아니라 당사자 간 입장과 균형, 임대차 형식을 고려할 필요가 있다.

**분석결과 및 선행연구와 같이 우리나라 계약갱신 요구권의 당사자 간 주요 분쟁 내용은** 5% 증액상한률 제한과 임대인이 실거주 주장시 임차인은 임대인의 진정성 의심으로 주택을 반환해야 하는 문제가 발생한다. 임차인 입장에서는 계약갱신 요구권을 행사하여 2년을 더 살 수 있지만, 임대인이 실거주를 주장하면 퇴거를 해야하기 때문에 이사시기 결정 모호와 임대주택을 찾기가 어려운 상황이 된다.

반대로 임대인은 주변시세의 임대료를 받을 수 있지만, 임차인의 계약갱신 요구권 행사로 전월세상한률이 5%로 이마저도 임차인과 협의를 해야하기 때문에 재산권 행사의 제약을 받고 있다. 이러한 양측의 입장을 고려한다면 주택임대차보호법 제6조의3(계약갱신 요구등) 제3항의 증액상한율과 제1항 제8호의 계약갱신 요구의 정당한 거절 사유인 실거주에 대해 분쟁해결 측면에서 제도를 개선할 필요가 있다.

<u>이에 계약갱신 요구권의 전월세 상한률은</u> 분석결과와 외국 제도를 참조하여 개선할 필요가 있는데, 우리나라는 전세와 월세가 구분되기 때문에 상한률에 있어서도 구분할 필요가 있다. 월세의 경우는 외국제도와 유사하여 물가상승률과 기준금리를 고려하고 건축연한 보정과 지역별 입지 보정률을 추가하여 상한률을 개선할 필요가 있고, 전세의 경우는 보증금이 고액이다보니 5%로도 큰 금액이기 때문에 전세의 경우는 금액별로 차등화 하여 월세보다 적은 상한률을 달리 적용할 필요가 있다.

임차인의 계약갱신 요구에 대한 임대인의 정당한 거절 사유인 실거주에 대해서는 임대인이 의도적으로 임차인을 퇴거할 목적으로 임대인이 실거주를 주장하여 분쟁이 발생한 경우 조정위원회에서는 임대인에게 확약서를 징구하는 것이다. 캐나다의 경우는 임대인의 선서를 받지만, 우리나라의 경우는 임차인과의 약속 위반 시 손해배상의 법률규정만 존재하기 때문에 이를 혼합한 확약서를 징구하여 임차인과의 분쟁을 해결할 필요가 있다.

계약갱신 요구와 주택 반환과의 대립적인 분쟁 속에서 임차인은 적기에 이사시기를 놓칠 수 있고, 실거주 소요자인 임대인은 적기에 입주할 수 없는 환경에 있다. 또한 우리나라의 규정은 실거주 입증 책임을 임차인에게 주어지지만, 외국의 경우는 임대인에게 실거주 입증 책임이 있다. 따라서 임차인이 아닌 임대인 스스로 확약서를 작성하여 임차인에게 제시한다면, 임차인은 임대인의 확약서를 신뢰하고 임대인과 임차인 양 당사자는 적기에 이사를 할 수 있을 것이다.

# PART 10

# 주택 임대차 분쟁해결 제도 개선 사항

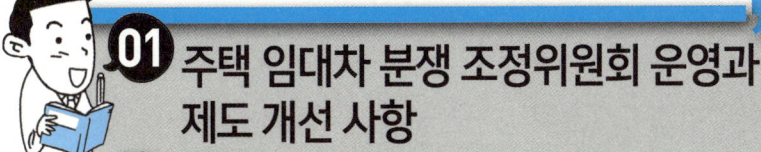

# 01 주택 임대차 분쟁 조정위원회 운영과 제도 개선 사항

주택임대차에서 발생되는 임대인과 임차인의 분쟁은 계약 불이행 또는 거주 환경 장애의 분쟁으로 출발하는 경우가 흔한데, 적극적인 문제해결보다는 대립이 지속되고 당사자 간 해결이 안 될 경우 당사자 중 일방이 이를 해결하고자 조정위원회에 의뢰하게 된다. 이러한 조정신청 축적 자료로 지금까지 드러나지 않은 **분쟁사유**(주택유형, 임대차조건 등)와 **분쟁유형**(주거환경 이동형, 주거환경 유지형, 분쟁 상존형, 주거환경 정비형 등), **조정유형**(성립형, 순응형, 경쟁형, 회피형 등), 조정성립 영향 요인(인적특성, 계약특성, 물리적 특성, 분쟁특성 등) 등 단계별로 다양한 관점에서 세밀하게 분석이 가능하였다.

또한, 조정이 성립된 사건들이 합의로만 존재하는 것이 아닌 실제로 해결이 이루어지는지를 관찰하기 위해 **분쟁 생존율과 생존기간**을 추적할 수 있었고, **상가임대차분쟁과의 분쟁해결 비교와 계약갱신 요구권 신설 전·후 분쟁 차이 비교** 등을 통해 분쟁 발생부터 분쟁 해결까지 전 과정을 살펴볼 수 있었다.

다른 여러 분야의 조정위원회가 존재하고 있지만, 이렇게 조정신청부터 종결 이후까지 전 과정을 분석하는 경우는 드물다. 주택임대차 분쟁은 생활 분쟁임에도 불구하고 이제야 실체가 파악돼서 안타까움이 있지만, 이제라도 구체적으로 살펴볼 수 있다는 것이 그나마 다행으로 생각되며, 지금까지의 분석결과는 주택임대차 분쟁해결 향상을 위한 기초가 될 것으로 판단된다.

이렇게 주택임대차분쟁 조정 자료를 통한 각 단계별 분석결과와 지방자치단체 및 공공기관에서 10년간 조정 실무를 담당한 필자의 경험을 통해 조정위원회의 운영 및 활성화에 대한 개선 과제를 발굴할 수 있었다.

우리나라는 고유의 전세제도 존재, 계절별 주택관리와 훼손 문제의 반복적 발생 및 현상이 상이하고, 이사 당일 보증금 반환과 주택 반환이 동시에 이루어지는 환경의 시급성 때문에 어느 일방의 강요로 이루어지는 비대칭 문제로 분쟁이 상시 발생되고 있다. 그렇지만, 이사 당일 누군가의 도움 없이 당사자가 해결해야 하는 상황이다.

나가는 임차인이 새로운 곳에 계약을 하고, 임대인은 들어올 임차인과 계약이 된 경우에 이사 당일 나가는 임차인과의 원상회복 분쟁이 발생할 경우에 보증금 반환과 주택 반환이 어려워져 상황은 복잡해지고 손해배상의 문제까지 발생할 수 있다. 또한, 임대차기간 중 주택내 다양한 곳에서의 누수, 보일러 고장, 곰팡이 등 거주환경에 장애가 발생하였을 경우 분쟁 발생 당일은 해결이 안 되고 임대인과 임차인은 책임 주체에 대한 다툼으로 수선은 며칠 또는 계속적으로 지연되어 정신적 고통 및 다른 피해까지 발생하는 상황이다.

임대인은 직접 거주하지 않기 때문에 임차인의 고통을 방치하는 경우도 흔하다. 반대로 임차인이 과실로 주택을 훼손하였음에도 임대인에게 통지를 하지 않아 주택훼손 범위가 증가하거나, 월세 연체로 보증금 전액이 소진되었음에도 주택을 반환하지 않아 애태우는 경우도 빈번하게 발생하고 있다.

이렇게 우리나라만의 분쟁 환경 특성으로 임대인과 임차인 간 분쟁이 발생하였을 경우 사회적인 문제의 지속적 증가와 해결 방법이 복잡해지고 비용 부담의 문제가 발생된다.

　분쟁 기간이 장기간 유지되거나 소송절차를 완료하였음에도 불구하고 완전해결이 안 되는 경우도 있다. 또한 소송은 시간과 비용에 많은 부담이 되기 때문에 바로 진행하기도 망설여지는 것이 현실이다.

　이러한 문제 때문에 정부는 2017년 5월 30일부터 주택임대차분쟁조정위원회를 설치하여 현재까지 운영 중에 있다. 하지만, 조정위원회 설치 전 주택임대차 분쟁 특성과 행정형 조정(ADR)을 경험한 적이 없는 정부는 인적 구성 및 적정 처리 사건 수, 운영 방법 등을 심도 있게 고민하지 않고 급하게 조정위원회를 설치하다보니 형식적인 운영으로 그치고 있다.

　조정신청은 1개의 설치 기관에만 집중하고 사건 수 증가로 행정형 조정(ADR)의 장점인 대면조정을 뒤로 하고 서면조정 위주의 방식으로 진행되고 있다. 조정위원들과 당사자가 대면하여 대화와 토론의 방법으로 각자의 입장과 불만, 해결방향 등을 제시 및 교환하는 과정 속에서 감정이 해소되고, 조정위원들의 다양한 의견을 반영하여 적절한 조정안을 작성할 수 있다는 것이 행정형 조정(ADR)의 장점이다.

　이러한 행정형 조정(ADR)의 장점을 기초로 주택임대차보호법에 분쟁조정위원회가 설치되었지만, 현실에서는 안타깝게도 행정형 조정 진행보다는 절차법과 서면 중심으로 흘러가고 있다.

　물론 행정형 조정(ADR)법이 별도로 존재하지 않기 때문에도 그럴 수도 있지만, 절차법인 민사조정법의 형식을 따라가 보니 행정형 조정(ADR)의 본래 특징인 비형식성, 자율성, 신속성에도 제약을 받고 있는 것이다. 주택임대차 분쟁조정위원회의 본래 취지와는 다르게 절차법을 준용하고 분쟁해결 목표보다는 사건수의 양적 증대의 방향을 가지고 출발하다보니 기관에서는 사건 수 확보 및 처리에 급급하다.

정부는 행정형 조정이 많은 사건수 확보가 아닌 주어진 분쟁 사건에 대해 충분한 시간을 갖고 대화와 토론의 방법을 거치는 과정임을 간과한 것이다.

서울시의 경우 주택과 상가임대차 분쟁 조정업무를 각 부서별 전문적으로 별도 운영하고 있고, 전 건을 조정위원과 당사자 간 대면조정으로 운영하여 성립율과 만족도, 앙금해소율이 높고 One-Stop 처리로 행정 간소화를 실현하여 행정형 조정(ADR) 취지의 방식대로 처리하고 있다.

조정신청 개별사건의 대면 조정은 평균 1시간 정도가 소요되기 때문에 월별 20건 내외로 처리할 수 있다. 이를 위해 조정위원회는 양 당사자와의 제출서류 확인 및 행정 서류 처리, 개별 접촉을 통한 조정 일정을 잡고, 조정위원을 통한 조정을 생각한다면 많은 건들을 처리할 수 없는 한계가 분명 존재한다.

사건이 많아지면 당연히 개별 접촉 횟수가 줄어들고 대면보다는 서면 또는 전화 조정으로 대체될 수밖에 없기 때문에 당사자 간의 대화 및 조정위원과의 접촉은 멀어질 수밖에 없다. 이런 경우 조정 불성립은 증가하고 분쟁 해결률은 떨어져 당사자의 만족도 및 앙금해소는 어렵게 된다.

**현재의 이러한 문제점을 해소하기 위해서는** 다수의 조정팀과 조정위원을 구성하거나 3단계 조정(알선→간이 조정(1차)→심화 조정(2차)) 단계별 운용 등 수평 및 수직적 조직의 확대 및 재정비가 필요하다.

더구나 지금은 4개의 기관에서 조정위원회를 운영하게끔 되어 있는데, 지방자치단체를 제외하고는 3개의 기관이 공공기관이다.

이 중 대한법률구조공단은 법무부가 지도 감독하고, 한국부동산원과 LH한국토지주택공사는 국토교통부가 지도 감독하고, 지방자치단체는 자체 감독하고 있다. 이러한 사정으로 조정안과 조정 방법의 통일성 결여 문제까지 발생되고 있다.

이렇게 현재 조정위원회 운영은 우리가 생각하고 있는 것과 다른 방향으로 운영되고 있다. 이에 분쟁해결 및 만족도 향상 그리고 조정위원회의 활성화를 위해 분야별로 다음과 같이 제도 개선안을 제시하고자 한다.
　참고로 제도 개선 사항은 서울지역의 분쟁 및 조정 사례의 통계와 필자의 조정 업무 경험을 통해 작성된 개인 의견임을 밝힌다.

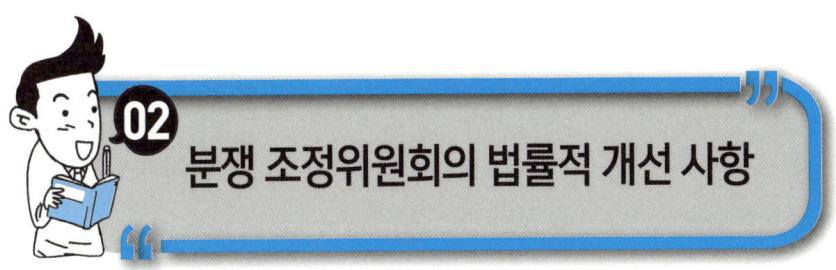

## 분쟁 조정위원회의 법률적 개선 사항

### 🏠 알선 법률규정 신설

서울 지역에서 운영하고 있는 일부 조정위원회의 주택임대차 분쟁의 조정신청에 관한 연도별 조정결과 성적은 다음과 같다.

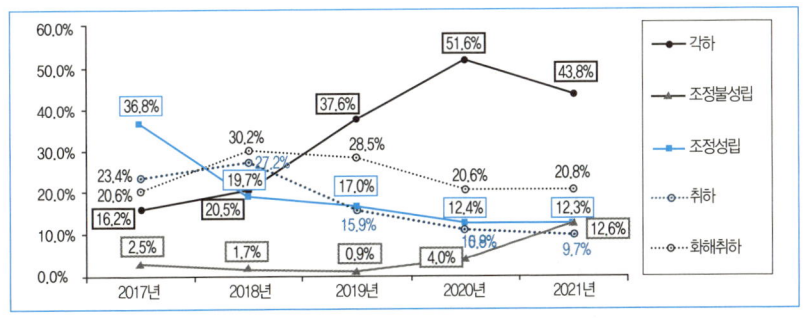

먼저, 화해취하는 조정신청 이후 대부분 조사관이 조정신청에 관한 사건 통지 과정 중 당사자끼리 합의가 되어 종결되는 유형으로 2017년부터 2021년까지 거의 일정하게 유지되고 가장 높은 분쟁해결 비율로 확인되고 있다.

<u>여기서 문제는</u> 현행 주택임대차보호법에서 조정업무를 조정위원이 독립적으로 수행하는 것으로 규정되어 있기 때문에 조사관 또는 심사관이 당사자 간 사실조사 및 소통 과정 중 자칫 권한 없는 자의 발언으로 월권 행위가 존재할 수 있다는 것이다.

각하는 대부분 상대방이 조정절차 불응 또는 미회신 등으로 처리하는 종결유형인데, 2020년 6월 9일 주택임대차보호법 개정을 통해 각하 사유 중 피신청인의 사건통지에 대한 미회신을 삭제하였는데, 그 이후로는 각하 비율이 낮아지고 있다. 취하는 대부분 신청인이 소송절차 진행 등을 이유로 조정절차를 포기하는 경우다.

조정성립은 조정위원회 설치 당시 36.8%의 높은 성립 비율로 시작하였지만 연도별 계속 낮아져 2021년에는 12.3%를 나타내고 있다. 이는 조정위원의 소극적 대응 또는 충분한 소통이 없는 서면조정으로 진행하여 성립률이 낮아지는 것으로 판단된다.

더구나 2020년 12월 10일부터 자동조정 개시로 변경되었음에도 불구하고 조정성립률은 오히려 떨어지고 있는 것이 문제다. 조정불성립율은 그동안 5% 아래에 있었으나, 자동 조정개시 이후에는 10%를 넘어 조정성립율과 비슷한 비율을 보이고 있다. 이는 과거 각하 사유에 해당되었던 피신청인의 사건통지 미회신 사건이 자동조정 개시로 말미암아, 조정안 작성 건수로 이어졌지만, 오히려 조정 불성립율로 대체되는 현상으로 나타났다.

이는 행정력 낭비 초래와 양 당사자와 충분히 소통하지 않은 상황에서 조정안이 작성된 결과로, 나중에 당사자 간 조정안 내용으로 갈등이 증폭될 수 있기 때문에 당사자와 소통이 없는 경우에는 조정안 작성을 삼가하여야 할 것이다. 행정형 조정은 조정위원과 당사자가 대화와 소통으로 양 당사자가 만족하는 조정안을 만드는 것인데, 피신청인의 사건통지 송달만으로 충분한 소통없는 일방의 조정안 작성은 문제가 있다. 또한 최근 보증금이 수억원에서 10억원을 초과하는 경우가 다수 있어 재산관계에서 당사자가 받아들이는 민감도 고려와 재산 보호 차원에서 충분한 대화는 필수다.

**지금까지 일부 조정위원회의 연도별 조정결과를 설명하였는데**, 문제는 화해취하, 조정성립, 불성립의 관계이다. 현행 법률규정은 조정위원의 권한 중심으로 규정되어 있어, **화해취하와 같이 최초 실무자 접촉으로 인해서 분쟁이 해결되는 경우 조정권한이 없는 자 발언으로 월권 행위가 포함될 수 있어 문제가 될 수 있다는 것이다.** 다른 분야의 조정위원회 같은 경우 직원에 의한 분쟁해결이 가능한 '알선'의 법률규정이 별도로 규정되어 있기 때문에 이런 문제가 없지만 주택임대차보호법상에는 조정위원 중심의 법률규정만 존재하여 문제점이 있다.

이에 조정위원의 조정성립율보다 높은 화해취하 비율과 임대차 분쟁해결을 고려하여 알선의 법률개정 도입이 시급하다.

조정위원이 개입하여 각하 감소 비율만큼 조정 성립률이 증가해야 하는데, 오히려 분쟁해결은 변함이 없는 상황이다. 따라서 화해취하의 성격과 조사관에 의한 조정업무에 문제가 없도록 알선 규정을 도입하고, 이를 활용한 수직·수평적 조정업무 체계로 재정비해야할 것이다. 이를 통하여 알선과 조정의 대응 단계에 따라 심도 있는 분쟁해결이 가능할 것이다.

## 🏠 다수의 상임조정위원 배치 및 심사관 겸직 허용

현재 공공기관에서 운영하는 조정위원회의 경우 상임조정위원이 배치돼 있다. 그러나 사무국장을 겸직하여 본래 상임조정위원의 역할이 힘든 상황이다. 타 조정위원회의 경우 상임조정위원을 다수 배치하여 언제라도 당사자가 희망하면 상임조정위원을 만나볼 수 있는 환경이다. 당사자 중 다수는 자신의 입장을 전달하고 상대방 및 조정위원과의 의견 교환 속에 조정안 내용에 자신의 내용을 포함시킬 수 있다는 생각에 조정위원과의 만남을 희망한다.

그러나 법률규정 신설 초기부터 운영한 공공기관의 경우는 지방자치단체에 비해 조정위원의 수도 적지만, 상임조정위원조차도 사무국장을 겸직하여 당사자가 만나볼 기회가 어려운 것이 현실이다. 따라서 주택임대차보호법에 사무국의 국장과 별도 인원으로 1~3인의 상임조정위원을 배치하는 법률규정 개정이 필요하다.

또한 당사자가 조정위원과의 만남을 희망하면 3인의 조정위원으로 조정부를 구성할 수 있는데, 조정위원의 사정으로 당일 참석할 수 없는 경우가 있다. 이럴 경우 조정위원회는 난감할 수밖에 없다. 그래서 현재 심사관이 다수 존재하는 조정위원회는 당일 조정위원의 결원이 발생하였을 경우에 사건과 연관없는 다른 심사관이 조정위원을 겸직할 수 있는 심사관의 업무 규정(주택임대차보호법 시행령 제23조 제5항)의 개정이 필요하다.

조정부 회의 시 본인 사건과 관련이 없는 다른 심사관이 조정위원의 역할을 즉시 할 수 있는 환경을 만든다면 조정부 회의 진행에 문제가 없을 것이다.

## 🏠 심사관 자격 요건 완화 개정 필요

<u>주택임대차분쟁은</u> 생활 분쟁으로 많은 분쟁이 발생되고 있고 이로 인해 당사자 간 이미 감정대립이 발생한 상황에서 조정위원회내 심사관이 조정위원들의 조정안 작성 준비를 위하여 양 당사자와 접촉하는 과정 중 상시 민원이 발생되어 심사관이 이를 꺼리는 경향이 있다. 감정이 고조된 민원 업무에 해당되지만 고정적인 예산으로 처우는 그대로 있고 개선되지 않아 그만두는 경우가 빈번하게 발생한다. 이럴 경우 조정 업무의 연속성과 통일성이 단절되어 최종적으로 임대인과 임차인의 분쟁 해결은 멀어질 수 있다.

이는 대한법률구조공단의 심사관 채용 공고 건수를 보면 충분히 알 수 있다. 2022.2.28. 기준 심사관 채용 공고건수가 40건을 초과하고 있는데, 전국 심사관의 정원이 12명이라면 4번 정도 교체된 것을 확인할 수 있다. 또한, 해마다 지원율이 떨어지고 있는 것을 보면 변호사에게 심사관은 기피 업무로 인식된 듯 하다. 그러다보니 이 피해는 분쟁이 진행되고 있는 임대인과 임차인에게 돌아간다.

주택임대차보호법 제23조 제7항에는 심사관과 사무국장의 자격요건을 변호사로 한다고 명시되어 있지만, **이미 주택임대차보호법 제17조 제2항과 주택임대차보호법 제16조 제3항에서는 조정위원 중 필수 구성위원으로 변호사를 규정하고 있어 조정안의 법률적 판단 자문에는 없다.**

이에 조정위원을 지원하는 사무국장과 심사관을 변호사 자격으로 국한하는 것은 생활분쟁인 주택임대차 분쟁을 해결에 적합하지 않다. 따라서 심사관을 5년 경력 이상의 조사관 등 조정 유경험자로 배치하는 것이 민원 응대 서비스와 업무의 연속성 단절에 오히려 효과적일 수 있다.

주택임대차분쟁은 생활분쟁으로 복잡한 법률관계가 없다는 것이고 대부분 충분한 대화가 필요한 합의 대상으로 오히려 법적인 접근보다는 대화를 통한 접근 방법이 필요하다. 그리고 많은 사람들이 기본적으로 주택임대차에 대한 기본 지식은 갖고 있다.

또한, 한국의료분쟁조정과 같이 다른 분쟁조정위원회 경우도 심사관의 자격 요건은 변호사에 국한되지 않고, 조정 유경험자 또는 해당 학술분야 전문가 등으로 완화되어 있다.

또한 조사관과 심사관, 사무국장은 조정위원을 지원하는 사무국이기 때문에 행정 지원이 주 역할이다. 대부분의 주택임대차 분쟁은 양 당사자와 충분한 대화로 해결되는 경우가 많기 때문에 최초 양 당사자와의 접촉이 제일 많고 주택임대차 분쟁과 민원의 이해가 높은 조정업무 유경험자로 자격요건을 완화할 필요가 있다. 이는 주택임대차 분쟁 해결과 만족도, 업무의 장기 연속성을 높이는 한 방법이 될 것이다.

## 🏠 조정부 심의 조정 요건 완화

조정부에서 심의 조정할 분쟁 대상으로 주택임대차보호법 시행령 제28조에서는 보증금은 수도권 5억원 이하, 그 외지역 3억원 이하인 경우에 해당되고 조정목적의 값은 2억원 이하로 규정하고 있다.

그러나 실무에서는 대부분 조정부에서 처리가 가능하고 부동산 가격은 기본적으로 물가 상승률과 경제규모, 기타 등의 원인으로 계속적인 상승세를 타고 있고, 부동산 순환 주기에 따라 가격이 변동할 때마다 수시로 조정·심의 대상 규정을 바꿀 수가 없는 것이 현실이다.

오히려 위 규정 때문에 전원 조정위원 회의 진행 부담으로 조정절차와 분쟁해결이 지연될 수 있다.

더구나 주택임대차보호법 제13조에서 임차인이 임대인을 상대로 청구하는 보증금 반환 소송의 경우 소액사건심판법을 적용하는 것으로 되어 있기 때문에 위 규정을 삭제하는 것이 바람직하다.

## 🏠 조정전치주의 도입 논란

<u>지금 학계나 법조계에서는</u> 주택 또는 상가건물임대차 분쟁을 해결하기 위하여 조정전치주의 도입을 주장하고 있다. 조정전치주의가 도입될 경우 현재 기판력이 없는 민법상 화해가 재판상 화해의 효력으로 전환될 수 있다. 더불어 조정전치주의가 실현된다면 법원처럼 운영되어 대화와 토론보다는 증거와 법률규정 중심 및 절차 위주로 진행될 수밖에 없다. 또한 조정전치주의로 전환될 경우 절차 위주의 진행으로 신속성, 비형식성, 자율성, 탄력성 등의 행정형 조정 특징이 배제될 가능성이 높다. 또한 조정전치주의는 헌법상 재판 청구권을 해한다는 논란까지 있어 도입에 더욱 신중을 기할 필요가 있다.

혹시라도 조정전치주의가 도입된다 하더라도 모든 사건을 조정전치주의로 실행하는 것이 아닌 조정위원회에서 분쟁해결이 잘 되는 사건과 안 되는 사건을 구분하고 잘 해결이 되는 사건만 조정전치주의에 포함하고 해결이 잘 안 되는 사건은 조정전치주의에 포함하지 않은 것이 바람직하다. 분쟁해결이 잘 안 되는 사건의 경우 조정전치주의 요구로 오히려 분쟁해결 지연과 분쟁이 더 커질 수 있고 이로 인해 다른 사건까지 지연시킬 수 있는 결과를 낳을 수 있기 때문에 해결이 잘 안 되는 사건은 조정전치주의를 배제시키는 것이 합당하다.

## 🏠 대면 조정 활성화

　지금까지 앞에서 언급한 바와 같이 **행정형 조정은** 당사자와 조정위원이 충분한 대화와 토론을 통하여 깊어진 감정대립을 해소하고 양자가 만족하는 합의안을 도출하는 것이다.

　더욱이 주택임대차 분쟁의 경우 법적인 접근보다는 충분한 대화로 해결이 가능한 경우가 많다. 그렇기 때문에 주택임대차분쟁 해결을 향상시키기 위해서는 조정위원과 당사자 간 대화는 필수로 대면조정이 필요한 이유다.

　보통 행정형조정의 장점인 대면조정의 경우 조정위원과 양 당사자가 대화를 진행하다 보면 1사건당 평균 1시간이 소요된다. 그래서 **다수의 사건을 많이 처리하지 못하는 한계가 존재**하지만 앙금해소와 분쟁 해결률은 법원보다 높다. 이는 증거만을 보고 판단하는 것이 아닌 대화를 통해 양 당사자의 양보와 이해를 바탕으로 해결을 시도하기 때문에 법원의 일방적인 판단과는 다르다는 특징이 있다.

　하지만 정부는 2017년 조정위원회 설치 당시 조정위원회 운영과 방법 및 한계를 고민하지 않은 것으로 보이며, 법원처럼 증거 및 사건수의 양적 증대의 실현할 수 없는 목표를 가지고 사무국 인원과 조정위원의 수를 잘못 책정하는 오류를 범하여 현재 분쟁해결 상승률에는 한계에 다다랐다고 본다. 이러다보니 일부 조정위원회 설치 기관에서는 서면 조정 또는 구두 조정을 통한 조정안을 발송하여 수락 여부만 결정하는 방식으로 해결점을 찾고 있다.

물론, 조정은 중립적인 위치에서 조정위원이 양자 간 의견을 듣고 적정의 조정안을 제시하여 합의를 시도하는 것인데, 대부분 신청인들은 상대방과 이미 감정회복이 어려워 다시 한 번 조정위원회를 통해 대화를 시도하는 경우이거나 조정위원에게 증거를 제시하고 판정을 기대하는 경우 또는 주택임대차보호법의 임차인 보호를 강조하거나 억울한 사정을 신고하는 개념으로 조정을 신청하는 경향이 있다.

이렇기 때문에 더욱 조정위원이 직접 주관하여 조정 제도의 정확한 인식 전달과 당사자 간 의견 청취 및 대화의 기회를 주기위하여 대면조정은 필수다. 이는 주택임대차분쟁이 생활 분쟁으로 반복적으로 발생하고 사회문제로 발전되는 현실에서 당사자가 조정위원을 통한 분쟁 해결을 희망하기 때문에 대화의 기회를 마련해주는 것은 당연하다. 이를 위하여 다수의 상임조정위원 배치, 사무국 인원 증원 및 처우개선, 조정위원 증원과 더불어 처리할 수 있는 적정 조정 사건 수를 배정하는 환경을 만드는 것이 중요하다.

## 🏠 '신청인', '피신청인' 용어 사용 개선

조정 실무를 해보면 상대방은 피신청인이라는 용어 때문에 가해자 느낌이 든다고 한다.

더구나 임대차계약 구조에서 이미 지위가 결정되어 있기때문에 분쟁이 발생할 수밖에 없는데, **조정절차 진행 간 양 당사자의 용어까지 신청인과 피신청인으로 사용되면 상대방은 죄인도 아닌데 이러한 용어 사용에 거부감과 불편함을 표현한다.** 조정위원회 내부에서 이런 용어를 사용하는 것은 무방하나, 당사자에게까지 이러한 용어를 사용할 경우 분쟁해결에 장애가 될 수 있다. 이에 신청인과 피신청인 용어를 사용하지 말고 지위 그대로 임차인 또는 임대인이라 표현하면 분쟁이 심화되지 않을 것으로 판단된다. 조정은 심리도 중요하기 때문에 조정 출발선에서부터 불편을 준다면 분쟁해결은 더욱 멀어질 수밖에 없다.

## 처리기간 개선 필요

　조정신청에서 종결까지 조정성립의 경우 보통 30일 전후가 소요된다. 그런데 이는 당사자 간 감정대립이 약하고 법률적 이견이 없을 때 초기에 합의가 이루어지는 단조로운 사건의 경우로, 차후 이행 담보를 위해서면 합의의 문서만이 필요하여 대면 조정 없이 서면 조정안을 초기에 합의하였을 경우이다. 그러나 화해취하를 제외한 **많은 조정사건은 감정의 대립이 크고 법률적 원인에 집착하여 누군가의 지원으로 분쟁해결이 요구되는 대면 조정이 필요한 경우가 많다.** 조정횟수도 1회도 아닌 2회 이상 조정위원과 대면이 필요한 다수의 건 존재와 대면조정이 진행될 경우에 현행 규정된 60일 안까지 종결이 어려운 환경이다. 이에 타 조정위원회를 참고하여 60일 이상으로 변경할 필요가 있다.

## 1년 단위 증감 단위 시기 조정 필요

　주택임대차보호법 제6조에서 임대인과 임차인 상호간 아무 말 없이 계약갱신 거절 여부의 통지기간이 경과하면 묵시적 갱신을 규정하고 있다. 이럴 경우 전임대차와 동일한 조건으로 다시 임대차한 것으로 보는데, 문제는 주택임대차보호법 제7조에서 1년마다 임대료 증액이 가능하도록 규정되어 있다 보니, 주기적으로 임대인의 임대료 증액 청구로 임차인과의 분쟁이 정기적으로 발생되고 있다. 더구나 주거기간의 안정을 위해 계약갱신 요구권의 법률규정이 신설되어 있으므로 주거기간의 안정을 위해 1년마다 가능한 임대료 증감 청구시기를 개선할 필요가 있다.

## 🏠 주택임대차보호법 내 유지수선 관련법 신설

주택임대차에서 발생하는 유지수선의 분쟁사유는 공공기관은 50%, 서울시는 60% 이상 발생되고 있을 정도로 분쟁 비중이 높다. 이런 분쟁 사유는 임차인의 거주 단절로 이어지고 계약해지 또는 손해배상 분쟁으로 전이가 되며, 임차인에게는 추가로 주거비용이 발생하거나 주거안정 및 환경을 헤치는 결과를 낳고 있다. 하지만, 국민의 주거안정을 위한 주택임대차보호법에서는 이에 대한 규정이 존재하고 있지 않다. 이는 주택 정책을 담당하는 사람들이 분쟁의 마지막 단계인 보증금 반환 또는 주택 반환 사건 등 계약해지 결과를 법적 중심의 사고로만 판단하고 있다보니 지금까지 방치가 되었거나 아무도 생각을 하지 못한 것 같다. 따라서 국민의 주거안정을 기하기 위해서는 민법의 유지수선 관련 내용이 주택임대차보호법에서 구체적으로 다루어져야 한다고 본다. 주거기간과 더불어 주거환경의 안정이 중요한 시점이다.

## 🏠 1인 가구 사망의 분쟁 업무처리 구체화 및 계약해지 검토

현행 주택임대차보호법에는 임차인 사망과 관련하여 사실혼과 승계 중심으로 간단하게 규정되어 있다. 수년 전부터 1인 가구 및 고독사 증가로 인하여 상속 과정 중 보증금 반환과 주택 반환, 시신처리 과정 중 냄새 제거 및 청소비용 부담, 일정기간 공실 부담 주체 등 다양한 내용으로 당사자 간 분쟁이 발생되고 있다. 또한 당사자 어느 한쪽의 사망으로 인한 상속으로 이에 대한 증명으로도 다툼이 발생된다. 최근 급격하게 증가하고 있는 1인 가구 및 고독사 증가로 이 문제는 계속적으로 발생될 것으로 보이는데, 막상 당사자 중 일방이 사망하면 상호간 계약 존속과 단절, 행정 처리로 혼란을 겪고 있다. 그렇기 때문에 1인 가구의 임차인이 사망하면, 법정 계약해지를 부여할 필요가 있다고 본다.

1인 사망 가구는 대부분 고령화로 가족과 융합이 안 되거나, 이혼 등 다양한 사유가 존재하는데, 임차인이 사망하면 현실적으로 임대차 계약의 존속은 이루어 질 수 없다.

그럼에도 현행 법률규정에서는 임차인이 사망하면 가족에게 자동 상속되어 임대차계약이 존속되는 것으로 규정되어 있어 분쟁이 증가되는 현실이다. 그동안 대가족에서 핵가족으로 이후에는 1인 가구의 비중이 가파르게 증가하고 있지만, 변화에 발맞추어 법률규정이 따라가지 못하는 현실이다. 지금부터라도 1인 가구의 임차인이 사망 시 계약 해지가 가능한 법률규정을 검토할 필요가 있다.

## 🏠 주택임대차보호법 제4조의 기본 임대차기간을 주택공급 준비기간으로 개정

아파트 등 국민이 선호하는 주택을 건설하기 위하여는 최소 몇 년이 걸린다. 이는 대통령의 임기기간과 유사하기 때문에 해당 정부의 주택정책 방향과도 맞물린다. 임대인과 임차인 간 발생되고 있는 임대료 증액 분쟁은 주택공급 부족에 기인하기 때문에 보증금 증액 시기에 적절한 주택공급이 이루어진다면 오히려 임차인이 우위에 있기 때문에 증액분쟁은 감소할 수 있다. 이에 주택임대차보호법의 제4조 기본 임대차기간을 주택공급기간과 맞추어 4년 ~ 5년으로 개정한다면 급격한 임대료 증액 분쟁이 감소할 것으로 판단된다.

## 🏠 강제집행 요건 완화 검토

조정위원회에서 제시한 "강제집행이 포함된 조정안"을 당사자 모두가 수락하는 경우에 합의의 조정성립이 이루어지는데, 이럴 경우 조정위원회는 합의의 증명 및 결과 통보, 강제집행 진행 등을 위하여 양 당사자에게 조정서를 발송한다. 그러나 가끔씩 조정서가 송달이 안되는 경우가 있다. 이런 경우 조정업무 처리의 문제도 있지만, 당사자 모두에게 송달이 안되면 당사자 중 일방이 강제집행을 할 수 없는 가장 큰 문제가 있다. 이렇게 되면 조정신청 당시 상대방의 조정참여 의사표시에서 조정안 수락 동의까지 당사자가 그동안 어렵게 합의한 노력이 물거품이 된다. 이에 합의의 조정성립 및 행정형 조정의 특성에 걸맞게 당사자 모두가 조정안을 수락하여 조정성립이 된 경우에는 송달요건 필요없이 조정서의 증명을 발급해주는 시스템으로 법률적 타당성을 부여해줄 필요가 있다. 서울시의 주택임대차 분쟁조정의 경우는 대면조정 방식으로 조정안과 조성서를 한 페이지 안에 모두 담아 대면조정 당일 당사자 모두가 동시에 서명을 하기때문에 송달 요건의 문제가 발생하지 않는 점과 법원에서도 이를 받아 집행을 처리하는데 문제가 없음을 참고할 필요가 있다.

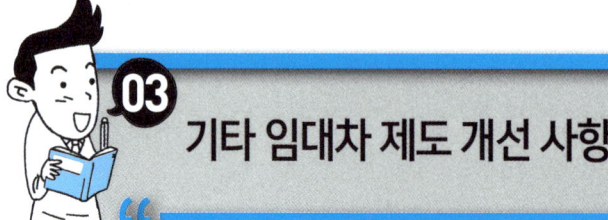

## 🏠 이사시기 불일치 기금 조성

　임차인이 계약종료 후 임대인으로부터 보증금을 반환받지 못하거나 보증금 반환 일정이 명확하지 않을 경우 임차인은 새로운 곳에 임대차계약 진행이 불가하거나 임대차계약이 진행된 경우 보증금을 반환받지 못해 새로운 곳으로 이사할 수도 없고 계약금 손실 문제가 발생된다. 이러한 문제를 인지한 서울시는 서울시 내 이사하는 임차인에게 보증금을 일시적으로 빌려주고 나중에 임대인으로부터 보증금을 반환받으면 갚는 저금리 이사시기 불일치 대출을 운영하고 있다. 그러나 서울시와 은행은 대출 회수 문제가 있고 신청인에게는 대출 조건에 질권설정이 존재하여 신청에 많은 부담이 되고 있다. 이에 국가가 나서서 이사시기 불일치 대출 기금의 근거규정 제정 및 기금을 조성하고 지자체별 운용 부서를 조직하여 임차인과 임대인 간 발생하는 분쟁을 해결할 필요가 있다.

## 🏠 유지수선 전문 사업자 육성

　주택임대차 분쟁사유 중 유지수선이 많은 비중을 차지하고 있다. 유지수선이 해결되지 않을 경우 계약 또는 거주 단절의 문제로 전환되어 보증금 반환 또는 주택 반환으로 조정신청이 되고 있다. 하지만 시장에는 분야별로 수선전문 업자가 고르게 존재하지 않고 편향되거나 없는 경우도 많다. 이러한 사정에 임대인의 원상회복 또는 임차인의 수선 요구 시

업자별로 견적이 상이하다. 특히, 우리나라는 4계절이 있어 유지수선의 시급성을 다투는 경우가 많다. 대표적인 예로 겨울에 보일러 또는 배관 동파의 문제가 있고 공통적으로 곰팡이와 누수 문제로 신속히 수선이 이루어지지 않으면 피해범위 확대와 질병 발생의 문제가 생긴다. 그리고 이사 당일 양 당사자 간 분쟁이 해결이 안 되면 임차인은 오도 가도 못하고 현 주택에서 임대인에 의한 과다 산정한 원상회복 비용, 새로운 곳의 계약금 손실 등 임차인과 임대인 상호 불신속에 피해는 증가하게 된다. 이에 신속한 견적 산출과 저렴한 수선 및 원상회복을 위해 수선 전문 기업을 육성하는 것이 필요하다.

## 🏠 수평적 지위 환경

조정위원회의 탁자는 대부분 사각형 또는 직사각형의 테이블로 구성되어 있다. 그렇다 보니 대립적인 지위 또는 수직적인 구조로 구성되어 어느 한쪽의 대화 및 토론에 적합하지 않은 환경이다. 이에 조정위원과 양 당사자가 수평적인 자세로 의견청취 및 대화를 위해서는 원탁의 테이블로 구성하는 것이 바람직하다.

## 🏠 임차인 수선비용 지원과 임대인 수선비용 대출 운용

통상 임차인은 임대인에게 주택 기능 불량으로 인한 수선 요구 시 많은 분쟁이 발생한다. 그리고 수선요구 횟수가 많을수록 임차인에게는 많은 심리적 부담이 되며, 반대로 임대인은 계속적인 수선 요구를 받았을 때 부담이 될 수 있다. 이에 저소득층의 임차인이 전등 등의 소모품의 소액의 수선 요구 시 1년에 금액을 한정하여 수선비를 지원하면 저소득층의 주거환경을 개선시킬 수 있다고 본다. 반대로 임대인의 경우 임차인의 수선요구 또는 주택보존을 위해 비용 마련이 어려운 경우 임차인의 주거환경에 문제가 없도록 임시적으로 저리로 대출을 해주는 제도를 도입할 필요가 있다.

## 🏠 주택 요소별 물리적 잔존 가치 통상 기준표 제작

주택의 경우 임차인이 계속적으로 바뀌기 때문에 주택을 훼손한 자가 누구인지 특정하기가 어려운 현실이다. 그럼에도 불구하고 마지막에 나가는 임차인이 원상회복을 뒤집어쓰기 싶다. 결국 임대인은 물리적 잔존가치를 고려하지 않고 보증금 반환 시 임차인의 원상회복 의무로 일방적인 견적과 계산에 의한 부당공제를 하는 경우가 다수 발생한다. 이러다 보니 다툼이 많이 발생한다. 원상회복 요구 시 우선은 연도별 물리적 잔존가치를 적용하고 2차적으로 과실 여부로 원상회복 비용을 산정하는 것이 바람직하지만, 통상적인 주택의 잔존가치 기준이 없어 임대인이 임의적으로 산정하는 경향이 있다. 이를 해결하기 위해 주택유형별 물리적 잔존가치 기준화 및 전산화를 추진하여 부당한 원상회복 청구 규모를 감소시킬 필요가 있다.

## 🏠 아파트 장기수선충당금 납부 및 회수시스템 체계 마련

주택임대차 관계 속에서 장기수선충당금은 주택 소유자가 납부하는 것이 원칙이지만, 관행적으로 임차인이 납부를 대신하고 있다. 하지만 장기수선충당금은 계약 내용도 아니고 임대인과 위임 협의를 하지 않았음에도 불구하고, 계약 종료 시 임대인이 일방적으로 산정한 원상회복 비용과 장기수선충당금을 상계한다며 반환을 거부하는 대립 속에 임차인과 많은 분쟁이 발생되고 있다. 장기수선충당금은 관리사무소에 납부하는 것이고 임차인과는 무관하기 때문에 대신 납부하는 것도 이해가 어려운데 반환받을 때 분쟁이 발생된다면 더욱 억울한 일이다. 따라서 장기수선충당금 납부 및 반환의 일원화와 법률적 타당성을 고려할 때 관리사무소가 직접 임대인에게 장기수선충당금을 별도로 청구하는 것이 맞다. 이에 관리사무소가 직접 임대인에게 장기수선충당금을 청구하거나 관리사무소가 임대차 계약 종료 시 임대인 대신 임차인에게 장기수선충당금을 반환하고 임대인에게 구상권을 행사하는 장기수선충당금 징수시스템을 도입할 필요가 있다.

# PART 11

# 임대차 분쟁과 조정 실전 상담 사례

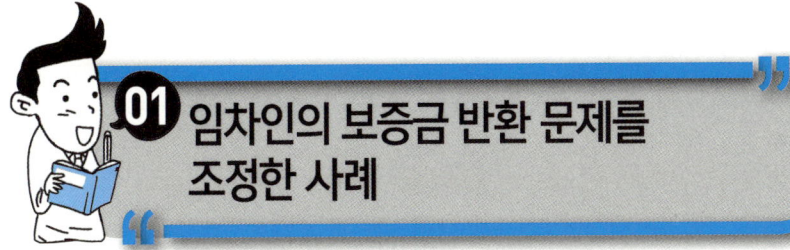

# 01 임차인의 보증금 반환 문제를 조정한 사례

## 🏠 임차인이 보증금 반환 문제로 신청

서울시 금천구 OOO로 OOO, OO호에 사는 신청인(임차인) OOO은 보증금(160,000,000원: 전세), 임대차기간(2019. 2. 16. ~ 2021. 2. 15.)으로 계약을 했고 계약이 종료되어 임대인에게 보증금 반환을 요구하였는데, 피신청인(임대인)은 후속임차인의 계약을 통하여 보증금을 반환할 수 있다며, 임차인에게 마냥 기다리는 말만 하는 상황임.

 ⇨ 임차인은 신속히 보증금을 반환받고자, 조정위원회에 2021년 6월 중에 조정을 신청한 사건이다.

## 🏠 조정위원회의 조정 방향

보증금 반환은 법률에서 정한 계약해지 통지를 한 경우(주택임대차보호법 제6조, 제6조의2, 제6조의3 제4항)와 임대인이 목적 달성 불가의 수선을 하지 않았을 경우의 해지통지(민법) 절차를 거친 경우에 해지 효력 발생일 즉시 반환하는 것이 원칙이나, 조정위원은 상호간 양보와 신규임차인 탐색을 고려하여 평균적으로 2개월 전·후로 반환 기간을 고려한다.

> **해지통지기간 및 해지효력 발생일**
> ❶ 일반 계약 해지(제6조): 계약종료일 2개월 전 해지통지를 한 경우 계약종료일 해지
> ❷ 묵시적갱신 계약 해지(제6조의2): 해지 통지 3개월 후 계약 해지
> ❸ 계약갱신 요구 계약 해지(제6조의3 제4항): 해지 통지 3개월 후 계약 해지

⇨ 임대차기간 중 임대인 또는 임차인 각자의 입장에서의 해지를 요청하는 경우에는 해지가 된 것이 아니기 때문에 조정위원은 양 당사자가 제시한 기간과 해지 조건 및 양보를 고려하여 반환 기간을 제시한다.

## 🏠 조정위원회의 분쟁 조정안

1. 피신청인은 2021. 9. 30.까지 신청인으로부터 서울특별시 금천구 000로 000, 000호를 인도받음과 동시에 신청인에게 금 160,000,000원을 지급한다.

2. 신청인은 2021. 9. 30.까지 피신청인으로부터 제1항 기재 금원을 지급받음과 동시에 피신청인에게 제1항 기재 부동산을 인도한다.

3. 신청인은 나머지 신청을 포기한다.

4. 신청인과 피신청인은 주택임대차보호법 제26조 제4항에 따라 제1항 및 제2항에 기재한 사항은 강제 집행할 수 있음을 상호 승낙한다.

## 🏠 참고 사항

1. 임차인이 보증금 반환 청구 시 임대인에게 보증금 반환 지연에 따라 이자를 청구하는 경우가 있는데, 주택 반환을 하지 않고는 동시이행관계에 따라 이자를 청구할 수 없는 것이 원칙이나, 당사자가 이자 지급을 합

의하는 경우는 합의를 우선으로 한다.

  2. 이자 청구는 주택을 반환한 경우에 가능하나, 관할법원에 임차권등기명령을 신청하고 건물등기사항증명서에 완료된 경우에 주택을 반환하는 것이 안전하다. 여기서 주의사항은 임차권등기명령을 완료하지 않고 주택을 반환할 경우 대항력의 상실 문제가 발생된다.

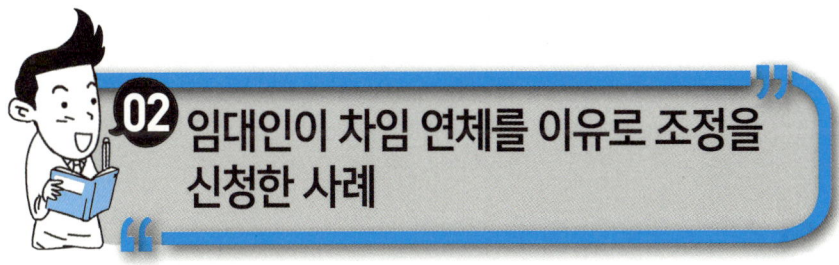

## 🏠 임차인의 차임 연체를 이유로 조정 신청

  강원도 양양군 양양읍 000, 000호를 소유한 신청인(임대인) 000은 보증금(2,000,000원), 월세(350,000원), 임대차기간(2019. 9. 1.~2020. 8. 30.)의 조건으로 임차인과 계약을 체결하였으나, 피신청인(임차인)이 보증금 1,900,000원을 지급하지 않고 입주한 상태에서 2019. 11.부터 2020. 3.까지 월세 1,580,000원을 연체함.

  ⇨ 이에 신청인(임대인)이 더 이상 기다릴 수 없는 상황에 조기 주택을 반환 받고자, 조정위원회에 2020년 3월 중에 조정을 신청한 사건이다.

## 🏠 조정위원회의 조정 방향

주택 반환은 ① 법률에서 정한 계약해지 통지를 한 경우(주택임대차보호법 제6조)와 ② 임차인이 월세를 2기 이상 연체가 된 경우, ③ 실거주를 이유로 계약갱신을 거절하는 경우(주택임대차보호법 제6조의3 제1항 제8호) 등으로 임대인이 주택 반환을 요구하는 경우가 있는데, 이 사건은 계약서에 정한 보증금을 지급하지 않고 월세까지 연체한 상황이지만, ③ 보통 조정위원은 상호간 양보와 임차인의 이사준비를 고려하여 2개월 내로 반환 기간을 제시하는데, 월세는 임대인이 어느 정도 면제를 해주어 합의하는 경우가 있다.

## 🏠 조정위원회의 분쟁 조정안

1. 피신청인은 신청인에게 가. 2020. 5. 1.까지 별지 목록 기재 부동산을 인도하고, 나. 2020. 6. 1.까지 500,000원을 지급한다.
2. 신청인은 나머지 신청을 포기한다.
3. 피신청인은 주택임대차보호법 제26조 제4항에 따라 제1항에 기재한 사항은 강제 집행할 수 있음을 승낙한다.

## 🏠 참고 사항

1. 주택 반환 사건의 합의를 높이는 방법은 임대인이 임차인의 월세 연체를 어느 정도를 면제해주냐에 따라 임차인이 합의할 확률이 높다.
2. 이는 주택 반환이 지연될 경우 다른 임차인을 통한 기회비용이 상실되고, 주택 훼손의 확대를 우려하는 경우 임대인의 적극적인 양보와 제시가 필요하다.

3. 그리고 보통 임대인이 월세 연체 시 보증금 전액이 소진되도록 기다리는 경우가 있는데, 이는 자동적으로 계약 해지가 안되고, 반드시 계약해지를 통지하여야 한다.

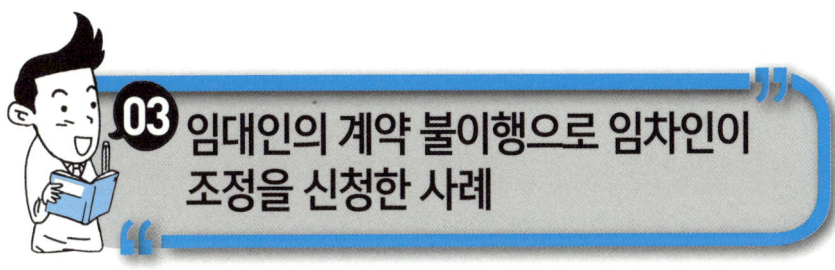

## 03 임대인의 계약 불이행으로 임차인이 조정을 신청한 사례

### 🏠 임대인의 계약조건 불이행으로 임차인이 조정 신청

서울시 성동구 000, 000동 000호에 사는 신청인(임차인) 000은 보증금(120,000,000원: 전세), 임대차기간(2019. 2. 21. ~ 2021. 2. 21.)인데, 계약 당시 주택이 준공이 끝나지 않은 상태였기 때문에 임차인이 잔금은 준공 이후에 입금하기로 하고 임대인이 근저당권을 설정하지 않는다는 특약을 함.

그러나 임대인은 2019. 8. 1. 소유권 보존 등기와 동시에 근저당권을 설정하였는데, 차후 임차인이 이를 알고 임대인에게 항의와 잔금을 지급하지 않았음. 그럼에도 불구하고 임대인이 계약대로 이행(근저당권 미설정)하지 않아 임차인은 2019. 12. 3. 임대인에게 계약해지를 통보함.

⇨ 이에 임차인은 신속히 계약불이행에 따른 보증금을 반환받고자, 조정위원회에 2020년 1월 중에 조정을 신청한 사건이다.

## 🏠 조정위원회의 조정 방향

① 이 사건의 경우 당사자 간 근저당권 미설정을 특약을 하였는데 이행을 하지 않았을 경우의 손해배상은 계약서에 기재한 불이행에 대한 계약금으로 정하였다. ② 이에 임차인은 이를 근거로 손해배상을 청구한 것으로, 임대인도 이를 인정하여 ③ <u>조정위원은 손해배상 전액을 지급하는 것으로 하고, 신청인이 거주한 기간의 월세 3,500,000원을 제외한 조정안을 세시함.</u>

## 🏠 조정위원회의 분쟁 조정안

1. 피신청인은 2020. 2. 28.까지 신청인에게 8,500,000원을 지급한다.
2. 신청인은 나머지 신청을 포기한다.
3. 피신청인은 주택임대차보호법 제26조 제4항에 따라 제1항에 기재한 사항은 강제 집행할 수 있음을 승낙한다.

## 🏠 참고 사항

1. 특약한 경우 당사자 중 일방이 이를 이행하지 않을 때 2회 이상 이행독촉의 내용증명 발송과 각종 전달 수단을 증거자료로 확보하고 그럼에도 타방이 이행을 하지 않았을 경우,
2. 계약해지는 구두로만 할 것이 아닌, 서면 또는 문자 등 증거 수집이 가능한 방법을 이용하는 것이 중요하다.

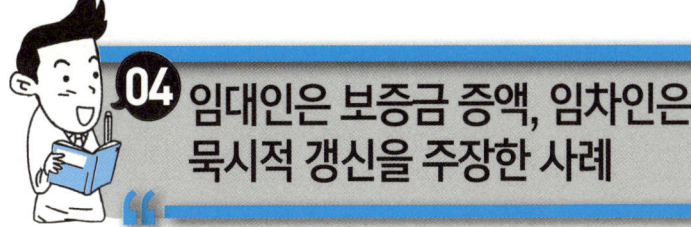

## 04 임대인은 보증금 증액, 임차인은 묵시적 갱신을 주장한 사례

### 🏠 보증금 증액을 요청했는데, 임차인이 묵시적 갱신 주장으로 조정 신청

서울시 송파구 000, 000동 000호를 소유한 신청인(임대인) 000은 보증금(1,160,000,000원: 전세), 임대차기간(2017. 12. 27. ~ 2019. 12. 26.)으로 임차인과 1차로 임대차계약을 체결하였고, 이후 2019. 12. 9. 보증금 1,300,000,000원(140,000,000원 증액), 임대차기간(2019. 12. 27.~2021. 12. 26.)으로 2차 계약을 체결함.

임대인은 2차 계약이 종료되기 전인 2021. 7. 6. 다음 계약에 대해 보증금 5% 증액을 예정하는 내용을 임차인에게 전달하였음. 그 뒤로 임대인은 아무 말이 없었고, 계약 종료일이 경과하였기 때문에 임차인은 묵시적 갱신을 주장하는 상황임.

⇨ 이에 신청인(임대인)은 묵시적 갱신 전환이 맞는지와 묵시적 갱신 전환 시 보증금 5% 인상하고자 2021년 11월 중에 조정을 신청한 사례이다.

### 🏠 조정위원회의 조정 방향

① 묵시적 갱신은 주택임대차보호법 제6조 제1항에서 정한 기간 내 계약갱신 거절 통지를 하지 않은 경우에 해당되는 법정갱신으로, 이 사건

의 경우 2021년 7월 중에 보증금 증액에 대한 의사만 오고간 것이고 계약갱신 거절과 해지를 통지하지 않았기에 묵시적 갱신 전환으로 판단하여, ② **조정위원은 보증금을 최대 5%로 증액할 수 있는 상황이지만 양자 간 양보와 화합을 위하여 2.5%를 제시함.**

## 🏠 조정위원회의 분쟁 조정안

1. 신청인과 피신청인은 서울시 송파구 000, 000동 000호에 대한 양자 간의 2019. 12. 9.자 임대차계약이 2021. 12. 27.부터 2023. 12. 26.까지 묵시적으로 갱신되었음을 확인한다.

2. 신청인과 피신청인은 제1항 기재 계약의 보증금을 2021. 12. 27.부터 금 1,332,500,000원(기존 보증금 1,300,000,000원 + 2.5% 인상분 32,500,000원)으로 증액한다.

3. 피신청인은 신청인에게 2022. 3. 31.까지 제1항 기재 보증금 증액분 금 32,500,000원을 지급한다.

4. 신청인은 나머지 신청을 포기한다.

## 🏠 참고 사항

임대인 또는 임차인은 주택임대차보호법 제6조 제1항에서 정한 기간 내 계약갱신을 희망하지 않으면 계약해지를 통지하여야 한다. 이를 하지 않을 시 묵시적 갱신으로 전환되어 임대인은 최대 5%이내 증액을 요구할 수 있다. 이는 의무적인 사항이 아니고 임차인과의 협의 대상이다.

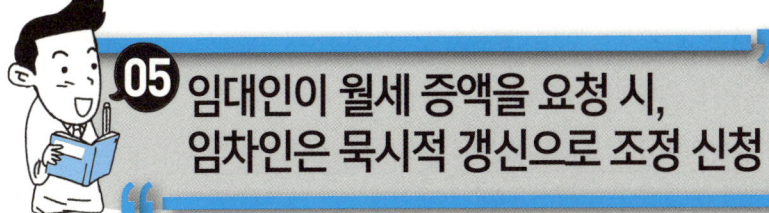

## 05 임대인이 월세 증액을 요청 시, 임차인은 묵시적 갱신으로 조정 신청

### 🏠 임대인이 월세 증액을 요청했는데, 임차인은 묵시적 갱신을 주장

서울시 강남구 000로 000, 0동 000호의 소유자 신청인(임대인) 000은 보증금(620,000,000원: 전세), 임대차기간(2019. 8. 23. ~ 2021. 8. 22.)으로 임차인과 계약을 체결하였음.

그러나 신청인(임대인)은 2021. 7. 16. 피신청인(임차인)에게 주변 시세를 고려하여 보증금 증액이 필요하다는 의견을 전달하였으나, 피신청인(임차인)은 계약갱신 거절 통지 기간이 경과하였으므로 묵시적 갱신 전환을 주장함.

⇨ 신청인은 주변 보증금의 평균 시세가 1,085,000,000원으로, 현재의 보증금은 57% 정도 수준임. 이에 보증금은 852,500,000원으로 증액하고 월세는 1,000,000원의 조건으로 변경하고자, 조정위원회에 2021년 6월 중에 조정을 신청한 사건이다.

### 🏠 조정위원회의 조정 방향

① 이 사건의 경우 주택임대차보호법 제6조 제1항에서 정한 기간 내 계약갱신 여부의 통지를 하지 않았기 때문에 묵시적 갱신 전환으로 판단

하고, 보증금 증액은 5%이내 가능함과 임차인이 월세 30만원까지는 납입하는 양보안을 참조하여,

② **조정위원은 보증금 5%이내 증액 가능과 임차인이 제시한 합의안을 고려하여 양보와 화합의 관점에서 다음과 같이 조정안을 제시함.**

## 🏠 조정위원회의 분쟁 조정안

1. 신청인과 피신청인은 2019.7.2. 자 서울 강남구 000, 00아파트 0동 000호에 대한 임대차 계약이 묵시적 갱신되었음을 상호 확인하되, 계약 조건은 기간 2년(2021. 8. 23.부터 2023. 8. 22.까지), 보증금 620,000,000원, 월차임 250,000원(매월 23일 선불)으로 한다.
2. 신청인은 나머지 신청을 포기한다.

## 🏠 참고 사항

이 사건은 임대인이 묵시적 갱신으로 전환된 것을 부정하고 주변시세를 요구한 것이다. 임대인이 증액하고자 하는 경우는 주택임대차보호법 제6조 제1항에서 정한 기간 내 계약갱신 거절 통지를 하여야 시세 수준의 보증금 증액을 요구할 수 있으며, 묵시적으로 갱신이 전환된 경우에는 5%이내 협의가 가능하다. 따라서 묵시적 갱신 전환을 방지하고자 하는 경우에는 반드시 계약갱신 거절 통지가 필요하다.

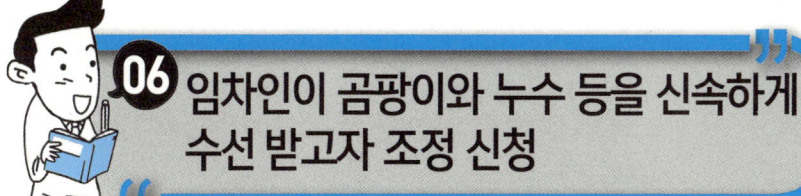

## 06 임차인이 곰팡이와 누수 등을 신속하게 수선 받고자 조정 신청

### 🏠 임차인이 곰팡이와 누수 등을 수선 받고자 조정 신청한 사례

서울시 서대문구 000길 00 000호에 사는 신청인(임차인) 000은 보증금(100,000,000원: 전세), 임대차기간(2021. 4. 19.~2023. 4. 18.)의 계약으로, 거주 중 2022. 1. 집 밖으로 연기가 빠지는 환기구의 잘못된 공사로 불편을 겪고 있는 부분과 누수로 인한 주방 벽지 곰팡이 발생의 주택 하자를 발견하여, 이를 임대인에게 알리니, 임대인은 신청인의 도배 공사 하자로 몰고 감.

⇨ 임차인은 신속히 곰팡이와 누수 등을 수선 받고자, 조정위원회에 2022년 1월 중에 조정을 신청한 사건이다.

### 🏠 조정위원회의 조정 방향

① 임차인은 선량한 관리 유지 의무가 있고, 임대인은 수선의무(민법 제623조)가 있기 때문에 임차인이 과실이 없음을 증명하면 임대인은 수선을 해주어야 하는데, ② 이 사건의 경우 임대인이 누수와 곰팡이의 하자를 인정하였기 때문에 ③ **임차인의 주거 환경 장애와 공사의 긴급성을**

고려하고 임대인의 공사 준비기간을 고려하여 조정위원은 1개월의 공사 기간을 제시함.

## 🏠 조정위원회의 분쟁 조정안

1. 피신청인은 2022. 3. 31.까지 서울시 서대문구 000길 00, 000호 주방 가스렌지 후드(물이 떨어지는 하자)와 주방 벽지(곰팡이가 발생하는 하자)를 수선한다.
2. 신청인은 나머지 신청을 포기한다.

## 🏠 참고 사항

1. 보통 유지수선 분쟁은 임차인의 주택하자 주장과 임대인의 임차인에 의한 과실 유무로 대립하는 경우가 있는데, 이를 증명하기 위해서는 임대인 또는 임차인은 입주 전 주택 내부의 사진을 찍어두는 것이 좋고, 각 분야별 전문가의 진단 결과와 의견 수집을 통해 차후 분쟁 확대 방지를 위한 노력이 필요하다. 임차인의 과실 유무 증명이 어려운 경우 임대인의 수선의무가 적용된다.

2. 금액 조정(보증금 반환, 손해배상 등)의 경우 상호 강제집행 승낙 문구 적용 합의에 따라 금전을 지급하는 자가 이행하지 않을 경우 강제집행 절차를 진행할 수 있다. 그러나 단순하게 유지수선만의 공사기간 조정은 강제집행을 할 수 없는 한계에 따라 임대인이 조정안대로 수선을 하지 않을 경우 강제할 수 있는 방법이 없기 때문에 임차인은 계약해지 절차를 진행할 수밖에 없다. 이런 경우 2차 분쟁으로 확대된다.

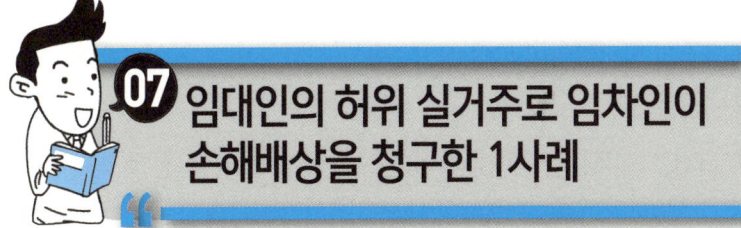
## 07 임대인의 허위 실거주로 임차인이 손해배상을 청구한 1사례

### 🏠 강원도에서 허위 실거주로 임차인이 손해배상을 조정 신청한 사례

　강원도 원주시 000, 000동 000호에 사는 신청인(임차인) 000은 보증금(230,000,000원: 전세), 임대차기간(2019. 2. 5. ~ 2021. 2. 4.)의 계약이 있었는데, 피신청인(임대인)이 임차인의 계약갱신요구를 저지하기 위하여 실거주를 이유로 주택 반환을 요구한 이후 제3자와 임대차계약을 진행. 신청인은 이 말만 믿고 새로운 곳에 이사를 하였으나, 2021년 5월 중에 다른 임차인이 거주하는 것을 확인함.

　⇨ 임차인은 임대인의 허위 실거주에 따른 이사비용 등 손해가 발생하여 손해배상을 청구하고자 2021년 8월 중에 조정을 신청한 사건이다.

### 🏠 조정위원회의 조정 방향

　1. 임대인의 계약갱신요구 거절에 대해 임차인이 임대인에게 청구하는 허위 실거주의 손해배상은 주택임대차보호법 제6조의3 제6항에 따라, ① 갱신거절 당시 월차임 3개월분, ② 임대인이 제3자에게 임대하여 얻은 환산월차임과 갱신거절 당시 환산월차임 간 차액의 2년분, ③ 갱신거절로 임차인이 입은 손해 중 가장 큰 금액으로 청구가 가능하다.

2. 이 사건의 피신청인이 허위 실거주를 인정하고 있고, 신청인은 위 3개의 손해배상 항목
    ① 갱신 거절 당시 월차임(차임외 보증금 있을 경우 전액 월차임으로 전환, 전환율 2.5%)의 3개월분: 503,125원×3개월=1,509,375원,
    ② 임대인이 제3자에게 임대하여 얻은 환산월차임과 갱신거절 당시 환산월차임 간 차액의 2년분: 170,625원(673,750원-503,125원)×24개월 = 4,095,000원
    ③ 갱신 거절로 임차인이 입은 손해: 이사비용 1,500,000원 + 에어컨 설치비용 450,000원 + 부동산 수수료 600,000원 + 기타 450,000원 = 3,000,000원) 중 ③항을 청구하여 조정위원이 상호 양보적 조정안으로 2,500,000원으로 결정.

## 🏠 조정위원회의 분쟁 조정안

1. 피신청인은 2021.10.29.까지 신청인에게 금 2,500,000원을 지급한다.
2. 신청인은 나머지 신청을 포기한다.
3. 피신청인은 주택임대차보호법 제26조 제4항에 따라 제1항에 기재한 사항을 강제 집행할 수 있음을 승낙한다.

## 🏠 참고 사항

1. 임대인의 허위 실거주에 대한 손해배상을 청구하려는 임차인은 법률규정에서 정한 기간 내 계약갱신을 요구하는 증빙자료(문자, 카톡 등)를 확보하고, 임대인의 실거주를 이유로 한 주택 반환 요구 증거를 확보한다.
2. 차후, 임차인은 실제로 손해가 발생한 이사비용, 중개수수료 등 손해와 관련된 자료(확정일자 정보)를 확보하여 임대인에게 손해배상을 청구

할 수 있다.

3. 가끔 임대인이 먼저 연락이 와서 실거주를 이유로 주택 반환을 요청하는 경우가 있는데, 이때 반드시 계약갱신을 요구하고 이를 지키지 않을시 손해배상을 청구하는 내용을 임대인에게 통보한다.

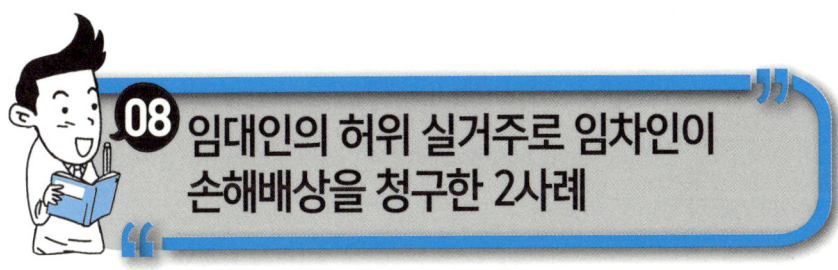

## 08 임대인의 허위 실거주로 임차인이 손해배상을 청구한 2사례

### 🏠 서울에서 허위 실거주로 임차인이 손해배상을 조정 신청한 사례

서울시 동작구 000로 000, 000아파트 000동 000호에 사는 신청인(임차인) 000은 보증금(340,000,000원: 전세), 임대차기간(2015. 12. 30. ~ 2019. 12. 29.)으로 임대차계약을 하고 거주하던 중, 신청인은 2년 더 거주를 희망하여, 임대인에게 2020. 11. 23. 계약갱신 청구의 문자를 발송하였더니, 2021. 1. 7. 임대인이 실거주를 이유로 계약 갱신 거절 의사표시의 내용증명 발송. 이에 신청인은 2021. 4. 29. 위 주택에서 퇴거하였는데, 2021. 7. 다른 임차인이 거주 중임을 확인.

⇨ 이에 임차인은 임대인으로부터 허위 실거주에 대한 손해배상을 받고자, 조정위원회에 2021년 7월 중에 조정을 신청한 사건이다.

## 🏠 조정위원회의 조정 방향

1. 이 사건의 임대인과 임차인 모두는 임대인의 허위 실거주를 인정하였는데, 피신청인의 상속문제로 보증금 및 주택 반환에 문제가 있었던 거로 확인됨

2. 계약갱신요구권으로 임대인의 허위 실거주에 손해배상의 청구 항목 중 임차인은 2항을 청구하였는데, 조정위원은 2항의 산정(8억5천만원 (헌 임대조건) - 3억4천만원 (신청인 임대조건)) = 5억1천만원 × 2.4% (월세전환율) = 24,480,000원과 신청인의 손해배상 양보 금액 (1,000만원), 피신청인의 500만원 지급의사를 고려하여 8,000,000원의 금액으로 손해배상을 결정함.

## 🏠 조정위원회의 분쟁 조정안

1. 피신청인은 2021.9.10.까지 신청인에게 금 8,000,000원을 지급한다.
2. 신청인은 나머지 신청을 포기한다.
3. 피신청인은 주택임대차보호법 제26조 제4항에 따라 제1항에 기재한 사항을 강제 집행할 수 있음을 승낙한다.

## 🏠 참고 사항

1. 임차인이 임대인에게 허위 실거주에 대한 손해배상 2호를 청구하려면 계약갱신 요구와 임대인의 실거주 주장 및 주택 반환, 제3자와의 임대차 근거 자료 확보가 중요하다.

2. 또한 제3자와의 임대차 근거 자료는 인터넷과 현장의 주택매물의뢰 자료 확보, 관할 주민자치센터로부터 확정일자 정보제공 자료 획득이 중요하다.

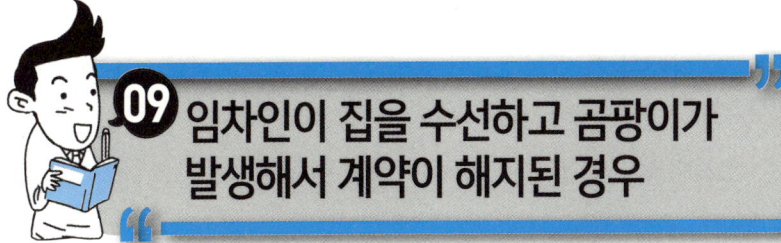

## 09 임차인이 집을 수선하고 곰팡이가 발생해서 계약이 해지된 경우

### 🏠 임차인이 집을 수선 후 곰팡이가 발생해서 조정을 신청한 경우

경기도 고양시 ㅇㅇㅇ길 ㅇ동 ㅇㅇㅇ호에 사는 신청인(임차인) ㅇㅇㅇ은 보증금(80,000,000원), 월세(300,000원), 임대차기간(2015. 8. 10. ~ 2017. 8. 9.)으로 임대차계약(LH 전세임대)을 한 후, 2년이 경과하여 묵시적 갱신으로 전환, 거주 중 상수도관 노후화로 임차인이 수리(130,000원)를 하였는데, 이후에 거실과 방 2개 전체로 곰팡이가 확대 발생하여 임대인과 임차인은 계약해지와 보증금 반환을 합의함.

그러나 임대인은 임차인 마음대로 공사를 하였고, 피해 정도를 파악하기 위해 수회 집을 보여 주기를 요청하였으나, 임차인이 이를 거부하여 수리가 어려웠다는 주장임.

⇨ 이에 임차인은 보증금 반환과 손해배상을 받고자, 조정위원회에 2020년 11월 중에 조정을 신청한 사건이다.

### 🏠 조정위원회의 조정 방향

① 이 사건은 임대인의 수선의무가 있어, 임대인이 보존공사를 위해 임차인이 협조했어야 하나, 임대인과 임차인 상호 간에 협조적인 자세가 부족해 보임. ② 그러나 직접 거주자인 임차인이 곰팡이로 인한 거주 장

애가 있고, 당사자 간 감정대립이 크기 때문에 계약해지의 조속한 이행을 진행하는 것이 상호간 대립의 위험 수위를 제거할 수 있음을 고려하여, ③ **조정위원은 임대인이 2개월 치 월세 면제와 임차인의 계약이행을 담은 양보적 조정안을 제시함**.

## 🏠 조정위원회의 분쟁 조정안

1. 피신청인은 2020.12.18.까지 신청인으로부터 별지 목록 기재 부동산을 인도받음과 동시에 임대차보증금 금 79,100,000원 중 ① 금 75,100,000원은 한국토지주택공사에 지급하고, ② 금 3,310,000원(잔액보증금 4,000,000원-1,200,000원(4개월 연체 차임(2020. 8, 9, 10, 12월)+9일치 일할계산한 차임 90,000원) + 600,000원(2개월 치 차임 감면)은 신청인에게 지급한다.

2. 신청인은 2020.12.18.까지 피신청인으로부터 제1항 제나호 기재 금원을 지급받음과 동시에 피신청인에게 별지 목록 기재 부동산을 인도한다.

3. 신청인은 별지 목록 기재 부동산 인도 시 관리비, 가스, 수도 요금 등 공과금 분담액을 모두 정산완료하기로 한다.

4. 신청인은 나머지 신청을 포기한다.

5. 신청인과 피신청인은 주택임대차보호법 제26조 제4항에 따라 제1항 및 제2항에 기재한 사항은 강제 집행할 수 있음을 상호 승낙한다.

## 🏠 참고 사항

1. 계약이 종료된 경우의 보증금 반환 청구는 주택임대차보호법에 명확히 되어 있기 때문에 임차인이 제때 통지만 하면 계약종료 즉시 임대인에게 보증금 반환을 요구할 수 있으나, 임대인의 유지수선 불이행에

따른 보증금 반환 청구는 임대인에게 통지(최고)하는 절차와 임차목적물 사용수익하는 목적을 달성할 수 없을 정도에 이르러야 가능하다.

2. 이는 민법 제623조(임대인의 의무)와 민법 제625조(임차인의 의사에 반하는 보존행위와 해지권), 민법 제627조(일부멸실 등과 감액청구, 해지권)에 따라 검토할 수 있다.

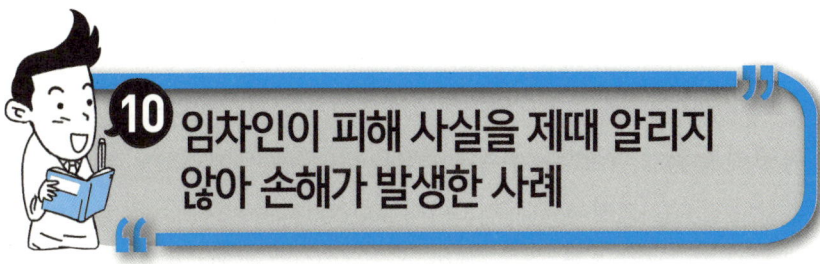

## 10 임차인이 피해 사실을 제때 알리지 않아 손해가 발생한 사례

### 🏠 임대인이 임차인에게 마루교체 비용 등 원상회복 비용 청구

서울시 마포구 0000길 000, 000호에 사는 신청인(임대인) 000은 보증금(140,000,000원: 전세), 임대차기간(2018. 8. 10. ~ 2020. 8. 9.)으로 계약을 진행하였는데, 주택의 이웃주민들로부터 주택에서 복도 벽을 따라 물이 샌다는 연락을 받고 다음 날 주택에 방문한 결과, 현관에는 물이 고여 있었고, 마룻바닥은 절반 이상이 썩어 있었음.

또한 물고임이 아래층으로 쏟아져 긴급공사비 1,200,000원이 지출되었고, 아래층 복구비용(도배 및 페인트)으로 300,000원이 추가 지출되었음.

임차인이 그동안 피해사실을 제때 알려주지 않아 피해가 커졌기 때문에 임차인의 과실을 고려하여 임차인에게 비용 부담을 요청하였으나, 임차인이 이를 거절함.

⇨ 이에 임대인은 임차인으로부터 마루교체 비용 등 원상회복 비용을 받고자, 조정위원회에 2020년 3월 중에 조정을 신청한 사건이다.

## 🏠 조정위원회의 조정 방향

1. 주택하자로 인한 문제가 생겼을 경우 민법 제634조(임차인의 통지의무)에 따라 임차인은 즉시 임대인에게 통지할 의무가 있다. 이를 통지하지 않아 피해범위가 확대될 경우에 손해배상의 위험이 발생된다.

2. 이에 조정위원은 임대인에게 수선의무가 있지만, 임차인이 제때 통지를 하지 않아 피해범위가 확대된 점을 감안하여 임차인도 일부 비용을 부담할 필요를 고려했는데, 임차인이 300,000원의 지급의사를 표시함에 따라 상호 양보적 측면에서 아래와 같이 조정안을 제시하였음.

## 🏠 조정위원회의 분쟁 조정안

1. 피신청인은 2020.5.11.까지 신청인에게 300,000원을 지급한다.

2. 피신청인은 별지 기재 건물에 대한 마루 교체 공사의 원활한 진행을 위하여 협력한다. 단, 위 공사와 관련하여 피신청인의 물건 이동 비용은 신청인이 부담한다.

3. 신청인과 피신청인은 별지 목록 기재 건물의 마루 공사와 관련하여 본 조정안에서 정한 것 이외에 상호간에 더 이상의 채권·채무가 없음을 상호 확인한다.

4. 신청인은 나머지 신청을 포기한다.

5. 피신청인은 주택임대차보호법 제26조 제4항에 따라 제1항에 기재한 사항은 강제 집행할 수 있음을 승낙한다.

## 🏠 참고 사항

1. 주택하자 또는 노후화로 인한 주택 기능 상실시 임차인은 즉시 임대인에게 통지를 하여야 임차인의 부담을 벗어날 수 있다.
2. 이런 경우도 마찬가지지만 통지가 매우 중요함을 알 수 있다.

### [참고 문헌]

◆ 유경호·김승희, "주택임대차 분쟁유형에 관한 연구", 한국주거환경학회지 제16권 제2호, 2018.
◆ 유경호·김승희, "주택임대차 분쟁조정 성립결정 요인 분석", 한국주거환경학회지 제17권 제1호, 2019.
◆ 유경호, "주택임대차 분쟁특성과 조정성립 영향요인", 강원대학교 박사학위 논문, 2019.
◆ 유경호·김승희, "주택임대차분쟁 조정유형의 특성 분석", 주택도시연구 제9권 제2호, 2019.
◆ 유경호·김승희, "주택임대차분쟁 조정의 생존요인 분석", 부동산·도시연구, 제13권 제2호, 2021.
◆ 유경호·김승희, "주택과 상가 임대차의 분쟁해결 차이 분석", 부동산연구, 제31집 제3호, 2021.
◆ 유경호·김승희, "주택임대차 계약갱신 요구권 신설 전·후 분쟁차이 분석", 부동산·도시연구, 제14권 제2호, 2022.
◆ 법제처 찾기 쉬운 생활법령 정보, https://www.easylaw.go.kr
◆ 법제처 국가법령정보센터, https://www.law.go.kr
◆ 서울특별시, 주택임대차 실제상담사례집, 2014.
◆ 대한법률구조공단, 주택임대차 분쟁조정 사례집, 2018.5.
◆ 법무부, 국토교통부, 주택임대차분쟁 조정사례집, 2021.

# PART 12

# Q&A로 풀어보는 임대차 상담 심화 편

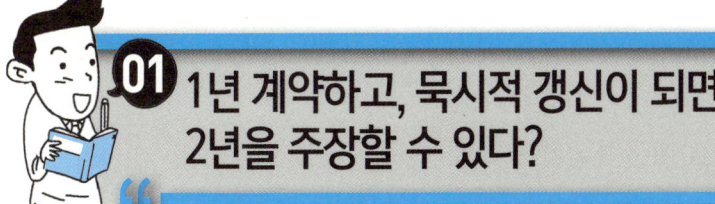

## 01. 1년 계약하고, 묵시적 갱신이 되면 2년을 주장할 수 있다?

**Q 질문** 주택을 1년으로 임대차계약하고 거주하다가 1년이 지나서 묵시적 갱신이 된 상태이다. 그런데 임대인이 갑자기 최초 계약일로부터 최단 존속 기간인 2년이 경과하면 계약갱신을 하지 않겠다는 통고서를 내용증명우편 으로 보내왔다. 이 경우 최초 계약기간 1년이 경과된 후 묵시적으로 갱신되 었으므로, 그 갱신된 계약기간을 최단존속기간인 2년으로 보아 2년을 더 거주할 수 있지 않나? 라는 임차인의 질문 내용이다.

**Q 답변** 대법원 96다5551 판결도 "임차인이 주임법 제4조 제1항의 적용을 배제하고 2년 미만으로 정한 임대차기간의 만료를 주장할 수 있는 것은 임차인 스스로 그 약정임대차기간이 만료되어 임대차가 종료되었음을 이유로 그 종료에 터 잡은 임차보증금 반환채권 등의 권리를 행사하는 경우에 한정되고, 임차인이 2년 미만의 약정 임대차기간이 만료되고 다시 임대차가 묵시적으로 갱신되었다는 이유로 주택임대차보호법 제6조 제1항, 제4조 제1항에 따른 새로운 2년간의 임대차의 존속을 주장하는 경우까지, 주임법이 보장하고 있는 기간보다 짧은 약정임대차기간을 주장할 수는 없다." 라고 판결하여 최단존속기간 2년만을 인정하였다.

이 판례와 주임법 제4조 제1항 기간을 정하지 아니하거나 2년 미만으로 정한 임대차는 그 기간을 2년으로 본다. 다만, 임차인은 2년 미만으로 정한 기간이 유효함을 주장할 수 있다(임대인은 계약해지권 없음)는 규정에 의해 임차인은 2가지 중 하나만을 선택할 수 있다.

첫째, 임차인은 약정 임대차계약기간 1년만 거주하고 보증금을 반환받아 퇴거하는 방법이다.

둘째, 임차인이 묵시적 갱신을 주장하려면 주임법 제4조 제1항의 최단기간 2년이 경과해야 한다.

**이렇게 묵시적 갱신이 되었다면** 임차인은 묵시적갱신으로 2년 더 거주하고, 갱신된 계약기간 만료 6개월~2개월 사이에 계약갱신요구권을 행사해서 2년 더 거주할 수 있다. 이때 임대인은 실기주를 목적으로 임차인의 계약갱신요구권을 거절할 수 있지만, 그렇지 않다면 1차 계약기간 2년과 묵시적 갱신기간 2년, 그리고 계약갱신요구권으로 연장된 2년으로 총 6년 동안 거주할 수 있다.

**결론적으로 이 사례는** 임차인 주장처럼 약정 임대차기간 1년이 지나서 묵시적 갱신이 되었으므로 2년 더 거주할 수 있는 것이 아니다. 임대인 주장처럼 2년이 끝나기 6개월~2개월 전까지 실거주를 목적으로 계약해제를 할 수 있다.

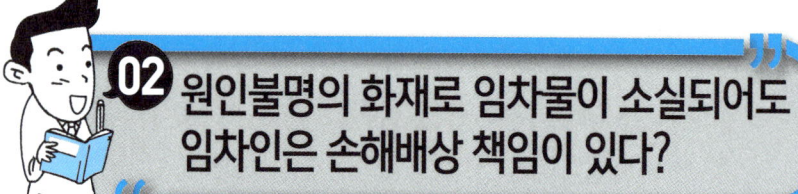

## 🏠 임차인에게 손해배상 책임이 있는 경우와 없는 경우

임차건물이 원인불명의 화재 등으로 소실되어 임차물 반환채무가 이행불능이 된 경우, 임차인이 그 이행불능으로 인한 손해배상 책임을 면하려면 그 이행불능이 임차인의 귀책사유로 말미암은 것이 아님을 입증할 책임이 있으며, 임차건물이 화재로 소실된 경우에 있어서 그 화재의 발생 원인이 불명인 때에도 임차인이 그 책임을 면하려면 그 임차건물의 보존에 관하여 선량한 관리자의 주의의무를 다하였음을 입증하여야 한다(대법 2000다57351 판결). 건물 중 일부 임차부분에서 발생한 화재로 건물의 다른 부분도 소실된 경우에도 그 책임은 임차인은 임차 부분에 한하지 않고 그 건물의 유지·존립과 불가분의 일체관계가 있는 다른 부분이 소실되어 임대인이 입게 된 손해도 배상할 의무가 있다(대법 2002다39456 판결).

　이 같이 귀책사유의 유무에 관하여 임차인이 입증하지 못하는 한 손해배상 책임은 임차인에게 있다.

## 🏠 건물소유자인 임대인에게 손해배상 책임이 있는 경우

　화재가 건물소유자측이 설치하여 건물구조의 일부를 이루는 전기배선과 같이 임대인이 지배, 관리하는 영역에 존재하는 하자로 인하여 발생한 것으로 추단된다면, 손해배상책임을 임차인에게 물을 수 없고(대법원 2009.5.28. 2009다13170 판결), 임대인에게 그 책임이 있다.

　보통 이러한 판단은 소방관 보고서를 가지고 판단하고, 그에 따른 다툼은 법원에 손해배상청구 소송으로 결정하게 된다.

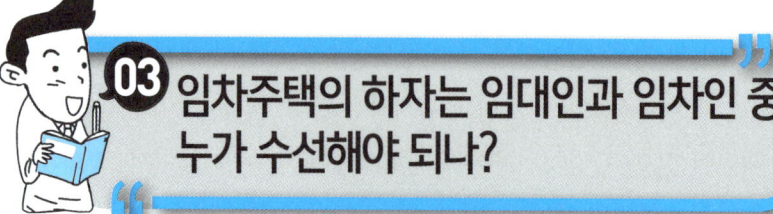

## 03 임차주택의 하자는 임대인과 임차인 중 누가 수선해야 되나?

### 🏠 임차주택을 임대인이 수선해야 하는 경우

　임대차계약에 있어서 임대인은 임대차 목적물을 계약 존속 중 그 사용·수익에 필요한 상태를 유지하게 할 의무(이하 '임대인의 수선의무'라고 한다)를 부담한다(민법 제623조). 그리하여 그 목적물에 파손 또는 장해가 생긴 경우에 그것을 수선하지 아니하면 임차인이 계약에 의하여 정하여진 목적에 따라 사용·수익하는 것을 방해받을 정도의 것이라면 임대인은 그 수선의무를 부담한다 할 것이다. 이와 같은 임대인의 수선의무는 특별한 사정이 없는 한 임대차의 목적에 따른 용도대로 임차인으로 하여금 그 목적물을 사용·수익시키는 데 필요한 범위에서 인정되는 것으로서, 임대인의 수선의무를 발생시키는 사용·수익의 방해에 해당하는지 여부는 구체적인 사안에 따라 목적물의 종류 및 용도, 파손 또는 장해의 규모와 부위, 이로 인하여 목적물의 사용·수익에 미치는 영향의 정도, 그 수선이 용이한지 여부와 이에 소요되는 비용, 임대차계약 당시 목적물의 상태와 차임의 액수 등 제반 사정을 참작하여 사회통념에 의하여 판단하여야 할 것이다(대법원 2011다107405 판결). 그리고 임대인의 수선의무는 특약에 의하여 이를 면제하거나 임차인의 부담으로 돌릴 수 있으나, 그러한 특약에서 수선의무의 범위를 명시하고 있는 등의 특별한 사정이 없는 한 그러한 특약에 의하여 임대인이 수선의무를 면하거나 임차인이 그 수선의무를 부담하게 되는 것은 통상 생길 수 있는 파손의 수선 등 소규모의 수선에 한한다 할 것이고, 대파손의 수리, 건물의 주요 구성 부분에 대한 대수선, 기본적 설비부분의 교체 등과 같은 대규모의 수선은 이에 포함되지 아니하고 여전히 임대인이 그 수선의무를 부담한다고 해석함이 상당하다'고 판단하고 있다(대법원 94다34692 판결).

예를 들면 "천정에서 비가 샌다던지, 보일러 배관이 터진 경우, 보일러가 고장으로 교체하거나 수선하는 경우, 수도관의 누수현상이나 계량기 고장 등으로 교체한 경우, 욕실 등의 하자, 전기시설과 전기계량기 등이 노후로 교체한 경우, 창문 등의 파손 등은 임대인이 부담할 수선비용에 해당된다. 만일 이러한 비용을 임차인이 부담했다면 필요비로 임대인에게 청구할 수 있다.

## 🏠 임차인의 통상수선의무에 해당하는 것은?

목적물에 파손 또는 장해가 생긴 경우 그것이 임차인이 별 비용을 들이지 아니하고도 손쉽게 고칠 수 있을 정도의 사소한 것이어서 임차인의 사용·수익을 방해할 정도의 것이 아니라면 임대인은 수선의무를 부담하지 않고 임차인의 통상수선의무에 해당되어 임차인이 비용을 들여 수선할 의무를 갖게 된다(대법원 94다34692 판결).

결론적으로 임차인이 수선의무를 부담하는 것은 임차주택에서 통상 생길 수 있는 파손이면서, 사소한 비용을 들여 손쉽게 고칠 수 있는 것으로, 도배를 하거나 전구, 수도꼭지 등을 교환하는 것이다. 여기서 도배 비용을 임차인이 부담하는 경우는 도배를 하지 않아도 사용할 수 있는 상황에서 임차인 의지대로 자신이 비용을 들여 더 나은 조건으로 거주하고자 할 때만 인정해야 될 것이다.

## 🏠 하자를 모르고 입주한 경우도 임대인에게 수선의무를 물을 수 있나?

2014년 06월 20일 선고한 서울중앙지법 2014나13609 판결에서 임대인의 수선의무의 대상이 되는 목적물의 파손 또는 장해는 임대차기간 중에 드러난 하자를 의미하는 것이지만 임대차기간 중에 비로소 발생한 하자에 한정되지 않고, 이미 임대인이 임차인에게 목적물을 인도할 당시에 존재하고 있었던 하자도 포함된다고 판단하고 있다. 입주할 당시에 몰랐던 하자라도 입주하고 나서 알게 되었고 그 하자로 인해서 임차인이 계약에 의하여 정하여진 목적에 따라 사용·수익할 수 없는 상태라면 임대인에게 수선의무가 있다.

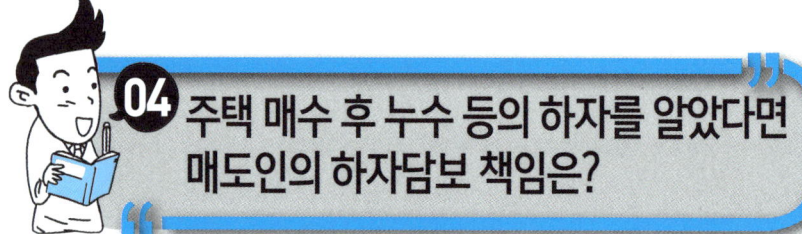

## 04 주택 매수 후 누수 등의 하자를 알았다면 매도인의 하자담보 책임은?

### 🏠 매도인의 하자담보 책임

매매의 목적물에 하자가 있는 때에는 매수인이 이를 알지 못한 때에는 이로 인하여 계약의 목적을 달성할 수 없는 경우에 한하여 매수인은 계약을 해제할 수 있다. 기타의 경우에는 손해배상만을 청구할 수 있다. 그러나 매수인이 하자 있는 것을 알았거나 과실로 인하여 이를 알지 못한 때에는 그러하지 아니하다(민법 제580조 매도인의 하자담보 책임 1항).

이러한 권리는 매수인이 그 사실을 안 날로부터 6월 내에 행사하여야 한다(민법 제582조).

## 🏠 매도인의 하자담보 책임의 질의 응답

**Q 질문 1** 주택 매매에서 잔금을 치르고 매수자가 입주하고 나서 중대한 하자를 발견을 했다면 하자담보 책임을 매도자에게 물을 수 있나요?

**Q 답변 1** 하자로 말미암아 매매의 목적을 달성할 수 없는 때에 매수인이 선의 또는 과실이 없는 경우라면 계약을 해제하고 손해의 배상을 청구할 수 있습니다. 목적물의 하자가 계약의 목적을 달성할 수 없을 정도로 중대한 것이 아닌 때에는 매수인은 손해배상을 청구할 수 있을 뿐이고, 계약해제는 하지 못합니다(민법 제580조 및 제575조 1항). 권리의 행사는 매수인이 목적물의 하자를 발견한 때로부터 6개월 내에 하여야 합니다. 만일 계약의 중대한 하자로 계약을 해제할 때에는 매수인은 매도인에게 지급한 매매 대금의 반환을 청구할 수 있습니다.

**Q 질문 2** 아파트를 매매 했는데, 소유권이전등기를 하고 입주하기 전 도배를 할려고 하는데 기존 도배지에 누수흔적이 있어 떼어 보니 벽에서 누수가 발생한 것입니다. 장롱이 놓였던 벽이라 아마도 전소유주도 모르는 상황에서 매매를 한 것인듯 한데, 이 경우에도 전 소유자에게 하자담보 책임을 물을 수 있나요?"

**Q 답변 2** 민법 제580조(매도인의 하자담보 책임)과 민법 제575조(제한물권 있는 경우 매도인의 담보책임)에 따라, 매매 목적물에 누수의 하자가 있고, 매매당시 누수부분을 장롱이 가리고 있어 매수인이 알 수가 없

없으며, 계약목적을 달성할 수 있는 경우에 해당되므로 그로인한 손해배상을 청구할 수 있습니다. 그 손해배상액은 그 보수비용이라 할 것이므로 방수작업의 비용을 청구할 수 있습니다.

**Q 질문3** 매매 계약서 특약사항란에 주택은 현(現) 시설 상태하에서 매수인이 확인하고 매매하는 계약이라는 문구를 넣었다면, 매도인은 매매한 물건에 하자가 있더라도 매수인에게 책임을 물을 수 없나요?

**Q 답변3** 매도인의 하자담보 책임은 공평의 원칙에 의거해 매도인에게 부과되는 무과실 책임입니다. 그리고 하자(=흠)란 매매 목적물에 존재하는 물질적 결점을 말하는데, 하자 담보 책임을 묻기 위해서는 매수인이 하자 부분에 대해 선의이며 선의인데 과실이 없어야 합니다. 또 하자담보 책임의 내용은 계약의 해제권과 손해배상청구권인데, 위의 계약의 목적을 달성할 수 없는 경우에야 해제권이 인정되고, 그 밖의 경우에는 손해배상만 청구할 수 있습니다. 이러한 하자담보 책임에 관한 규정은 임의규정으로 당사자 간의 특약으로 매도인의 책임을 면제시킬 수는 있습니다.

그러나 특약 사항에 현 시설 상태 하의 계약이라고 해도 내부 누수와 같은 중대 하자에 대한 책임을 배제하는 것은 아니라고 보며, 매수인이 하자 부분에 대해 선의이며 선의인데 과실이 없다면 손해배상을 청구할 수 있다고 법원이 판단하고 있습니다(대판 2000.01.18. 98다18506). 어쨌든 이러한 매수인의 계약해제 또는 손해배상청구권은 매수인이 그 사실을 안 날부터 6개월 이내에 행사해야 합니다.

## 🏠 노후화된 건물로 매도인의 하자담보책임이 예상될 때 계약서 작성 방법

이러한 상황에서 계약서를 작성할 때에는 계약서 특약사항란과 다음 중개대상물 확인·설명서에『① 거래대상 주택은 오래된 건물로, 또는 재건축 및 재개발 구역 내의 건물로 노후화되어 있어서, 균열과 누수 등이 예상되는 건물임을 확인하고 충분히 설명을 듣고 매수하는 것이므로, 이로 인한 매도인의 담보책임을 묻지 않기로 한다. 또는 ② 건물의 하자와 누수 등이 없음을 매수인(임차인)이 꼼꼼이 확인하고 계약하는 것으로 추후 이러한 사실로 매도인의 담보책임을 묻지 않기로 한다』는 내용을 기재했다면 매도인의 담보책임으로 인해서 개업공인중개사와 매도인의 책임은 벗어날 수 있을 것이다. 그러나 매수인(임차인) 등은 이러한 내용 없이 계약하는 방법이 좋을 것이다. 위 ①과 ② 내용에 매수인(임차인)이 합의해 주지 않으면『③ 건물의 하자와 누수 등이 없음을 매도인(임대인)의 진술로 확인함』이라고 기재하면 개업공인중개사 책임을 면할 수 있다.

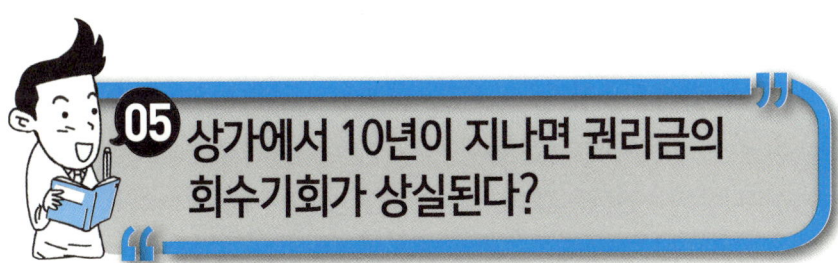

05 상가에서 10년이 지나면 권리금의 회수기회가 상실된다?

현재는 다음과 같은 법무부 유권해석과 법원 판례로 10년이 지나도 권리금 회수기회를 인정하고 있다.

## 🏠 주무부서인 법무부의 유권해석

주관부서인 법무부는 2015년 유권해석을 통해 "임차인이 계약 갱신을 요구할 수 있는 10년의 기간이 지난 이후라도 임대차가 종료됐다면 권리금을 보호받을 수 있고, 임차인에게 계약 갱신 요구권이 있는지 여부와 관련이 없다"고 밝혔다.

## 🏠 5년을 초과해도 권리금 회수기회를 보호해야 한다는 판결

건물이 다른 사람에게 팔리자, 새로운 건물주인 B씨 등 2명이 임대차계약을 갱신하지 않겠다고 계약해지를 통보했다.

A씨는 권리금이라도 받기 위해 새로운 계약자를 찾아 나섰고, 권리금 1억원을 내고 A씨의 점포를 받겠다는 사람을 찾아 B씨에게 소개했다. 하지만 B씨가 임대차 계약을 거절하면서 다툼이 생겼다. 이후 건물주는 A씨를 상대로 "가게를 비워달라"며 건물명도 청구 소송을 냈다. A씨도 "건물주가 계약을 거절해 권리금을 못 받았다"며 맞소송을 냈다.

1심인 대전지방법원 2015가단220228 판결은 "A씨가 20년 넘게 떡집을 운영해 왔으므로 그동안 들인 자본을 회수할 기회가 충분했고, 계약갱신 요구권은 전체 임대차기간이 5년을 초과하지 않은 범위에서만 행사할 수 있다"며 B씨의 손을 들어줬다.

그러나 2심의 판단은 달랐다. 대전지법 민사1부(재판장 이영화 부장판사)는 A씨가 B씨 등 2명을 상대로 낸 손해배상청구소송(2016나108968)에서 최근 "B씨 등 건물주는 A씨에게 2,239만원을 지급하라"며 권리금 지급에 대한 책임을 일부 인정했다.

상가건물임대차보호법상의 계약갱신요구 기간을 유추 적용하여 권리금 회수기간을 5년으로 축소한다면 권리금 회수기회 보호 취지에 반한다고 보아, A의 권리금 회수기회를 방해한 B는 그 손해에 대한 배상책임이 있다고 판결했다.

## 🏠 계약갱신요구권 10년을 초과해도 권리금 회수기회를 보호해야 한다!

대법원(주심 대법관 권순일)은 상가건물 임차인이 임대인을 상대로 권리금 회수 방해로 인한 손해배상 등을 청구한 사건에서, 「구상가건물 임대차보호법 제10조의4의 문언과 내용, 입법취지에 비추어, 최초의 임대차기간을 포함한 전체 임대차기간이 5년을 초과하여 임차인이 같은 법 제10조에 따른 계약갱신요구권을 행사할 수 없는 경우에도 임대인은 같은 법 제10조의4 제1항에 따른 권리금 회수기회 보호 의무를 부담한다」라고 판시하면서, 전체 임대차기간이 5년을 초과했다는 이유로 피고가 권리금 회수기회 보호 의무를 부담하지 않는다고 판단한 원심판결을 파기하였다(대법원 2019. 5. 16. 선고 2017다225312(본소), 2017다225329(반소) 판결).

그런데 이 계약갱신요구권은 2018년 10월 16일부터 10년으로 연장되었다. 따라서 현재는 5년이 아닌 10년 동안 계약갱신요구권이 있고, 이 기간이 경과된 경우에도 권리금회수 기회가 보장될 수 있다고 이해하면 될 것이다.

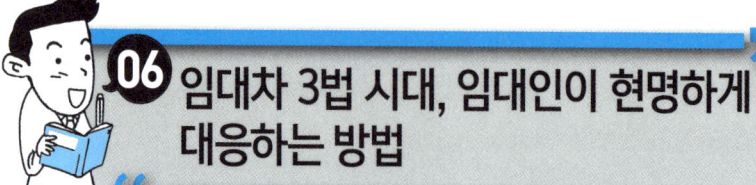
## 06 임대차 3법 시대, 임대인이 현명하게 대응하는 방법

**Q 질문 1** 임차인과 재계약해서 총 3년이 지났는데, 계약기간을 총 4년만 보호하면 되나요? 아니면 또다시 계약갱신기간 2년을 추가해서 총 6년이 되나요?

**Q 답변 1** 묵시적계약갱신이나 재계약 등으로 세입자와 재계약해서 임차인이 4년을 이상 거주하고 있었더라도 임차인은 종전계약 만료 전 6개월~2개월 사이에 추가로 2년 계약갱신을 요구할 수 있습니다.

다만, 집주인이 임대차 기간이 끝나기 6월 전부터 2월 전까지 집주인 본인 또는 직계 존비속이 직접 거주할 목적으로 세입자의 계약갱신 요구를 거부할 수 있습니다.

종전임차인의 보증금과 현재 보증금의 시세 차이가 큰 경우에는 임대인과 임차인 모두 2가지를 고려해야 합니다.

첫째, 본인 또는 직계 존비속이 직접 거주할 목적으로 세입자의 계약갱신 요구를 거부하는 방법,

둘째, 전세 시장에 물량이 부족해서 전세가가 상승하게 되는 상황에서 임차인이 계약갱신요구권을 행사하더라도 추가로 2년만 보호 받고, 총 4년 후에는 집을 비워주고 전세가격이 폭등한 다른 주택으로 이사 가야 한다는 것입니다. 임대인 입장에서도 4년 동안만 보증금 5%를 초과해서 올리지 못하지, 4년 후에는 새로운 임차인과 시세에 맞는 가격으로 계약을 체결할 수 있다. 그래서 임차인이 계약갱신요구권만 가지고 임대인에

게 유리하다고 할 수 없으므로, 협의를 통해서 재계약하거나 이사비용 등을 받고, 계약을 해지하는 방법을 택해야 합니다.

항상 법보다 우선하는 것이 임대인과 임차인의 합의정신일 것입니다. 정부가 법만 만들면 알아서 임차인에게 유리해 질것이라는 판단은 잘못된 것입니다.

**Q 질문2** 2021년 2월에 임차인이 회사 출장 관계로 1년만 계약하지만, 필요시 계약갱신요구권으로 더 거주하는 조건으로 계약했습니다. 그런데 계약기간 만료일인 2022년 2월 이사 나가겠다고 중개사무실을 통해 집을 구하러 다닌다고 했습니다. 그런데 법무사 통해서 계약해지 인정 못하고 계약해지를 취소하고, 3년 더 살겠다고 합니다. 어떻게 하면 좋을 까요?

**Q 답변2** 계약갱신요구는 청구를 할 수 있는 시기도 계약 만료 6월에서 2개월 이상 남아 있는 기간에 할 수 있고 계약갱신 했던 것을 취소하는 것 역시 이 기간에만 할 수 있습니다.

주택임대차보호법 제6조의3(계약갱신 요구 등)
제1항 제6조에도 불구하고 임대인은 임차인이 제6조제1항 전단의 기간 이내에 계약갱신을 요구할 경우 정당한 사유 없이 거절하지 못한다.
: :
제4항 제1항에 따라 갱신되는 임대차의 해지에 관하여는 제6조의2를 준용한다.

주택임대차보호법 제6조의2(묵시적 갱신의 경우 계약의 해지)
제1항 제6조 제1항에 따라 계약이 갱신된 경우 같은 조 제2항에도 불구

하고 임차인은 언제든지 임대인에게 계약해지를 통지할 수 있다.

제2항 제1항에 따른 해지는 임대인이 그 통지를 받은 날부터 3개월이 지나면 그 효력이 발생한다.

따라서 임차인의 계약갱신요구권으로 갱신된 임대차는 묵시적 갱신과 같이 갱신된 임대차기간 중에 언제든지 해지할 수 있고 임대인에게 통지 후 3개월이 지나면 그 효력이 발생합니다. 그러니 임대인은 갱신된 임내차 기간동안 계약해지권이 없어서 해지할 수가 없습니다.

**Q 질문3** 세입자와 2018년 9월-2020년 9월 전세계약 후(임대차3법 시행) 전세금 안올리고 재계약을 2020년 9월-22년 9월로 계약함. 부동산 중개업소에서 계약서를 작성하면서, 임차인 계약갱신요구권을 행사해서 계약서를 작성한다고 구두로 얘기하고 기재를 누락했습니다. 이런 경우에도 임대인은 어떻게 하나요? 추후 임차인이 갱신요구권을 쓰겠다고 하면, 이런 경우 중개사고인거 같은데 맞나요?

**Q 답변3** 임차인이 계약갱신요권을 행사해서 계약한 것이라는 사실을 증명해야 합니다. 개업공인중개사가 구두로 이야기했고, 임차인이 이에 동의했지만 계약서에 그런 사실을 명시하지 않았더라도 계약갱신요구로 계약한 것이므로, 개업공인중개사를 증인으로 그런 주장을 하면 될 것 같습니다.

**Q 질문4** 주거용으로 사용하던 오피스텔을 경매로 취득할 경우, 자동적으로 업무용으로 용도가 바뀌는지요?

**Q 답변4** 그렇습니다. 소유자가 변경되면 지자체에서는 주거용으로 사

용하더라도 업무용으로 변경하고 있습니다. 구청임대사업자로 임대한 경우에는 매수자에게 어떻게 사용할 것인가를 묻기도 합니다. 매수자가 업무용으로 사용한다고 하면 업무용이 되는 것입니다.

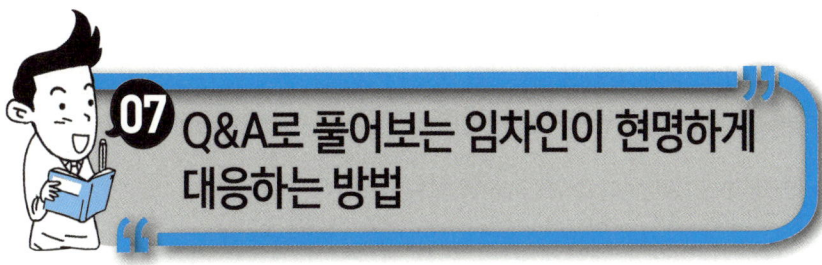

## 07 Q&A로 풀어보는 임차인이 현명하게 대응하는 방법

**Q 질문1** 임차인입니다. 최초 계약한지 5년이 지났고, 계속해서 묵시적으로 갱신해서 거주하고 있습니다, 이런 경우에도 또다시 계약기간 만료 후 계약갱신요구권을 주장해서 2년을 추가해서 총 8년 동안 거주할 수 있나요?

**Q 답변1** 묵시적 계약갱신이나 재계약 등으로 세입자와 재계약해서 임차인이 6년을 이상 거주하고 있었더라도, 임차인은 종전계약 만료 전 6개월~2개월 사이에 추가로 2년 계약갱신을 요구할 수 있습니다.

다만, 집주인이 전세 만기 6개월 전부터 2개월 전까지 집주인 본인 또는 직계 존비속이 직접 거주할 목적으로 세입자의 계약갱신 요구를 거부할 수 있습니다.

**Q 질문2** 현재 임대인 이 집을 팔겠다며 계속 집을 보여주고 있어서 불안합니다. 어떻게 대처하면 될까요? 본인은 계속 거주하기를 희망하고 있는데, 집주인은 임대차 기간만 보호하고 만료 시 이사 가라고만 합니다.

**Q 답변2** 집주인이 변경되면 새로운 소유자가 임대인의 지위를 승계하게 됩니다.

① 임대차 기간이 6개월 이상 남아 있다면 임대인의 지위를 승계한 새로운 소유자에게 계약갱신요구권을 행사해야 합니다. 다만 매수인이 실거주를 목적으로 계약갱신요구권을 거부할 수 있습니다.

② 임대차 기간 만료일 6개월 전부터 2개월 전에 임차인이 임대인에게 계약해지 의사를 표명했어도, 6개월 전부터 2개월 전에는 언제든 번복해서 계약갱신요구권을 행사할 수 있습니다.

③ 매도인에게 계약갱신요구권을 행사하지 않기로 해서, 그를 신뢰하고 매매계약을 체결한 경우에도, 임차인이 번복하여 매도인에게 계약갱신요구권을 행사할 수 있습니다. 이에 따른 임차인이 임대인에 대한 손해배상책임은 계약갱신요구권과는 다른 차원입니다.

④ 임차인이 계약갱신요구권을 행사하지 않기로 해서 매매계약을 체결하는 사항이어서 임차인이 매수인에게 직접 확인서를 작성한 경우라면, 매수인 명의로 소유권이전등기 후 위 약속기간에 임차인이 퇴거를 거부할 수 없다는 것이 법무부의 판단입니다.

**Q 질문3** 임차인에게 총 몇 회의 계약갱신요구권이 부여되는지요?

**Q 답변3** 계약갱신요구권은 1회에 한하여 행사 가능하며, 이 경우 갱신되는 임대 차의 존속기간은 2년으로 봅니다.

**Q 질문4** 법 시행 당시 이미 한 주택에서 4년 이상 임차 거주 중인데, 계약갱신요구권을 행사할 수 있는지요?

**Q 답변 4** 행사할 수 있습니다. 개정법률은 최대 4년의 주거를 보장하는 내용이 아니고, 1회에 한하여 기존의 계약을 2년 연장할 수 있도록 갱신요구권을 부여하는 것입니다.

**Q 질문 5** 묵시적 갱신도 갱신요구권 행사로 보는지요?

**Q 답변 5** 계약이 묵시적으로 갱신된 경우에는 갱신요구권 행사로 보지 않습니다. 그래서 묵시적갱신 후에 또다시 2년 계약갱신요구권을 주장할 수 있습니다.

**Q 질문 6** 임대인과 임차인이 사전에 계약갱신요구권을 행사하지 않기로 약정을 한 경우 유효한지요?

**Q 답변 6** 계약갱신요구권을 행사하지 않기로 하는 사전 약정은 법에 따라 임차인에게 인정되는 권리를 배제하는 임차인에게 불리한 약정이므로 법 제10조에 따라 효력이 없다고 판단됩니다.

**Q 질문 7** 재계약한 경우에도 임차인의 계약갱신으로 보는지?

**Q 답변 7** 재계약은 새로운 임대차 계약에 합의로 시작된 것으로, 종전 계약과 무관하게 2년 후 임차인의 1회 계약갱신요구권이 남아 있습니다.
⇨ 이 경우 임대인과 임차인이 합의하에 보증금 5%를 초과하여 증액하는 것도 가능합니다. 즉 임차인은 보증금 5%를 초과해서 증액하고 재계약하고, 2년 후 계약갱신요구권으로 2년 더 살 것을 선택하든지, 아니면 계약갱신요권을 행사해서 보증금 5% 범위 내에서 증액하고, 2년만 거주하고 이사갈 것인가를 선택할 수 있습니다.

**Q 질문 8** 임차인이 계약만료기간에 맞추어 나가기로 하였으나, 이를 번복하고 계약갱신요구권을 행사할 수 있는지요?

**Q 답변 8** 행사할 수 있습니다. 임차인이 계약만료기간에 맞추어 나가기로 사전에 합의하였더라도, 6개월 전부터 2개월 전까지 간에 임대인에게 계약갱신을 요구(5% 범위 이내 증액)할 수 있습니다.

**Q 질문 9** 계약갱신요구권 행사 시 임차인은 무조건 2년을 거주해야 하는지요?

**Q 답변 9** 그렇지 않습니다. 계약갱신요구권 행사에 따라 갱신되는 임대차의 존속 기간은 2년으로 보지만, 임차인은 언제든지 임대인에게 해지를 통보할 수 있습니다. 다만, 위 해지의 효력은 임대인이 그 통지를 받은 날부터 3개월 후에 발생합니다.

**Q 질문 10** 임대인이 본인 또는 직계 존·비속의 직접 거주를 이유로 갱신 거절하였으나, 목적주택에 거주하다가 제3자에게 임대를 한 경우 어떻게 되는지요?

**Q 답변 10** 갱신요구가 거절되지 않았다면 계약이 갱신되었을 기간(2년)이 지나기 전에 제3자에게 임대한 경우 원칙적으로 임대인은 종전 임차인이 입은 손해를 배상하여야 합니다.

# 부록 1

## 대한법률구조공단 조정 신청 서류

주택임대차 분쟁조정업무를 담당하는 기관으로
① 대한법률구조공단 주택임대차 분쟁조정위원회와
② 서울특별시, ③ 한국토지주택공사(LH),
④ 한국부동산원 등이 있다. 이 중에서 분쟁조정
신청 서류는 동일하므로, 대한법률구조공단과
서울특별시 관련 서류만 대표적으로 첨부해
놓은 것이다.

# 01 대한법률구조공단 주택임대차 분쟁조정 신청서 서식과 절차 안내

■ 주택임대차분쟁조정위원회 운영 및 사무 처리에 관한 규칙 시행규정 [별지 제8호 서식]

## 주택임대차분쟁조정신청서

※ 뒤쪽의 작성방법을 읽고 작성하시기 바랍니다. (전면)

| 사건번호 20 년 주택조정 제 호 | 접수일 | 처리기간 60일 이내 (30일 연장가능) |
|---|---|---|

| 신청인 | 성명 | | 생년월일 (법인번호) | |
|---|---|---|---|---|
| | 주소 | | (전화번호: )<br>(휴대전화번호: )<br>(전자우편주소: ) | |
| | 송달장소 | | | |

| 대표자 또는 대리인 | 성명 | | 생년월일 (법인번호) | |
|---|---|---|---|---|
| | 주소 | | (전화번호: )<br>(휴대전화번호: )<br>(전자우편주소: ) | |

| 피신청인 | 성명 | | 생년월일 (법인번호) | |
|---|---|---|---|---|
| | 주소 | | (전화번호: )<br>(휴대전화번호: )<br>(전자우편주소: ) | |
| | 송달장소 | | | |

| 신청의 취지 (신청금액) | (산정근거) |
|---|---|
| 신청의 이유 (분쟁의 내용) | (필요시 뒤쪽이나 별지를 사용할 수 있습니다) |
| 증거서류 또는 증거물 | |

「주택임대차보호법」 제21조제1항, 같은 법 시행령 제30조제1항에 따라 위와 같이 조정을 신청합니다.

년 월 일

신청인 (서명 또는 인)

**대한법률구조공단 지부 주택임대차분쟁조정위원회 귀중**

| 접수처리 | 산정수수료 | | (인)<br>(인) | 결재 | | | 담당직원 | |
|---|---|---|---|---|---|---|---|---|
| | 수 납 | | (인) | | | | 심사관 | 조사관 |
| | 면 제 | (대상자) | (인) | | | | | |
| | 보정권고 | | | | | | | |

210mm×297mm(백상지 80g/㎡)

(중면)

| 환급계좌 | [ 신청인 본인 명의 계좌 ] |
|---|---|
| 예금주 | |
| 은행명 | |
| 계좌정보 | |

※ 조정신청을 하는 경우 「주택임대차보호법 시행령」 제33조에 따라 아래 표에서 정하는 수수료를 내야 합니다.

| 조정목적의 값 | 수수료 |
|---|---|
| 1억원 미만 | 10,000원 |
| 1억원 이상 3억원 미만 | 20,000원 |
| 3억원 이상 5억원 미만 | 30,000원 |
| 5억원 이상 10억원 미만 | 50,000원 |
| 10억원 이상 | 100,000원 |

※ 조정목적의 값을 산정할 수 없는 경우 신청인이 내야 하는 수수료는 1만원으로 합니다.
※ 조정목적의 값은 「민사소송 등 인지법」에 따른 소송목적의 값에 관한 산정방식을 준용 합니다.

※ 신청인이 다음 각 호의 어느 하나에 해당하는 경우에는 수수료를 면제할 수 있습니다.
1. 법 제8조에 따라 우선변제를 받을 수 있는 임차인
2. 「국민기초생활 보장법」 제2조제2호에 따른 수급자
3. 「독립유공자예우에 관한 법률」 제6조에 따라 등록된 독립유공자 또는 그 유족(선순위자 1명만 해당된다. 이하 이 조에서 같다)
4. 「국가유공자 등 예우 및 지원에 관한 법률」 제6조에 따라 등록된 국가유공자 또는 그 유족
5. 「고엽제후유의증 등 환자지원 및 단체설립에 관한 법률」 제4조에 따라 등록된 고엽제후유증환자, 고엽제후유의증환자 또는 고엽제후유증 2세환자
6. 「참전유공자 예우 및 단체설립에 관한 법률」 제5조에 따라 등록된 참전유공자
7. 「5·18민주유공자예우에 관한 법률」 제7조에 따라 등록 결정된 5·18민주유공자 또는 그 유족
8. 「특수임무유공자 예우 및 단체설립에 관한 법률」 제6조에 따라 등록된 특수임무유공자 또는 그 유족
9. 「의사상자 등 예우 및 지원에 관한 법률」 제5조에 따라 인정된 의사자 또는 의사자유족
10. 「한부모가족지원법」 제5조에 따른 지원대상자
11. 「국민기초생활보장법」에 따라 보건복지부장관이 고시하는 기준 중위소득 125%인 국민 또는 국내 거주 외국인

### 공지사항

이 사건의 처리 결과에 대한 만족도 및 관련 제도 개선에 필요한 의견조사를 위하여 귀하의 전화번호 또는 휴대전화번호로 전화조사를 할 수 있습니다.

(후면)

## 주택임대차분쟁조정신청을 위한 개인정보 수집·이용 및 제3자 제공 동의서

대한법률구조공단은 주택임대차분쟁조정을 위하여 아래와 같이 개인정보를 수집·이용 및 제공하고자 합니다.
내용을 자세히 읽으신 후 동의 여부를 결정하여 주십시오.

☐ **개인정보 수집·이용 내역(필수사항)**

| 항목 | 수집목적 | 보유기간 |
|---|---|---|
| 성명, 주소, 연락처, 생년월일 | 주택임대차분쟁조정 | 영구 |
| ※ 위의 개인정보 수집·이용에 대한 동의를 거부할 권리가 있습니다. 그러니 동의를 거부할 경우 시비스 제공에 제한을 받을 수 있습니다(개인정보를 이용하여 조정절차와 관련하여 귀하에게 연락할 수 있습니다). | ☞ 위와 같이 개인정보를 수집·이용하는 데 동의하십니까? | 동 의 |
| | | 미동의 |

☐ **선택적 개인정보 수집·이용 내역(동의거부 가능, 해당항목에 √)**

| 항목 | 수집목적 | 보유기간 |
|---|---|---|
| ☐ 수수료 면제 사유(소득소명자료 등)<br>☐ 송달장소 ☐ 연락처(이메일) ☐ 계좌번호 | 분쟁조정신청<br>사건처리 | 10년 |
| ※ 위의 개인정보 수집·이용에 대한 동의를 거부할 권리가 있습니다. 그러나 동의를 거부할 경우 서비스 제공에 제한을 받을 수 있습니다. | ☞ 위와 같이 개인정보를 수집·이용하는 데 동의하십니까? | 전체동의 |
| | | 일부동의<br>(항목선택) |
| | | 미 동 의 |

〈기타 고지 사항〉
개인정보 보호법 제15조제1항제2호, 제3호에 따라 정보주체의 동의 없이 아래와 같이 개인정보를 수집·이용합니다.

| 개인정보 처리사유 | 개인정보 항목 | 수집 근거 |
|---|---|---|
| 분쟁조정신청<br>사건의 처리 | 주민등록번호(외국인등록번호), 신청 내용에 민감정보가 포함된 경우 그 정보 | 『법률구조법』 제8조,<br>같은 법 시행령 제4조의2 |

본인은 위 동의서 내용과 같이 개인정보의 수집·이용에 관한 본인의 권리에 대하여 이해하고 서명합니다.

년 월 일

본인 성명 (서명 또는 인)
(정보주체가 만14세 미만인 경우) 법정대리인 성명 (서명 또는 인)

### 대한법률구조공단 이사장 귀중

■ 주택임대차분쟁조정위원회 운영 및 사무 처리에 관한 규칙 시행규정 [별지 제13호 서식]　〈앞쪽〉

# 주택임대차분쟁조정절차에 관한 안내

## ☐ 조정 절차

### ○ 조정 신청 및 신청 각하

조정위원회의 심의·조정사항에 관한 주택임대차분쟁의 당사자는 해당 주택이 소재하는 공단 조정위원회에 분쟁의 조정을 신청할 수 있습니다.
(「주택임대차보호법」 제21조 제1항)

그러나 조정위원회의 위원장은 다음 각 호의 어느 하나에 해당하는 경우에는 신청을 각하하고, 그 사유를 신청인에게 통지합니다(같은 법 제21조 제3항).

① 이미 해당 분쟁조정사항에 대하여 법원에 소가 제기되거나 조정 신청이 있은 후 소가 제기된 경우
② 이미 해당 분쟁조정사항에 대하여 「민사조정법」에 따른 조정이 신청된 경우나 조정 신청이 있은 후 같은 법에 따른 조정이 신청된 경우
③ 이미 해당 분쟁조정사항에 대하여 주택임대차보호법에 따른 조정위원회에 조정이 신청된 경우나 조정신청이 있은 후 조정이 성립된 경우
④ 조정신청 자체로 주택임대차에 관한 분쟁이 아님이 명백한 경우
⑤ 피신청인이 조정절차에 응하지 아니한다는 의사를 통지한 경우
⑥ 신청인이 정당한 사유 없이 조사에 응하지 아니하거나 2회 이상 출석요구에 응하지 아니한 경우

### ○ 조정 개시(「주택임대차보호법」제22조 제1항, 제2항)

조정위원회의 위원장은 신청인으로부터 조정신청을 접수한 때에는 지체없이 조정절차를 개시하여야 하고, 피신청인에게 조정신청서를 송달하여야 합니다.

### ○ 조사 등(「주택임대차보호법」제24조, 제25조)

조정위원회는 조정을 위하여 필요하다고 인정하는 경우 신청인, 피신청인, 분쟁관련 이해관계인 또는 참고인에게 출석하여 진술하게 하거나 조정에 필요한 자료나 물건 등을 제출하도록 요구할 수 있습니다.

분쟁대상에 대하여 감정기관에 감정의뢰할 수 있습니다. 감정결과는 조정을 하기 위한 객관적 자료로 조정결과와 다를 수도 있습니다.

조정위원회는 해당 분쟁이 그 성질상 조정을 하기에 적당하지 아니하다고 인정하거나 당사자가 부당한 목적으로 조정을 신청한 것으로 인정할 때에는 조정을 하지 아니하는 결정을 할 수 있고, 그 결정을 당사자에게 통지하여야 합니다.

(뒤쪽)

## ○ 조정의 성립(「주택임대차보호법」제26조, 제27조)

조정위원회가 조정안을 작성한 경우에는 그 조정안을 지체 없이 각 당사자에게 통지하여야 합니다.

조정안을 통지받은 당사자가 통지받은 날부터 14일 이내에 수락의 의사를 서면으로 표시하지 아니한 경우에는 조정을 거부한 것으로 봅니다.

반면, 각 당사자가 조정안을 수락한 경우에는 조정안과 동일한 내용의 합의가 성립된 것으로 봅니다.

합의가 성립한 경우 조정위원회위원장은 조정안의 내용을 조정서로 작성하고, 각 당사자 간에 금전, 그 밖의 대체물의 지급 또는 부동산의 인도에 관하여 강제집행을 승낙하는 취지의 합의가 있는 경우에는 조정위원회위원장은 그 내용을 조정서에 기재합니다.

조정위원회는 조정절차가 종료되면 그 결과를 당사자에게 통지하고, 작성된 조정서 정본을 당사자에게 교부 또는 송달합니다.

## ○ 처리기간(「주택임대차보호법」제23조)

조정위원회는 분쟁의 조정신청을 받은 날부터 60일 이내에 그 분쟁조정을 마쳐야 합니다.
다만, 부득이한 사정이 있는 경우에는 조정위원회의 의결을 거쳐 30일의 범위에서 그 기간을 연장할 수 있고, 연장할 경우 기간 연장의 사유와 그 밖에 기간 연장에 관한 사항을 당사자에게 통보합니다.

보정요구를 받은 날로부터 보정이 이르기까지의 기간 및 감정절차에 소요된 기간은 위의 분쟁조정 처리기간에 산입되지 않습니다.

## ☐ 조정의 효력(「주택임대차보호법」제26, 27조)

성립된 조정은 조정서와 동일한 내용의 민사상 합의로서의 효력을 가지며, 강제집행을 승낙하는 취지의 내용이 기재된 조정서의 정본은 「민사집행법」제56조에도 불구하고 집행력 있는 집행권원과 같은 효력을 인정하고 있어, 그 실효성을 담보하고 있습니다.

## ☐ 조정비용 부담(「주택임대차보호법 시행령」제33조)

조정을 신청하는 자는 조정 목적의 값(조정신청금액과 유사)에 따라 10,000원~100,000원의 수수료를 내야 합니다. (다만, 소액임차인,기초생활수급자,독립유공자,국가유공자,고엽제휴유증환자등,참전유공자,5·18민주유공자,특수임무유공자,의상자등,한부모가족지원법 지원대상자 와 그밖에 법무부장관과 국토교통부장관이 공동으로 정하여 고시하는 사람은 수수료를 면제받을 수 있습니다.)

※ 수수료는 「주택임대차보호법 시행령」 제33조제3항에 해당하는 경우 환급을 청구할 수 있습니다.

※ 감정 등을 의뢰하는 경우 그 비용은 신청인이 부담할 수 있습니다.

「주택임대차보호법」제21조제2항, 같은 법 시행령 제31조에 따라 임대차분쟁 조정 절차 및 조정의 효력 등에 대하여 위와 같은 사항을 안내하여 드립니다.

년 월 일

확인인 (서명 또는 인)

**대한법률구조공단**      지부 주택임대차분쟁조정위원장 (인)

210mm×297mm(백상지 80g/㎡)

## 02 대표자 선정서와 해임서 서식

### 대표자 선정서 서식

■ 주택임대차분쟁조정위원회 운영 및 사무 처리에 관한 규칙 시행규정 [별지 제10호 서식]

## 대표자 선정서

| 접수번호 | | 접수일 | | |
|---|---|---|---|---|
| 사 건 | 20   조정 | | 사건명 | |
| 신청인 | 외        명 ||||
| 피신청인 | ||||
| 선 정 대표자 | 성명 | (서명 또는 인) | 생년월일 ||
| | 주소 | | (전화번호:        ) ||
| | 성명 | (서명 또는 인) | 생년월일 ||
| | 주소 | | (전화번호:        ) ||
| | 성명 | (서명 또는 인) | 생년월일 ||
| | 주소 | | (전화번호:        ) ||

「주택임대차보호법」 제21조와 관련하여 위 사람들을 분쟁조정 신청인들의 대표자로 선정합니다.

년    월    일

신청인                        외        명

**대한법률구조공단   지부 주택임대차분쟁조정위원회 귀중**

※ 대표자는 공동의 이해관계에 있는 당사자들 중의 한 사람(또는 여러 사람)만이 될 수 있으므로 제3자는 대표자가 될 수 없습니다.

| 구비서류 | 신청인들이 성명·주소 및 생년월일을 적고 서명·날인 또는 손도장을 찍은 동의서 1부 | 수수료 없음 |
|---|---|---|

210㎜×297㎜(백상지 80g/㎡)

## 🏠 대표자 해임서 서식

■ 주택임대차분쟁조정위원회 운영 및 사무 처리에 관한 규칙 시행규정 [별지 제10-1호 서식]

대표자    [ ] 해임서
          [ ] 변경서

※ [ ]에는 해당되는 곳에 √표를 합니다.

| 접수번호 | | 접수일 | | |
|---|---|---|---|---|
| 사 건 | | 20    조정 | 사 건 명 | |
| 신 청 인 | | 외    명 | | |
| 피신청인 | | | | |
| 당초 선정 대표자 | 성명 | (서명 또는 인) | 생년월일 | |
| | 주소 | (전화번호: | | ) |
| | 성명 | (서명 또는 인) | 생년월일 | |
| | 주소 | (전화번호: | | ) |
| | 성명 | (서명 또는 인) | 생년월일 | |
| | 주소 | (전화번호: | | ) |
| [ ]해임 [ ]변경된 대표자 | 성명 | (서명 또는 인) | 생년월일 | |
| | 주소 | (전화번호: | | ) |
| | 성명 | (서명 또는 인) | 생년월일 | |
| | 주소 | (전화번호: | | ) |
| | 성명 | (서명 또는 인) | 생년월일 | |
| | 주소 | (전화번호: | | ) |

「주택임대차보호법」 제21조와 관련하여 주택임대차 분쟁조정 신청인들의 대표자로 선정하였던 위 사람들을 [ ]해임 [ ]변경 합니다.

년    월    일

신청인                              외    명

**대한법률구조공단    지부 주택임대차분쟁조정위원회 귀중**

| 구비서류 | 신청인들이 성명·주소 및 생년월일을 적고 서명·날인 또는 손도장을 찍은 동의서 1부 | 수수료 없음 |
|---|---|---|

※ 대표자는 공동의 이해관계에 있는 당사자들 중의 한 사람(또는 여러 사람)만이 될 수 있으므로 제3자는 대표자가 될 수 없습니다.

210mm×297mm(백상지 80g/㎡)

# 03 위임장과 제척 및 기피 신청서 서식

## 🏠 위임장 서식

■ 주택임대차분쟁조정위원회 운영 및 사무처리에 관한 규칙 시행규정 [별지 제9-2호 서식]

## 위 임 장

| 접수번호 | | 접수일 | |
|---|---|---|---|
| 사 건 | 20  주택조정 | 사 건 명 | |
| 신 청 인 | | 외 | 명 |
| 피신청인 | | | |

위 사건에 관하여 아래와 같이 조정절차에 있어 일체의 행위에 대하여 위임합니다.

| 대리할 사 람 | 성명       (서명 또는 인) | 생년월일 |
|---|---|---|
| | 주소                    (전화번호:              ) | |
| 위임할 사 항 | 주택임대차분쟁조정의 신청, 답변 및 의견진술, 변제의 영수, 합의 및 조정 안수락, 조정서송달, 신청의 취하, 대리인선임 등을 포함한 조정절차에 있어 일체의 행위 | |
| 첨부서류 | [ ] 재직증명서<br>[ ] 가족관계증명서<br>[ ] 주민등록등본<br>[ ] 신분증<br>[ ] 기타 | |

년   월   일

(서명 · 날인 또는 손도장)

위임인 (신청인, 피신청인)
주소
전화번호

**대한법률구조공단   지부 주택임대차분쟁조정위원회 귀중**

210mm×297mm(백상지 80g/㎡)

## 🏠 제척 및 기피 신청서 서식

■ 주택임대차분쟁조정위원회 운영 및 사무 처리에 관한 규칙 시행규정 [별지 제6호 서식]

# [ ] 제 척
# [ ] 기 피  신청서

※ [ ]에는 해당되는 곳에 √표를 합니다.

| 접수번호 | 접수일 | 처리기간 3일 |
|---|---|---|
| 사 건 | 20     조정 | 사 건 명 |
| 신 청 인 | | |
| 피신청인 | | |
| 신청취지 | 「주택임대차보호법」 제20조에 따라 위 사건의 조정위원에 대하여 아래와 같이 제척·기피를 신청하오니 직무의 집행에서 제척·기피하여 주시기 바랍니다.<br><br>제척 · 기피 할 위원 : | |
| 제척사유<br><br><br><br><br>기피사유 | 해당란에 √해 주시기 바랍니다<br>[ ] 조정위원 또는 그 배우자나 배우자이었던 사람이 해당 분쟁사건의 당사자가 되는 경우에 해당함<br>[ ] 조정위원이 해당 분쟁사건의 당사자와 친족관계에 있거나 있었던 경우에 해당함<br>[ ] 조정위원이 해당 분쟁사건에 관하여 진술, 감정 또는 법률자문을 한 경우에 해당함<br>[ ] 조정위원이 해당 분쟁사건에 관하여 당사자의 대리인으로서 관여하거나 관여하였던 경우에 해당함<br>[ ] 담당한 조정위원에게 공정한 직무 집행을 기대하기 어려운 사정이 있는 경우<br>　(구체적인 사정을 기재해 주시기 바랍니다) | |
| 첨부서류 | 제척 · 기피 사유를 소명하는 자료 1부 | |

「주택임대차보호법」 제20조에 따라 위와 같이 ([ ]제척 [ ]기피)를 신청합니다.

년    월    일

[ ]신청인 [ ]피신청인    성 명          (서명 또는 인)

**대한법률구조공단    지부 주택임대차분쟁조정위원회 귀중**

| ※ 제척 · 기피 신청에 관한 결정은 조정위원회가 하고, 해당 조정위원 및 당사자 쌍방은 그 결정에 불복하지 못합니다. | 수수료<br>없음 |
|---|---|

210mm×297mm(백상지 80g/㎡)

## 04 조정대리허가신청과 위임장 서식

■ 주택임대차분쟁조정위원회 운영 및 사무처리에 관한 규칙 시행규정 [별지 제9호 서식]

# 조정대리허가신청과 위임장

| 접수번호 | | 접수일 | |
|---|---|---|---|
| 사 건 | 20  주택조정 | | 사 건 명 |
| 신 청 인 | | 외    명 | |
| 피신청인 | | | |

위 사건에 관하여 아래와 같이 조정대리허가신청과 조정에 관하여 위임합니다.

| 대리할 사 람 | 성명 | (서명 또는 인) | 생년월일 |
|---|---|---|---|
| | 주소 | | (전화번호:              ) |

| 신청이유 | □ 당사자의 배우자 또는 4촌 안의 친족으로서 밀접한 생활관계를 맺고 있음<br>□ 당사자와 고용 등의 계약관계를 맺고 그 사건에 관한 일반사무를 처리·보조하여 왔음 |
|---|---|

| 위임할 사 항 | * 위임할 사항에 체크하여 주시기 바랍니다.<br>1. [ ] 주택임대차분쟁조정의 신청<br>2. [ ] 답변 및 의견진술<br>3. [ ] 변제의 영수<br>4. [ ] 합의 및 조정안수락<br>5. [ ] 조정서 송달<br>6. [ ] 신청의 취하<br>7. [ ] 대리인선임<br>8. [ ] 기타 (특정사항 기재요)<br>9. [ ] 위 사항 모두를 포함한 조정절차에 있어 일체의 행위<br>※ [ ]에는 해당되는 곳에 √표를 합니다. 9.에 체크한 경우에는 1.~8.에 체크하지 않습니다. |
|---|---|

| 첨부서류 | [ ] 재직증명서<br>[ ] 주민등록표등본<br>[ ] 가족관계증명서<br>[ ] 신분증<br>[ ] 기타 |
|---|---|

년    월    일
(서명·날인 또는 손

위임인 (신청인, 피신청인)
도장)
주소
전화번호

**대한법률구조공단    지부 주택임대차분쟁조정위원회 귀중**

◇ 유의사항 ◇
1. 연락처란에는 언제든지 연락 가능한 전화번호나 휴대전화번호를 기재하고, 그 밖에 팩스번호, 이메일 주소 등이 있으면 함께 기재하기 바랍니다.
2. 원칙적으로 변호사만이 위임에 따른 조정절차에 있어서 대리인이 될 수 있습니다.

210mm×297mm(백상지 80g/㎡)

부록 1 대한법률구조공단 조정 신청 서류

## 05 조정서 송달 증명원

■ 주택임대차분쟁조정위원회 운영 및 사무 처리에 관한 규칙 시행규정 [별지 제35-1호 서식]

### 조정서 송달 증명원

| 사 건 | 20   조정 | | 사 건 명 | |
|---|---|---|---|---|
| 신청인 | 성명 | | 생년월일 | |
| | 주소 | | | (전화) |
| 피신청인 | 성명 | | 생년월일 | |
| | 주소 | | | (전화) |

위 조정사건의 조정서 정본이 (신청인, 피신청인)에게 20 . . .자로 상대방에게 송달되었음을 증명하여 주시기 바랍니다.

20 . . .
신청인, 피신청인                    (서명 또는 인)

**대한법률구조공단    지부 주택임대차분쟁조정위원회 위원장 귀중**

※ 해당사항에 각 ○표를 하시기 바랍니다.

위 송달 사실을 증명합니다.

20 . . .

**대한법률구조공단    지부 주택임대차분쟁조정위원회 위원장 (인)**

210mm×297mm(백상지 80g/㎡)

## 06 조정 신청 취하서

■ 주택임대차분쟁조정위원회 운영 및 사무 처리에 관한 규칙 시행규정 [별지 제36호 서식]

### 조정 신청 취하서

| 사 건 | 20    조정 |
|---|---|
| 신 청 인 | |
| 대표자 또는 대 리 인 | |
| 피신청인 | |

이 사건 주택임대차 분쟁조정신청에 대하여 신청인은 아래와 같은 사유로 인하여 조정신청을 취하합니다.(□에 √또는 기타에 사유 기재)

○ 취하사유 :   □ 당사자 간 원만히 합의되었으므로

　　　　　　　□ 소송 등 다른 절차에 의하여 처리하기 위하여

　　　　　　　□ 기타 (　　　　　　　　　　　)

년　월　일

신청인　　　　(서명 또는 인)

| 제 출 자 : |
|---|
| 관　계 : |
| 생년월일 : |
| 제출자의 신분확인　　　　　　　　　　　㊞ |

**대한법률구조공단　　지부 주택임대차분쟁조정위원회 귀중**

210mm×297mm(백상지 80g/㎡)

부록 1 대한법률구조공단 조정 신청 서류

# 부록 2

# 서울특별시 조정 신청 서류

## 01 주택 임대차 분쟁조정 신청서

■ 서울특별시 주택임대차분쟁조정위원회 운영 및 사무 처리에 관한 지침 제9조제1항 [별지 제8호 서식]

# 조정 신청서

※ 뒤쪽의 작성방법을 읽고 작성하시기 바랍니다. (전면)

| 사건번호 주택20 | - | | 사건명 : | | 분쟁사건 |
|---|---|---|---|---|---|
| 접수번호 | | | 접수일 | | 처리기간 60일 이내 (30일 연장가능) |
| 신청인 | 성명 | | 생년월일<br>(법인번호) | | |
| | 주소 | | | | (휴대)전화번호 : |
| | 송달 장소 | | | | 전자우편주소 : |
| 대표자 또는<br>대리인 | 성명 | | 생년월일<br>(법인번호) | | |
| | 주소 | | | | (휴대)전화번호 :<br>전자우편주소 : |
| 피신청인 | 성명 | | 생년월일<br>(법인번호) | | |
| | 주소 | | | | (휴대)전화번호 :<br>전자우편주소 : |
| 주택소재지 | | | | | |
| 신청의 취지<br>(신청금액) | (산정근거) | | | | |
| 신청의 이유<br>(분쟁의 내용) | (필요시 뒤쪽이나 별지를 사용할 수 있습니다) | | | | |
| 조정목적의 값(수수료) | | | | | |

위 조정사건과 관련하여 소송, 민사조정, 다른 기관에 분쟁조정을 신청하거나, 판결 · 명령 · 조정을 받은 적이 있습니까?
( 있음 ☐ , 없음 ☐ )

「주택임대차보호법」 제21조제1항, 같은 법 시행령 제30조제1항에 따라 위와 같이 조정을 신청합니다.

20 년 월 일 신청인 (서명 또는 인)

**서울특별시 주택임대차분쟁조정위원회 귀중**

210mm×297mm(백상지 80g/㎡)

(중면)

## [작성방법]

1. 신청인 등 : 신청인, 대표자 또는 대리인, 피신청인의 인적사항을 기재해 주십시오.
2. 신청취지 : 피신청인에게 요구할 사항을 기재합니다.(예 : 보증금 OOO천만원 반환청구, 주택 반환 청구, 천정누 수 보수요청, 손해배상금 OOO원 청구 등)
3. 신청이유 : 임대차내용(보증금, 임대차기간 등), 신청취지의 경과과정, 이유 등에 대해 기재합니다.
4. 조정사건과 관련하여 소송, 민사조정, 다른 기관에 분쟁조정을 신청하거나, 판결·명령·조정을 받은 적이 있는지 확인해 주십시오.

## [수수료]

☞ 조정신청을 하는 경우 「주택임대차보호법 시행령」 제33조에 따라 아래 표에서 정하는 수수료를 납부하여야 합니다.

| 조정목적의 값 | 수수료 |
|---|---|
| 1억원 미만 | 10,000원 |
| 1억원 이상 3억원 미만 | 20,000원 |
| 3억원 이상 5억원 미만 | 30,000원 |
| 5억원 이상 10억원 미만 | 50,000원 |
| 10억원 이상 | 100,000원 |

※ 조정목적의 값을 산정할 수 없는 경우 신청인이 내야 하는 수수료는 1만원으로 합니다.
※ 조정목적의 값은 「민사소송 등 인지법」에 따른 소송목적의 값에 관한 산정방식을 준용 합니다.

☞ 신청인이 다음 각 호의 어느 하나에 해당하는 경우에는 수수료를 면제할 수 있습니다.

1. 법 제8조에 따라 우선변제를 받을 수 있는 임차인
2. 「국민기초생활 보장법」 제2조제2호에 따른 수급자
3. 「독립유공자예우에 관한 법률」 제6조에 따라 등록된 독립유공자 또는 그 유족(선순위자 1명만 해당된다. 이 하 이 조에서 같다)
4. 「국가유공자 등 예우 및 지원에 관한 법률」 제6조에 따라 등록된 국가유공자 또는 그 유족
5. 「고엽제후유의증 등 환자지원 및 단체설립에 관한 법률」 제4조에 따라 등록된 고엽제후유증환자, 고엽제후유의증환자 또는 고엽제후유증 2세환자
6. 「참전유공자 예우 및 단체설립에 관한 법률」 제5조에 따라 등록된 참전유공자
7. 「5·18민주유공자예우에 관한 법률」 제7조에 따라 등록 결정된 5·18민주유공자 또는 그 유족
8. 「특수임무유공자 예우 및 단체설립에 관한 법률」 제6조에 따라 등록된 특수임무유공자 또는 그 유족
9. 「의사상자 등 예우 및 지원에 관한 법률」 제5조에 따라 인정된 의사자 또는 의사자유족 10. 「한부모가족지원법」, 제5조에 따른 지원대상자
10. 「장애인복지법」 제32조에 따라 등록된 장애인
11. 「민간임대주택에 관한 특별법」 제5조에 따라 등록된 임대사업자

☞ 수수료환불 : 조정신청이 각하 또는 취하된 경우 주택임대차보호법 시행령 제33조제3항에 해당하는 경우 납부한 수수료의 환급을 청구할 수 있습니다.

### 공지사항

이 사건의 처리 결과에 대한 만족도 및 관련 제도 개선에 필요한 의견조사를 위하여 귀하의 전화번호 또는 휴대전화 번호로 전화조사를 할 수 있습니다.

### 주택임차분쟁조정신청을 위한 개인정보 수집 · 이용 및 제3자 제공 동의서

서울특별시는 주택임대차분쟁조정을 위하여 아래와 같이 개인정보를 수집 · 이용 및 제공하고자 합니다. 내용을 자세히 읽으신 후 동의 여부를 결정하여 주십시오.

◈ 개인정보 수집 이용 내역(필수사항)

| 항목 | 수집목적 | 보유기간 | |
|---|---|---|---|
| 성명, 주소, 연락처, 생년월일 | 주택임대차분쟁조정 | 영구 | |
| ※ 위의 개인정보 수집 이용에 대한 동의를 거부할 권리가 있습니다. 그러나 동의를 거부할 경우 서비스 제공에 제한을 받을 수 있습니다(개인정보를 이용하여 조정절차와 관련 하여 귀하에게 연락할 수 있습니다). | ☞ 위와 같이 개인정보를 수집 · 이용하는 데 동의하십니까? | 동 의 | |
| | | 미동의 | |

**선택적 개인정보 수집 이용 내역(동의거부 가능, 해당항목에 √)**

| 항목 | 수집목적 | 보유기간 | |
|---|---|---|---|
| □ 송달장소  □ 연락처(이메일)  □ 계좌번호 | 분쟁조정신청 사건처리 | 10년 | |
| ※ 위의 개인정보 수집 이용에 대한 동의를 거부할 권리가 있습니다. 그러나 동의를 거부할 경우 서비스 제공에 제한을 받을 수 있습니다. | ☞ 위와 같이 개인정 보를 수집 · 이용하는 데 동의하십니까? | 전체동의 | |
| | | 일부동의 (항목선택) | |
| | | 미 동 의 | |

〈기타 고지 사항〉
개인정보 보호법 제15조제1항제2호, 제3호에 따라 정보주체의 동의 없이 아래와 같이 개인정보를 수집 · 이용합니다.

| 개인정보 처리사유 | 개인정보 항목 | 수집 근거 |
|---|---|---|
| 분쟁조정신청 사건의 처리 | 주민등록번호(외국인등록번호), 신청 내용에 민감정보가 포함된 경우 그 정보 | 주택임대차보호법 제14조, 제21조, 제26조 |

본인은 위 동의서 내용과 같이 개인정보의 수집 · 이용에 관한 본인의 권리에 대하여 이해하고 서명합니다.

20    년    월    일

본인 성명                              (서명 또는 인)

(정보주체가 만14세 미만인 경우) 법정대리인 성명         (서명 또는 인)

**서울특별시 주택임대차분쟁조정위원회 귀중**

## 02 조정 대리 허가 신청 및 위임장

■ 서울특별시 주택임대차분쟁조정위원회 운영 및 사무 처리에 관한 지침 제8조제3항 [별지 제6호 서식]

### 조정대리허가신청 및 위임장

※ [ ]에는 해당되는 곳에 √표를 합니다.

| 접수일 | | | |
|---|---|---|---|
| 사건번호 | 주택20 | 사 건 명 | |
| 신 청 인 | | 피신청인 | |

위 조정사건에 관하여 아래와 같이 조정대리허가신청과 조정에 관하여 위임합니다.

| 대리할 사람 | 성명 (서명 또는 인) | 생년월일 | |
|---|---|---|---|
| | 주소 | 연락처 | • 전화번호 :<br>• 휴대전화 :<br>• 이메일 :<br>• 팩스번호 : |

| 신청이유 | [ ] 당사자의 배우자 또는 4촌 안의 친족으로서 밀접한 생활관계를 맺고 있음<br>[ ] 당사자와 고용 등의 계약관계를 맺고 그 사건에 관한 일반사무를 처리·보조하여 왔음 |
|---|---|
| 위임할 사항 | ※ 위임할 사항에 체크하여 주시기 바랍니다.<br>[ ] 주택임대차분쟁조정의 신청<br>[ ] 답변 및 의견진술<br>[ ] 변제의 영수<br>[ ] 합의 및 조정안 수락<br>[ ] 조서서 송달<br>[ ] 신청의 취하<br>[ ] 대리인선임<br>[ ] 기타 (특정사항 기재요)<br>[ ] 위 사항 모두를 포함한 조정절차에 있어 일체의 행위<br>☞ 9.에 체크한 경우에는 1.~8.에 체크하지 않습니다. |
| 첨부서류 | [ ] 가족관계증명서 [ ] 주민등록표등본 [ ] 위임인 인감증명서 [ ] 법인등기부등본<br>[ ] 법인인감증명서 [ ] 재직증명서 [ ] 신분증 [ ] 기타 : |

20    년    월    일

위임인 (신청인, 피신청인)                    (서명·날인 또는 손도장)
주소 :                                전화번호 :

### 서울특별시 주택임대차분쟁조정위원회 귀중

위 조정대리 신청을 (허가, 불허) 결정 합니다.

20    년    월    일

### 서울특별시 주택임대차분쟁조정위원회 위원장  (인)

불허사유 :
조정대리 불허결정에 대하여는 불복할 수 없습니다.

※ 조정목적값이 1억원 이하인 사건에 대하여 분쟁조정위원회 위원장의 허가를 받아 위임할 수 있습니다.
※ 법무사, 공인중개사, 관리인, 친구 등의 경우에는 조정대리인이 될 수 없습니다.

210mm×297mm(백상지 80g/㎡)

# 부록 3

## 주택임대차 보호법 전문(법률) (제17363호)

# 주택임대차보호법(약칭: 주택임대차법)

[시행 2020. 12. 10.] [법률 제17363호, 2020. 6. 9., 일부개정]

법무부(법무심의관실) 02-2110-3164
국토교통부(주택정책과) 044-201-3321, 3334, 4177

**제1조(목적)** 이 법은 주거용 건물의 임대차(賃貸借)에 관하여 「민법」에 대한 특례를 규정함으로써 국민 주거생활의 안정을 보장함을 목적으로 한다.

[전문개정 2008. 3. 21.]

**제2조(적용 범위)** 이 법은 주거용 건물(이하 "주택"이라 한다)의 전부 또는 일부의 임대차에 관하여 적용한다. 그 임차주택(賃借住宅)의 일부가 주거 외의 목적으로 사용되는 경우에도 또한 같다.

[전문개정 2008. 3. 21.]

**제3조(대항력 등)** ① 임대차는 그 등기(登記)가 없는 경우에도 임차인(賃借人)이 주택의 인도(引渡)와 주민등록을 마친 때에는 그 다음 날부터 제삼자에 대하여 효력이 생긴다. 이 경우 전입신고를 한 때에 주민등록이 된 것으로 본다.

② 주택도시기금을 재원으로 하여 저소득층 무주택자에게 주거생활 안정을 목적으로 전세임대주택을 지원하는 법인이 주택을 임차한 후 지방자치단체의 장 또는 그 법인이 선정한 입주자가 그 주택을 인도받고 주민등록을 마쳤을 때에는 제1항을 준용한다. 이 경우 대항력이 인정되는 법인은 대통령령으로 정한다. <개정 2015. 1. 6.>

③ 「중소기업기본법」 제2조에 따른 중소기업에 해당하는 법인이 소속 직원

의 주거용으로 주택을 임차한 후 그 법인이 선정한 직원이 해당 주택을 인도받고 주민등록을 마쳤을 때에는 제1항을 준용한다. 임대차가 끝나기 전에 그 직원이 변경된 경우에는 그 법인이 선정한 새로운 직원이 주택을 인도받고 주민등록을 마친 다음 날부터 제삼자에 대하여 효력이 생긴다. <신설 2013. 8. 13.>

④ 임차주택의 양수인(讓受人)(그 밖에 임대할 권리를 승계한 자를 포함한다)은 임대인(賃貸人)의 지위를 승계한 것으로 본다. <개정 2013. 8. 13.>

⑤ 이 법에 따라 임대차의 목적이 된 주택이 매매나 경매의 목적물이 된 경우에는 「민법」 제575조제1항·제3항 및 같은 법 제578조를 준용한다. <개정 2013. 8. 13.>

⑥ 제5항의 경우에는 동시이행의 항변권(抗辯權)에 관한 「민법」 제536조를 준용한다. <개정 2013. 8. 13.>

[전문개정 2008. 3. 21.]

**제3조의2(보증금의 회수)** ① 임차인(제3조제2항 및 제3항의 법인을 포함한다. 이하 같다)이 임차주택에 대하여 보증금 반환청구소송의 확정판결이나 그 밖에 이에 준하는 집행권원(執行權原)에 따라서 경매를 신청하는 경우에는 집행개시(執行開始)요건에 관한 「민사집행법」 제41조에도 불구하고 반대의무(反對義務)의 이행이나 이행의 제공을 집행개시의 요건으로 하지 아니한다. <개정 2013. 8. 13.>

② 제3조제1항·제2항 또는 제3항의 대항요건(對抗要件)과 임대차계약증서(제3조제2항 및 제3항의 경우에는 법인과 임대인 사이의 임대차계약증서를 말한다)상의 확정일자(確定日字)를 갖춘 임차인은 「민사집행법」에 따른 경매 또는 「국세징수법」에 따른 공매(公賣)를 할 때에 임차주택(대지를 포함한다)의 환가대금(換價代金)에서 후순위권리자(後順位權利者)나 그 밖의 채권자보다 우선하여 보증금을 변제(辨濟)받을 권리가 있다. <개정 2013. 8. 13.>

③ 임차인은 임차주택을 양수인에게 인도하지 아니하면 제2항에 따른 보증금을 받을 수 없다.

④ 제2항 또는 제7항에 따른 우선변제의 순위와 보증금에 대하여 이의가 있는 이해관계인은 경매법원이나 체납처분청에 이의를 신청할 수 있다. <개정 2013. 8. 13.>

⑤ 제4항에 따라 경매법원에 이의를 신청하는 경우에는 「민사집행법」 제152조부터 제161조까지의 규정을 준용한다.

⑥ 제4항에 따라 이의신청을 받은 체납처분청은 이해관계인이 이의신청일부터 7일 이내에 임차인 또는 제7항에 따라 우선변제권을 승계한 금융기관 등을 상대로 소(訴)를 제기한 것을 증명하면 해당 소송이 끝날 때까지 이의가 신청된 범위에서 임차인 또는 제7항에 따라 우선변제권을 승계한 금융기관 등에 대한 보증금의 변제를 유보(留保)하고 남은 금액을 배분하여야 한다. 이 경우 유보된 보증금은 소송의 결과에 따라 배분한다. <개정 2013. 8. 13.>

⑦ 다음 각 호의 금융기관 등이 제2항, 제3조의3제5항, 제3조의4제1항에 따른 우선변제권을 취득한 임차인의 보증금 반환채권을 계약으로 양수한 경우에는 양수한 금액의 범위에서 우선변제권을 승계한다. <신설 2013. 8. 13., 2015. 1. 6., 2016. 5. 29.>

1. 「은행법」에 따른 은행
2. 「중소기업은행법」에 따른 중소기업은행
3. 「한국산업은행법」에 따른 한국산업은행
4. 「농업협동조합법」에 따른 농협은행
5. 「수산업협동조합법」에 따른 수협은행
6. 「우체국예금·보험에 관한 법률」에 따른 체신관서
7. 「한국주택금융공사법」에 따른 한국주택금융공사
8. 「보험업법」 제4조제1항제2호라목의 보증보험을 보험종목으로 허가받은 보험회사

9. 「주택도시기금법」에 따른 주택도시보증공사
10. 그 밖에 제1호부터 제9호까지에 준하는 것으로서 대통령령으로 정하는 기관

⑧ 제7항에 따라 우선변제권을 승계한 금융기관 등(이하 "금융기관등"이라 한다)은 다음 각 호의 어느 하나에 해당하는 경우에는 우선변제권을 행사할 수 없다. <신설 2013. 8. 13.>
1. 임차인이 제3조제1항·제2항 또는 제3항의 대항요건을 상실한 경우
2. 제3조의3제5항에 따른 임차권등기가 말소된 경우
3. 「민법」 제621조에 따른 임대차등기가 말소된 경우

⑨ 금융기관등은 우선변제권을 행사하기 위하여 임차인을 대리하거나 대위하여 임대차를 해지할 수 없다. <신설 2013. 8. 13.>

[전문개정 2008. 3. 21.]

**제3조의3(임차권등기명령)** ① 임대차가 끝난 후 보증금이 반환되지 아니한 경우 임차인은 임차주택의 소재지를 관할하는 지방법원·지방법원지원 또는 시·군 법원에 임차권등기명령을 신청할 수 있다. <개정 2013. 8. 13.>

② 임차권등기명령의 신청서에는 다음 각 호의 사항을 적어야 하며, 신청의 이유와 임차권등기의 원인이 된 사실을 소명(疎明)하여야 한다. <개정 2013. 8. 13.>
1. 신청의 취지 및 이유
2. 임대차의 목적인 주택(임대차의 목적이 주택의 일부분인 경우에는 해당 부분의 도면을 첨부한다)
3. 임차권등기의 원인이 된 사실(임차인이 제3조제1항·제2항 또는 제3항에 따른 대항력을 취득하였거나 제3조의2제2항에 따른 우선변제권을 취득한 경우에는 그 사실)
4. 그 밖에 대법원규칙으로 정하는 사항

③ 다음 각 호의 사항 등에 관하여는 「민사집행법」 제280조제1항, 제281조, 제283조, 제285조, 제286조, 제288조제1항·제2항 본문, 제289조, 제290조제2

항 중 제288조제1항에 대한 부분, 제291조 및 제293조를 준용한다. 이 경우 "가압류"는 "임차권등기"로, "채권자"는 "임차인"으로, "채무자"는 "임대인"으로 본다.
1. 임차권등기명령의 신청에 대한 재판
2. 임차권등기명령의 결정에 대한 임대인의 이의신청 및 그에 대한 재판
3. 임차권등기명령의 취소신청 및 그에 대한 재판
4. 임차권등기명령의 집행

④ 임차권등기명령의 신청을 기각(棄却)하는 결정에 대하여 임차인은 항고(抗告)할 수 있다.

⑤ 임차인은 임차권등기명령의 집행에 따른 임차권등기를 마치면 제3조제1항·제2항 또는 제3항에 따른 대항력과 제3조의2제2항에 따른 우선변제권을 취득한다. 다만, 임차인이 임차권등기 이전에 이미 대항력이나 우선변제권을 취득한 경우에는 그 대항력이나 우선변제권은 그대로 유지되며, 임차권등기 이후에는 제3조제1항·제2항 또는 제3항의 대항요건을 상실하더라도 이미 취득한 대항력이나 우선변제권을 상실하지 아니한다. <개정 2013. 8. 13.>

⑥ 임차권등기명령의 집행에 따른 임차권등기가 끝난 주택(임대차의 목적이 주택의 일부분인 경우에는 해당 부분으로 한정한다)을 그 이후에 임차한 임차인은 제8조에 따른 우선변제를 받을 권리가 없다.

⑦ 임차권등기의 촉탁(囑託), 등기관의 임차권등기 기입(記入) 등 임차권등기명령을 시행하는 데에 필요한 사항은 대법원규칙으로 정한다. <개정 2011. 4. 12.>

⑧ 임차인은 제1항에 따른 임차권등기명령의 신청과 그에 따른 임차권등기와 관련하여 든 비용을 임대인에게 청구할 수 있다.

⑨ 금융기관등은 임차인을 대위하여 제1항의 임차권등기명령을 신청할 수 있다. 이 경우 제3항·제4항 및 제8항의 "임차인"은 "금융기관등"으로 본다. <신설 2013. 8. 13.>

[전문개정 2008. 3. 21.]

**제3조의4(「민법」에 따른 주택임대차등기의 효력 등)** ① 「민법」 제621조에 따른 주택임대차등기의 효력에 관하여는 제3조의3제5항 및 제6항을 준용한다.

② 임차인이 대항력이나 우선변제권을 갖추고 「민법」 제621조제1항에 따라 임대인의 협력을 얻어 임대차등기를 신청하는 경우에는 신청서에 「부동산등기법」 제74조제1호부터 제6호까지의 사항 외에 다음 각 호의 사항을 적어야 하며, 이를 증명할 수 있는 서면(임대차의 목적이 주택의 일부분인 경우에는 해당 부분의 도면을 포함한다)을 첨부하여야 한다. <개정 2011. 4. 12., 2020. 2. 4.>

1. 주민등록을 마친 날
2. 임차주택을 점유(占有)한 날
3. 임대차계약증서상의 확정일자를 받은 날

[전문개정 2008. 3. 21.]

**제3조의5(경매에 의한 임차권의 소멸)** 임차권은 임차주택에 대하여 「민사집행법」에 따른 경매가 행하여진 경우에는 그 임차주택의 경락(競落)에 따라 소멸한다. 다만, 보증금이 모두 변제되지 아니한, 대항력이 있는 임차권은 그러하지 아니하다.

[전문개정 2008. 3. 21.]

**제3조의6(확정일자 부여 및 임대차 정보제공 등)** ① 제3조의2제2항의 확정일자는 주택 소재지의 읍·면사무소, 동 주민센터 또는 시(특별시·광역시·특별자치시는 제외하고, 특별자치도는 포함한다)·군·구(자치구를 말한다)의 출장소, 지방법원 및 그 지원과 등기소 또는 「공증인법」에 따른 공증인(이하 이 조에서 "확정일자부여기관"이라 한다)이 부여한다.

② 확정일자부여기관은 해당 주택의 소재지, 확정일자 부여일, 차임 및 보증금 등을 기재한 확정일자부를 작성하여야 한다. 이 경우 전산처리정보조직을

이용할 수 있다.

③ 주택의 임대차에 이해관계가 있는 자는 확정일자부여기관에 해당 주택의 확정일자 부여일, 차임 및 보증금 등 정보의 제공을 요청할 수 있다. 이 경우 요청을 받은 확정일자부여기관은 정당한 사유 없이 이를 거부할 수 없다.

④ 임대차계약을 체결하려는 자는 임대인의 동의를 받아 확정일자부여기관에 제3항에 따른 정보제공을 요청할 수 있다.

⑤ 제1항·제3항 또는 제4항에 따라 확정일자를 부여받거나 정보를 제공받으려는 자는 수수료를 내야 한다.

⑥ 확정일자부에 기재하여야 할 사항, 주택의 임대차에 이해관계가 있는 자의 범위, 확정일자부여기관에 요청할 수 있는 정보의 범위 및 수수료, 그 밖에 확정일자부여사무와 정보제공 등에 필요한 사항은 대통령령 또는 대법원규칙으로 정한다.

[본조신설 2013. 8. 13.]

**제4조(임대차기간 등)** ① 기간을 정하지 아니하거나 2년 미만으로 정한 임대차는 그 기간을 2년으로 본다. 다만, 임차인은 2년 미만으로 정한 기간이 유효함을 주장할 수 있다.

② 임대차기간이 끝난 경우에도 임차인이 보증금을 반환받을 때까지는 임대차관계가 존속되는 것으로 본다.

[전문개정 2008. 3. 21.]

**제5조삭제** <1989. 12. 30.>

**제6조(계약의 갱신)** ① 임대인이 임대차기간이 끝나기 6개월 전부터 2개월 전까지의 기간에 임차인에게 갱신거절(更新拒絶)의 통지를 하지 아니하거나 계약조건을 변경하지 아니하면 갱신하지 아니한다는 뜻의 통지를 하지 아니한 경우에는 그 기간이 끝난 때에 전 임대차와 동일한 조건으로 다시 임대차한

것으로 본다. 임차인이 임대차기간이 끝나기 2개월 전까지 통지하지 아니한 경우에도 또한 같다. <개정 2020. 6. 9.>

② 제1항의 경우 임대차의 존속기간은 2년으로 본다. <개정 2009. 5. 8.>

③ 2기(期)의 차임액(借賃額)에 달하도록 연체하거나 그 밖에 임차인으로서의 의무를 현저히 위반한 임차인에 대하여는 제1항을 적용하지 아니한다.

[전문개정 2008. 3. 21.]

**제6조의2(묵시적 갱신의 경우 계약의 해지)** ① 제6조제1항에 따라 계약이 갱신된 경우 같은 조 제2항에도 불구하고 임차인은 언제든지 임대인에게 계약해지(契約解止)를 통지할 수 있다. <개정 2009. 5. 8.>

② 제1항에 따른 해지는 임대인이 그 통지를 받은 날부터 3개월이 지나면 그 효력이 발생한다.

[전문개정 2008. 3. 21.]

**제6조의3(계약갱신 요구 등)** ① 제6조에도 불구하고 임대인은 임차인이 제6조제1항 전단의 기간 이내에 계약갱신을 요구할 경우 정당한 사유 없이 거절하지 못한다. 다만, 다음 각 호의 어느 하나에 해당하는 경우에는 그러하지 아니하다.

1. 임차인이 2기의 차임액에 해당하는 금액에 이르도록 차임을 연체한 사실이 있는 경우
2. 임차인이 거짓이나 그 밖의 부정한 방법으로 임차한 경우
3. 서로 합의하여 임대인이 임차인에게 상당한 보상을 제공한 경우
4. 임차인이 임대인의 동의 없이 목적 주택의 전부 또는 일부를 전대(轉貸)한 경우
5. 임차인이 임차한 주택의 전부 또는 일부를 고의나 중대한 과실로 파손한 경우
6. 임차한 주택의 전부 또는 일부가 멸실되어 임대차의 목적을 달성하지 못할

경우

7. 임대인이 다음 각 목의 어느 하나에 해당하는 사유로 목적 주택의 전부 또는 대부분을 철거하거나 재건축하기 위하여 목적 주택의 점유를 회복할 필요가 있는 경우

    가. 임대차계약 체결 당시 공사시기 및 소요기간 등을 포함한 철거 또는 재건축 계획을 임차인에게 구체적으로 고지하고 그 계획에 따르는 경우

    나. 건물이 노후·훼손 또는 일부 멸실되는 등 안전사고의 우려가 있는 경우

    다. 다른 법령에 따라 철거 또는 재건축이 이루어지는 경우

8. 임대인(임대인의 직계존속·직계비속을 포함한다)이 목적 주택에 실제 거주하려는 경우

9. 그 밖에 임차인이 임차인으로서의 의무를 현저히 위반하거나 임대차를 계속하기 어려운 중대한 사유가 있는 경우

② 임차인은 제1항에 따른 계약갱신요구권을 1회에 한하여 행사할 수 있다. 이 경우 갱신되는 임대차의 존속기간은 2년으로 본다.

③ 갱신되는 임대차는 전 임대차와 동일한 조건으로 다시 계약된 것으로 본다. 다만, 차임과 보증금은 제7조의 범위에서 증감할 수 있다.

④ 제1항에 따라 갱신되는 임대차의 해지에 관하여는 제6조의2를 준용한다.

⑤ 임대인이 제1항제8호의 사유로 갱신을 거절하였음에도 불구하고 갱신요구가 거절되지 아니하였더라면 갱신되었을 기간이 만료되기 전에 정당한 사유 없이 제3자에게 목적 주택을 임대한 경우 임대인은 갱신거절로 인하여 임차인이 입은 손해를 배상하여야 한다.

⑥ 제5항에 따른 손해배상액은 거절 당시 당사자 간에 손해배상액의 예정에 관한 합의가 이루어지지 않는 한 다음 각 호의 금액 중 큰 금액으로 한다.

1. 갱신거절 당시 월차임(차임 외에 보증금이 있는 경우에는 그 보증금을 제7조의2 각 호 중 낮은 비율에 따라 월 단위의 차임으로 전환한 금액을 포함한

다. 이하 "환산월차임"이라 한다)의 3개월분에 해당하는 금액
2. 임대인이 제3자에게 임대하여 얻은 환산월차임과 갱신거절 당시 환산월차임 간 차액의 2년분에 해당하는 금액
3. 제1항제8호의 사유로 인한 갱신거절로 인하여 임차인이 입은 손해액

[본조신설 2020. 7. 31.]

**제7조(차임 등의 증감청구권)** ① 당사자는 약정한 차임이나 보증금이 임차주택에 관한 조세, 공과금, 그 밖의 부담의 증감이나 경제사정의 변동으로 인하여 적절하지 아니하게 된 때에는 장래에 대하여 그 증감을 청구할 수 있다. 이 경우 증액청구는 임대차계약 또는 약정한 차임이나 보증금의 증액이 있은 후 1년 이내에는 하지 못한다. <개정 2020. 7. 31.>

② 제1항에 따른 증액청구는 약정한 차임이나 보증금의 20분의 1의 금액을 초과하지 못한다. 다만, 특별시·광역시·특별자치시·도 및 특별자치도는 관할 구역 내의 지역별 임대차 시장 여건 등을 고려하여 본문의 범위에서 증액청구의 상한을 조례로 달리 정할 수 있다. <신설 2020. 7. 31.>

[전문개정 2008. 3. 21.]

**제7조의2(월차임 전환 시 산정률의 제한)** 보증금의 전부 또는 일부를 월 단위의 차임으로 전환하는 경우에는 그 전환되는 금액에 다음 각 호 중 낮은 비율을 곱한 월차임(月借賃)의 범위를 초과할 수 없다. <개정 2010. 5. 17., 2013. 8. 13., 2016. 5. 29.>

1. 「은행법」에 따른 은행에서 적용하는 대출금리와 해당 지역의 경제 여건 등을 고려하여 대통령령으로 정하는 비율
2. 한국은행에서 공시한 기준금리에 대통령령으로 정하는 이율을 더한 비율

[전문개정 2008. 3. 21.]

**제8조(보증금 중 일정액의 보호)** ① 임차인은 보증금 중 일정액을 다른 담보물권자(擔保物權者)보다 우선하여 변제받을 권리가 있다. 이 경우 임차인은 주

택에 대한 경매신청의 등기 전에 제3조제1항의 요건을 갖추어야 한다.

② 제1항의 경우에는 제3조의2제4항부터 제6항까지의 규정을 준용한다.

③ 제1항에 따라 우선변제를 받을 임차인 및 보증금 중 일정액의 범위와 기준은 제8조의2에 따른 주택임대차위원회의 심의를 거쳐 대통령령으로 정한다. 다만, 보증금 중 일정액의 범위와 기준은 주택가액(대지의 가액을 포함한다)의 2분의 1을 넘지 못한다. <개정 2009. 5. 8.>

[전문개정 2008. 3. 21.]

**제8조의2(주택임대차위원회)** ① 제8조에 따라 우선변제를 받을 임차인 및 보증금 중 일정액의 범위와 기준을 심의하기 위하여 법무부에 주택임대차위원회(이하 "위원회"라 한다)를 둔다.

② 위원회는 위원장 1명을 포함한 9명 이상 15명 이하의 위원으로 성별을 고려하여 구성한다. <개정 2020. 7. 31.>

③ 위원회의 위원장은 법무부차관이 된다.

④ 위원회의 위원은 다음 각 호의 어느 하나에 해당하는 사람 중에서 위원장이 임명하거나 위촉하되, 제1호부터 제5호까지에 해당하는 위원을 각각 1명 이상 임명하거나 위촉하여야 하고, 위원 중 2분의 1 이상은 제1호·제2호 또는 제6호에 해당하는 사람을 위촉하여야 한다. <개정 2013. 3. 23., 2020. 7. 31.>

1. 법학·경제학 또는 부동산학 등을 전공하고 주택임대차 관련 전문지식을 갖춘 사람으로서 공인된 연구기관에서 조교수 이상 또는 이에 상당하는 직에 5년 이상 재직한 사람
2. 변호사·감정평가사·공인회계사·세무사 또는 공인중개사로서 5년 이상 해당 분야에서 종사하고 주택임대차 관련 업무경험이 풍부한 사람
3. 기획재정부에서 물가 관련 업무를 담당하는 고위공무원단에 속하는 공무원
4. 법무부에서 주택임대차 관련 업무를 담당하는 고위공무원단에 속하는 공

무원(이에 상당하는 특정직 공무원을 포함한다)

5. 국토교통부에서 주택사업 또는 주거복지 관련 업무를 담당하는 고위공무원단에 속하는 공무원

6. 그 밖에 주택임대차 관련 학식과 경험이 풍부한 사람으로서 대통령령으로 정하는 사람

⑤ 그 밖에 위원회의 구성 및 운영 등에 필요한 사항은 대통령령으로 정한다.

[본조신설 2009. 5. 8.]

**제9조(주택 임차권의 승계)** ① 임차인이 상속인 없이 사망한 경우에는 그 주택에서 가정공동생활을 하던 사실상의 혼인 관계에 있는 자가 임차인의 권리와 의무를 승계한다.

② 임차인이 사망한 때에 사망 당시 상속인이 그 주택에서 가정공동생활을 하고 있지 아니한 경우에는 그 주택에서 가정공동생활을 하던 사실상의 혼인 관계에 있는 자와 2촌 이내의 친족이 공동으로 임차인의 권리와 의무를 승계한다.

③ 제1항과 제2항의 경우에 임차인이 사망한 후 1개월 이내에 임대인에게 제1항과 제2항에 따른 승계 대상자가 반대의사를 표시한 경우에는 그러하지 아니하다.

④ 제1항과 제2항의 경우에 임대차 관계에서 생긴 채권·채무는 임차인의 권리의무를 승계한 자에게 귀속된다.

[전문개정 2008. 3. 21.]

**제10조(강행규정)** 이 법에 위반된 약정(約定)으로서 임차인에게 불리한 것은 그 효력이 없다.

[전문개정 2008. 3. 21.]

**제10조의2(초과 차임 등의 반환청구)** 임차인이 제7조에 따른 증액비율을 초과하여 차임 또는 보증금을 지급하거나 제7조의2에 따른 월차임 산정률을 초과

하여 차임을 지급한 경우에는 초과 지급된 차임 또는 보증금 상당금액의 반환을 청구할 수 있다.

[본조신설 2013. 8. 13.]

**제11조(일시사용을 위한 임대차)** 이 법은 일시사용하기 위한 임대차임이 명백한 경우에는 적용하지 아니한다.

[전문개정 2008. 3. 21.]

**제12조(미등기 전세에의 준용)** 주택의 등기를 하지 아니한 전세계약에 관하여는 이 법을 준용한다. 이 경우 "전세금"은 "임대차의 보증금"으로 본다.

[전문개정 2008. 3. 21.]

**제13조(「소액사건심판법」의 준용)** 임차인이 임대인에 대하여 제기하는 보증금반환청구소송에 관하여는 「소액사건심판법」 제6조, 제7조, 제10조 및 제11조의2를 준용한다.

[전문개정 2008. 3. 21.]

**제14조(주택임대차분쟁조정위원회)** ① 이 법의 적용을 받는 주택임대차와 관련된 분쟁을 심의·조정하기 위하여 대통령령으로 정하는 바에 따라 「법률구조법」 제8조에 따른 대한법률구조공단(이하 "공단"이라 한다)의 지부, 「한국토지주택공사법」에 따른 한국토지주택공사(이하 "공사"라 한다)의 지사 또는 사무소 및 「한국감정원법」에 따른 한국감정원(이하 "감정원"이라 한다)의 지사 또는 사무소에 주택임대차분쟁조정위원회(이하 "조정위원회"라 한다)를 둔다. 특별시·광역시·특별자치시·도 및 특별자치도(이하 "시·도"라 한다)는 그 지방자치단체의 실정을 고려하여 조정위원회를 둘 수 있다. <개정 2020. 7. 31.>

② 조정위원회는 다음 각 호의 사항을 심의·조정한다.

1. 차임 또는 보증금의 증감에 관한 분쟁

2. 임대차 기간에 관한 분쟁

3. 보증금 또는 임차주택의 반환에 관한 분쟁

4. 임차주택의 유지·수선 의무에 관한 분쟁

5. 그 밖에 대통령령으로 정하는 주택임대차에 관한 분쟁

③ 조정위원회의 사무를 처리하기 위하여 조정위원회에 사무국을 두고, 사무국의 조직 및 인력 등에 필요한 사항은 대통령령으로 정한다.

④ 사무국의 조정위원회 업무담당자는 「상가건물 임대차보호법」 제20조에 따른 상가건물임대차분쟁조정위원회 사무국의 업무를 제외하고 다른 직위의 업무를 겸직하여서는 아니 된다. <개정 2018. 10. 16.>

[본조신설 2016. 5. 29.]

**제15조(예산의 지원)** 국가는 조정위원회의 설치·운영에 필요한 예산을 지원할 수 있다.

[본조신설 2016. 5. 29.]

**제16조(조정위원회의 구성 및 운영)** ① 조정위원회는 위원장 1명을 포함하여 5명 이상 30명 이하의 위원으로 성별을 고려하여 구성한다. <개정 2020. 7. 31.>

② 조정위원회의 위원은 조정위원회를 두는 기관에 따라 공단 이사장, 공사 사장, 감정원 원장 또는 조정위원회를 둔 지방자치단체의 장이 각각 임명하거나 위촉한다. <개정 2020. 7. 31.>

③ 조정위원회의 위원은 주택임대차에 관한 학식과 경험이 풍부한 사람으로서 다음 각 호의 어느 하나에 해당하는 사람으로 한다. 이 경우 제1호부터 제4호까지에 해당하는 위원을 각 1명 이상 위촉하여야 하고, 위원 중 5분의 2 이상은 제2호에 해당하는 사람이어야 한다.

1. 법학·경제학 또는 부동산학 등을 전공하고 대학이나 공인된 연구기관에서 부교수 이상 또는 이에 상당하는 직에 재직한 사람

2. 판사·검사 또는 변호사로 6년 이상 재직한 사람

3. 감정평가사·공인회계사·법무사 또는 공인중개사로서 주택임대차 관계 업무에 6년 이상 종사한 사람

4. 「사회복지사업법」에 따른 사회복지법인과 그 밖의 비영리법인에서 주택임대차분쟁에 관한 상담에 6년 이상 종사한 경력이 있는 사람

5. 해당 지방자치단체에서 주택임대차 관련 업무를 담당하는 4급 이상의 공무원

6. 그 밖에 주택임대차 관련 학식과 경험이 풍부한 사람으로서 대통령령으로 정하는 사람

④ 조정위원회의 위원장은 제3항제2호에 해당하는 위원 중에서 위원들이 호선한다.

⑤ 조정위원회위원장은 조정위원회를 대표하여 그 직무를 총괄한다.

⑥ 조정위원회위원장이 부득이한 사유로 직무를 수행할 수 없는 경우에는 조정위원회위원장이 미리 지명한 조정위원이 그 직무를 대행한다.

⑦ 조정위원의 임기는 3년으로 하되 연임할 수 있으며, 보궐위원의 임기는 전임자의 남은 임기로 한다.

⑧ 조정위원회는 조정위원회위원장 또는 제3항제2호에 해당하는 조정위원 1명 이상을 포함한 재적위원 과반수의 출석과 출석위원 과반수의 찬성으로 의결한다.

⑨ 그 밖에 조정위원회의 설치, 구성 및 운영 등에 필요한 사항은 대통령령으로 정한다.

[본조신설 2016. 5. 29.]

**제17조(조정부의 구성 및 운영)** ① 조정위원회는 분쟁의 효율적 해결을 위하여 3명의 조정위원으로 구성된 조정부를 둘 수 있다.

② 조정부에는 제16조제3항제2호에 해당하는 사람이 1명 이상 포함되어야 하며, 그 중에서 조정위원회위원장이 조정부의 장을 지명한다.

③ 조정부는 다음 각 호의 사항을 심의·조정한다.
1. 제14조제2항에 따른 주택임대차분쟁 중 대통령령으로 정하는 금액 이하의 분쟁
2. 조정위원회가 사건을 특정하여 조정부에 심의·조정을 위임한 분쟁
④ 조정부는 조정부의 장을 포함한 재적위원 과반수의 출석과 출석위원 과반수의 찬성으로 의결한다.
⑤ 제4항에 따라 조정부가 내린 결정은 조정위원회가 결정한 것으로 본다.
⑥ 그 밖에 조정부의 설치, 구성 및 운영 등에 필요한 사항은 대통령령으로 정한다.
[본조신설 2016. 5. 29.]

**제18조(조정위원의 결격사유)** 「국가공무원법」 제33조 각 호의 어느 하나에 해당하는 사람은 조정위원이 될 수 없다.

[본조신설 2016. 5. 29.]

**제19조(조정위원의 신분보장)** ① 조정위원은 자신의 직무를 독립적으로 수행하고 주택임대차분쟁의 심리 및 판단에 관하여 어떠한 지시에도 구속되지 아니한다.
② 조정위원은 다음 각 호의 어느 하나에 해당하는 경우를 제외하고는 그 의사에 반하여 해임 또는 해촉되지 아니한다.
1. 제18조에 해당하는 경우
2. 신체상 또는 정신상의 장애로 직무를 수행할 수 없게 된 경우
[본조신설 2016. 5. 29.]

**제20조(조정위원의 제척 등)** ① 조정위원이 다음 각 호의 어느 하나에 해당하는 경우 그 직무의 집행에서 제척된다.
1. 조정위원 또는 그 배우자나 배우자이었던 사람이 해당 분쟁사건의 당사자가 되는 경우

2. 조정위원이 해당 분쟁사건의 당사자와 친족관계에 있거나 있었던 경우
3. 조정위원이 해당 분쟁사건에 관하여 진술, 감정 또는 법률자문을 한 경우
4. 조정위원이 해당 분쟁사건에 관하여 당사자의 대리인으로서 관여하거나 관여하였던 경우

② 사건을 담당한 조정위원에게 제척의 원인이 있는 경우에는 조정위원회는 직권 또는 당사자의 신청에 따라 제척의 결정을 한다.

③ 당사자는 사건을 담당한 조정위원에게 공정한 직무집행을 기대하기 어려운 사정이 있는 경우 조정위원회에 기피신청을 할 수 있다.

④ 기피신청에 관한 결정은 조정위원회가 하고, 해당 조정위원 및 당사자 쌍방은 그 결정에 불복하지 못한다.

⑤ 제3항에 따른 기피신청이 있는 때에는 조정위원회는 그 신청에 대한 결정이 있을 때까지 조정절차를 정지하여야 한다.

⑥ 조정위원은 제1항 또는 제3항에 해당하는 경우 조정위원회의 허가를 받지 아니하고 해당 분쟁사건의 직무집행에서 회피할 수 있다.

[본조신설 2016. 5. 29.]

**제21조(조정의 신청 등)** ① 제14조제2항 각 호의 어느 하나에 해당하는 주택임대차분쟁의 당사자는 해당 주택이 소재하는 지역을 관할하는 조정위원회에 분쟁의 조정을 신청할 수 있다. <개정 2020. 7. 31.>

② 조정위원회는 신청인이 조정을 신청할 때 조정 절차 및 조정의 효력 등 분쟁조정에 관하여 대통령령으로 정하는 사항을 안내하여야 한다.

③ 조정위원회의 위원장은 다음 각 호의 어느 하나에 해당하는 경우 신청을 각하한다. 이 경우 그 사유를 신청인에게 통지하여야 한다. <개정 2020. 6. 9.>

1. 이미 해당 분쟁조정사항에 대하여 법원에 소가 제기되거나 조정 신청이 있은 후 소가 제기된 경우
2. 이미 해당 분쟁조정사항에 대하여 「민사조정법」에 따른 조정이 신청된 경

우나 조정신청이 있은 후 같은 법에 따른 조정이 신청된 경우

3. 이미 해당 분쟁조정사항에 대하여 이 법에 따른 조정위원회에 조정이 신청된 경우나 조정신청이 있은 후 조정이 성립된 경우
4. 조정신청 자체로 주택임대차에 관한 분쟁이 아님이 명백한 경우
5. 피신청인이 조정절차에 응하지 아니한다는 의사를 통지한 경우
6. 신청인이 정당한 사유 없이 조사에 응하지 아니하거나 2회 이상 출석요구에 응하지 아니한 경우

[본조신설 2016. 5. 29.]

**제22조(조정절차)** ① 조정위원회의 위원장은 신청인으로부터 조정신청을 접수한 때에는 지체 없이 조정절차를 개시하여야 한다. <개정 2020. 6. 9.>

② 조정위원회의 위원장은 제1항에 따라 조정신청을 접수하면 피신청인에게 조정신청서를 송달하여야 한다. 이 경우 제21조제2항을 준용한다. <개정 2020. 6. 9.>

③ 조정서류의 송달 등 조정절차에 관하여 필요한 사항은 대통령령으로 정한다.

[본조신설 2016. 5. 29.]

**제23조(처리기간)** ① 조정위원회는 분쟁의 조정신청을 받은 날부터 60일 이내에 그 분쟁조정을 마쳐야 한다. 다만, 부득이한 사정이 있는 경우에는 조정위원회의 의결을 거쳐 30일의 범위에서 그 기간을 연장할 수 있다.

② 조정위원회는 제1항 단서에 따라 기간을 연장한 경우에는 기간 연장의 사유와 그 밖에 기간 연장에 관한 사항을 당사자에게 통보하여야 한다.

[본조신설 2016. 5. 29.]

**제24조(조사 등)** ① 조정위원회는 조정을 위하여 필요하다고 인정하는 경우 신청인, 피신청인, 분쟁 관련 이해관계인 또는 참고인에게 출석하여 진술하게

하거나 조정에 필요한 자료나 물건 등을 제출하도록 요구할 수 있다.

② 조정위원회는 조정을 위하여 필요하다고 인정하는 경우 조정위원 또는 사무국의 직원으로 하여금 조정 대상물 및 관련 자료에 대하여 조사하게 하거나 자료를 수집하게 할 수 있다. 이 경우 조정위원이나 사무국의 직원은 그 권한을 표시하는 증표를 지니고 이를 관계인에게 내보여야 한다.

③ 조정위원회위원장은 특별시장, 광역시장, 특별자치시장, 도지사 및 특별자치도지사(이하 "시·도지사"라 한다)에게 해당 조정업무에 참고하기 위하여 인근지역의 확정일자 자료, 보증금의 월차임 전환율 등 적정 수준의 임대료 산정을 위한 자료를 요청할 수 있다. 이 경우 시·도지사는 정당한 사유가 없으면 조정위원회위원장의 요청에 따라야 한다.

[본조신설 2016. 5. 29.]

**제25조(조정을 하지 아니하는 결정)** ① 조정위원회는 해당 분쟁이 그 성질상 조정을 하기에 적당하지 아니하다고 인정하거나 당사자가 부당한 목적으로 조정을 신청한 것으로 인정할 때에는 조정을 하지 아니할 수 있다.

② 조정위원회는 제1항에 따라 조정을 하지 아니하기로 결정하였을 때에는 그 사실을 당사자에게 통지하여야 한다.

[본조신설 2016. 5. 29.]

**제26조(조정의 성립)** ① 조정위원회가 조정안을 작성한 경우에는 그 조정안을 지체 없이 각 당사자에게 통지하여야 한다.

② 제1항에 따라 조정안을 통지받은 당사자가 통지받은 날부터 14일 이내에 수락의 의사를 서면으로 표시하지 아니한 경우에는 조정을 거부한 것으로 본다. <개정 2020. 6. 9.>

③ 제2항에 따라 각 당사자가 조정안을 수락한 경우에는 조정안과 동일한 내용의 합의가 성립된 것으로 본다.

④ 제3항에 따른 합의가 성립한 경우 조정위원회위원장은 조정안의 내용을

조정서로 작성한다. 조정위원회위원장은 각 당사자 간에 금전, 그 밖의 대체물의 지급 또는 부동산의 인도에 관하여 강제집행을 승낙하는 취지의 합의가 있는 경우에는 그 내용을 조정서에 기재하여야 한다.

[본조신설 2016. 5. 29.]

**제27조(집행력의 부여)** 제26조제4항 후단에 따라 강제집행을 승낙하는 취지의 내용이 기재된 조정서의 정본은 「민사집행법」 제56조에도 불구하고 집행력 있는 집행권원과 같은 효력을 가진다. 다만, 청구에 관한 이의의 주장에 대하여는 같은 법 제44조제2항을 적용하지 아니한다.

[본조신설 2016. 5. 29.]

**제28조(비밀유지의무)** 조정위원, 사무국의 직원 또는 그 직에 있었던 자는 다른 법률에 특별한 규정이 있는 경우를 제외하고는 직무상 알게 된 정보를 타인에게 누설하거나 직무상 목적 외에 사용하여서는 아니 된다.

[본조신설 2016. 5. 29.]

**제29조(다른 법률의 준용)** 조정위원회의 운영 및 조정절차에 관하여 이 법에서 규정하지 아니한 사항에 대하여는 「민사조정법」을 준용한다.

[본조신설 2016. 5. 29.]

**제30조(주택임대차표준계약서 사용)** 주택임대차계약을 서면으로 체결할 때에는 법무부장관이 국토교통부장관과 협의하여 정하는 주택임대차표준계약서를 우선적으로 사용한다. 다만, 당사자가 다른 서식을 사용하기로 합의한 경우에는 그러하지 아니하다. <개정 2020. 7. 31.>

[본조신설 2016. 5. 29.]

**제31조(벌칙 적용에서 공무원 의제)** 공무원이 아닌 주택임대차위원회의 위원 및 주택임대차분쟁조정위원회의 위원은 「형법」 제127조, 제129조부터 제132조까지의 규정을 적용할 때에는 공무원으로 본다.

[본조신설 2016. 5. 29.]

**부칙** <제17470호, 2020. 7. 31.>

**제1조(시행일)** 이 법은 공포한 날부터 시행한다. 다만, 제8조의2제2항·제4항, 제14조제1항, 제16조제1항·제2항, 제21조제1항 및 제30조의 개정규정은 공포 후 3개월이 경과한 날부터 시행한다.

**제2조(계약갱신 요구 등에 관한 적용례)** ① 제6조의3 및 제7조의 개정규정은 이 법 시행 당시 존속 중인 임대차에 대하여도 적용한다.

② 제1항에도 불구하고 이 법 시행 전에 임대인이 갱신을 거절하고 제3자와 임대차계약을 체결한 경우에는 이를 적용하지 아니한다.

# 부록 4

## 민법_임대차 제7절(법률) (제17905호)

# 민법

[시행 2021. 1. 26.] [법률 제17905호, 2021. 1. 26., 일부개정]

법무부(법무심의관실) 02-2110-3164

## 제7절 임대차

**제618조(임대차의 의의)** 임대차는 당사자 일방이 상대방에게 목적물을 사용, 수익하게 할 것을 약정하고 상대방이 이에 대하여 차임을 지급할 것을 약정함으로써 그 효력이 생긴다.

**제619조(처분능력, 권한없는 자의 할 수 있는 단기임대차)** 처분의 능력 또는 권한없는 자가 임대차를 하는 경우에는 그 임대차는 다음 각호의 기간을 넘지 못한다.

1. 식목, 채염 또는 석조, 석회조, 연와조 및 이와 유사한 건축을 목적으로 한 토지의 임대차는 10년
2. 기타 토지의 임대차는 5년
3. 건물 기타 공작물의 임대차는 3년
4. 동산의 임대차는 6월

**제620조(단기임대차의 갱신)** 전조의 기간은 갱신할 수 있다. 그러나 그 기간만료전 토지에 대하여는 1년, 건물 기타 공작물에 대하여는 3월, 동산에 대하여는 1월내에 갱신하여야 한다.

**제621조(임대차의 등기)** ① 부동산임차인은 당사자간에 반대약정이 없으면 임대인에 대하여 그 임대차등기절차에 협력할 것을 청구할 수 있다.

② 부동산임대차를 등기한 때에는 그때부터 제삼자에 대하여 효력이 생긴다.

**제622조(건물등기있는 차지권의 대항력)** ① 건물의 소유를 목적으로 한 토지임대차는 이를 등기하지 아니한 경우에도 임차인이 그 지상건물을 등기한 때에는 제삼자에 대하여 임대차의 효력이 생긴다.

② 건물이 임대차기간 만료 전에 멸실 또는 후폐한 때에는 전항의 효력을 잃는다.

**제623조(임대인의 의무)** 임대인은 목적물을 임차인에게 인도하고 계약존속중 그 사용, 수익에 필요한 상태를 유지하게 할 의무를 부담한다.

**제624조(임대인의 보존행위, 인용의무)** 임대인이 임대물의 보존에 필요한 행위를 하는 때에는 임차인은 이를 거절하지 못한다.

**제625조(임차인의 의사에 반하는 보존행위와 해지권)** 임대인이 임차인의 의사에 반하여 보존행위를 하는 경우에 임차인이 이로 인하여 임차의 목적을 달성할 수 없는 때에는 계약을 해지할 수 있다.

**제626조(임차인의 상환청구권)** ① 임차인이 임차물의 보존에 관한 필요비를 지출한 때에는 임대인에 대하여 그 상환을 청구할 수 있다.

② 임차인이 유익비를 지출한 경우에는 임대인은 임대차종료시에 그 가액의 증가가 현존한 때에 한하여 임차인의 지출한 금액이나 그 증가액을 상환하여야 한다. 이 경우에 법원은 임대인의 청구에 의하여 상당한 상환기간을 허여할 수 있다.

**제627조(일부멸실 등과 감액청구, 해지권)** ① 임차물의 일부가 임차인의 과실 없이 멸실 기타 사유로 인하여 사용, 수익할 수 없는 때에는 임차인은 그 부분

의 비율에 의한 차임의 감액을 청구할 수 있다.

② 전항의 경우에 그 잔존부분으로 임차의 목적을 달성할 수 없는 때에는 임차인은 계약을 해지할 수 있다.

**제628조(차임증감청구권)** 임대물에 대한 공과부담의 증감 기타 경제사정의 변동으로 인하여 약정한 차임이 상당하지 아니하게 된 때에는 당사자는 장래에 대한 차임의 증감을 청구할 수 있다.

제629조(임차권의 양도, 전대의 제한) ① 임차인은 임대인의 동의없이 그 권리를 양도하거나 임차물을 전대하지 못한다.

② 임차인이 전항의 규정에 위반한 때에는 임대인은 계약을 해지할 수 있다.

**제630조(전대의 효과)** ① 임차인이 임대인의 동의를 얻어 임차물을 전대한 때에는 전차인은 직접 임대인에 대하여 의무를 부담한다. 이 경우에 전차인은 전대인에 대한 차임의 지급으로써 임대인에게 대항하지 못한다.

② 전항의 규정은 임대인의 임차인에 대한 권리행사에 영향을 미치지 아니한다.

**제631조(전차인의 권리의 확정)** 임차인이 임대인의 동의를 얻어 임차물을 전대한 경우에는 임대인과 임차인의 합의로 계약을 종료한 때에도 전차인의 권리는 소멸하지 아니한다.

**제632조(임차건물의 소부분을 타인에게 사용케 하는 경우)** 전3조의 규정은 건물의 임차인이 그 건물의 소부분을 타인에게 사용하게 하는 경우에 적용하지 아니한다.

**제633조(차임지급의 시기)** 차임은 동산, 건물이나 대지에 대하여는 매월말에, 기타 토지에 대하여는 매년말에 지급하여야 한다. 그러나 수확기 있는 것에 대하여는 그 수확 후 지체없이 지급하여야 한다.

제634조(임차인의 통지의무) 임차물의 수리를 요하거나 임차물에 대하여 권리를 주장하는 자가 있는 때에는 임차인은 지체없이 임대인에게 이를 통지하여야 한다. 그러나 임대인이 이미 이를 안 때에는 그러하지 아니하다.

제635조(기간의 약정없는 임대차의 해지통고) ① 임대차기간의 약정이 없는 때에는 당사자는 언제든지 계약해지의 통고를 할 수 있다.

② 상대방이 전항의 통고를 받은 날로부터 다음 각호의 기간이 경과하면 해지의 효력이 생긴다.

1. 토지, 건물 기타 공작물에 대하여는 임대인이 해지를 통고한 경우에는 6월, 임차인이 해지를 통고한 경우에는 1월
2. 동산에 대하여는 5일

제636조(기간의 약정있는 임대차의 해지통고) 임대차기간의 약정이 있는 경우에도 당사자 일방 또는 쌍방이 그 기간내에 해지할 권리를 보류한 때에는 전조의 규정을 준용한다.

제637조(임차인의 파산과 해지통고) ① 임차인이 파산선고를 받은 경우에는 임대차기간의 약정이 있는 때에도 임대인 또는 파산관재인은 제635조의 규정에 의하여 계약해지의 통고를 할 수 있다.

② 전항의 경우에 각 당사자는 상대방에 대하여 계약해지로 인하여 생긴 손해의 배상을 청구하지 못한다.

제638조(해지통고의 전차인에 대한 통지) ① 임대차계약이 해지의 통고로 인하여 종료된 경우에 그 임대물이 적법하게 전대되었을 때에는 임대인은 전차인에 대하여 그 사유를 통지하지 아니하면 해지로써 전차인에게 대항하지 못한다.

② 전차인이 전항의 통지를 받은 때에는 제635조제2항의 규정을 준용한다.

**제639조(묵시의 갱신)** ① 임대차기간이 만료한 후 임차인이 임차물의 사용, 수익을 계속하는 경우에 임대인이 상당한 기간내에 이의를 하지 아니한 때에는 전임대차와 동일한 조건으로 다시 임대차한 것으로 본다. 그러나 당사자는 제635조의 규정에 의하여 해지의 통고를 할 수 있다.

② 전항의 경우에 전임대차에 대하여 제삼자가 제공한 담보는 기간의 만료로 인하여 소멸한다.

**제640조(차임연체와 해지)** 건물 기타 공작물의 임대차에는 임차인의 차임연체액이 2기의 차임액에 달하는 때에는 임대인은 계약을 해지할 수 있다.

**제641조(동전)** 건물 기타 공작물의 소유 또는 식목, 채염, 목축을 목적으로 한 토지임대차의 경우에도 전조의 규정을 준용한다.

**제642조(토지임대차의 해지와 지상건물 등에 대한 담보물권자에의 통지)** 전조의 경우에 그 지상에 있는 건물 기타 공작물이 담보물권의 목적이 된 때에는 제288조의 규정을 준용한다.

**제643조(임차인의 갱신청구권, 매수청구권)** 건물 기타 공작물의 소유 또는 식목, 채염, 목축을 목적으로 한 토지임대차의 기간이 만료한 경우에 건물, 수목 기타 지상시설이 현존한 때에는 제283조의 규정을 준용한다.

**제644조(전차인의 임대청구권, 매수청구권)** ① 건물 기타 공작물의 소유 또는 식목, 채염, 목축을 목적으로 한 토지임차인이 적법하게 그 토지를 전대한 경우에 임대차 및 전대차의 기간이 동시에 만료되고 건물, 수목 기타 지상시설이 현존한 때에는 전차인은 임대인에 대하여 전전대차와 동일한 조건으로 임대할 것을 청구할 수 있다.

② 전항의 경우에 임대인이 임대할 것을 원하지 아니하는 때에는 제283조제2항의 규정을 준용한다.

**제645조(지상권목적토지의 임차인의 임대청구권, 매수청구권)** 전조의 규정은 지상권자가 그 토지를 임대한 경우에 준용한다.

**제646조(임차인의 부속물매수청구권)** ① 건물 기타 공작물의 임차인이 그 사용의 편익을 위하여 임대인의 동의를 얻어 이에 부속한 물건이 있는 때에는 임대차의 종료시에 임대인에 대하여 그 부속물의 매수를 청구할 수 있다.
② 임대인으로부터 매수한 부속물에 대하여도 전항과 같다.

**제647조(전차인의 부속물매수청구권)** ① 건물 기타 공작물의 임차인이 적법하게 전대한 경우에 전차인이 그 사용의 편익을 위하여 임대인의 동의를 얻어 이에 부속한 물건이 있는 때에는 전대차의 종료시에 임대인에 대하여 그 부속물의 매수를 청구할 수 있다.
② 임대인으로부터 매수하였거나 그 동의를 얻어 임차인으로부터 매수한 부속물에 대하여도 전항과 같다.

**제648조(임차지의 부속물, 과실 등에 대한 법정질권)** 토지임대인이 임대차에 관한 채권에 의하여 임차지에 부속 또는 그 사용의 편익에 공용한 임차인의 소유동산 및 그 토지의 과실을 압류한 때에는 질권과 동일한 효력이 있다.

제649조(임차지상의 건물에 대한 법정저당권) 토지임대인이 변제기를 경과한 최후 2년의 차임채권에 의하여 그 지상에 있는 임차인소유의 건물을 압류한 때에는 저당권과 동일한 효력이 있다.

**제650조(임차건물등의 부속물에 대한 법정질권)** 건물 기타 공작물의 임대인이 임대차에 관한 채권에 의하여 그 건물 기타 공작물에 부속한 임차인소유의 동산을 압류한 때에는 질권과 동일한 효력이 있다.

# MEMO